Fenster zum Himmel

Die Ich-bin-Worte Jesu
im Johannesevangelium

Einführung und Auslegungen von
Thomas Popp

Materialien und Vorschläge zur Gestaltung von
Rosemarie Micheel

Filmvorschläge von
Bettina Eltrop, Martin Dellit, Waldemar Wolf

Bilder von
Reinhard Zimmermann
mit Meditationen von
Jörg Meuth

Redaktion
Rosemarie Micheel, Waldemar Wolf

Aussaat Verlag Neukirchen-Vluyn

2008 Aussaat Verlag GmbH, Neukirchen-Vluyn
Titelbild: *Reinhard Zimmermann*: „Ich bin die Auferstehung und das Leben"
Druck: Druckerei Frech, Stuttgart-Weilimdorf

ISBN 978-3-7615-5651-1

INHALT

Erhard Berneburg	**Zum Geleit**	5
Rosemarie Micheel	**Vorwort**	6
Rosemarie Micheel	**Fenster zum Himmel –** **zur Gestaltung der Bibelwoche**	8
Rosemarie Micheel	**Bibelwoche einmal anders:** **Meditation und biblisches Gespräch**	13
Thomas Popp	**Einführung**	14
Thomas Popp / **Rosemarie Micheel**	**Auslegungen der einzelnen** **Abschnitte** **Gedanken und Texte zum** **Nachdenken und Besprechen**	24
	I Johannes 6,22-59 Essen und wachsen	24
	II Johannes 8,12-20(9,1-7) Leuchten und erkennen	39
	III Johannes 10,1-10 Kommen und gehen	51
	IV Johannes 10,11-18.27-30 Kennen und halten	60
	V Johannes 11,17-27 Aufstehen und leben	71
	VI Johannes 14,1-14 Suchen und wohnen	87
	VII Johannes 15,1-8(9-17) Bleiben und aufbrechen	103

Bettina Eltrop / Martin Dellit / Waldemar Wolf	Medienempfehlungen	121
Reinhard Zimmermann	Anhang: Bilder	I-VII
Jörg Meuth	Anhang: Meditationen zu den Bildern	I-VII
Psalmengesang zur Bibelwoche	Psalm 16	63
Kanon zur Bibelwoche	Ich bin, der ich bin	79
Choral zur Bibelwoche	Bei dir, Jesu, will ich bleiben	42
Literatur in Auswahl		118
Arbeitshilfen zur Bibelwoche		126

Vorschau auf die 72. Bibelwoche 2009 / 2010

I   Genesis 25,19-34
II   Genesis 27,1-45
III   Genesis 28,10-22
IV   Genesis 29,1-30
V   Genesis 30,25-43
VI   Genesis 32,1-33
VII   Genesis 33,1-20

Zum Geleit

Die Ich-bin-Worte einmal zum Thema der Bibelwoche zu wählen, ist naheliegend. Diese Worte Jesu werden manchem Kirchgänger noch bekannt sein. Die Bilder sind auf Anhieb einleuchtend, aber gleichzeitig sperrig und anstößig. Die kurzen Sätze in ihrem formelhaften Aufbau prägen sich leicht ein.

Die Ich-bin-Worte Jesu sind die auffälligste Stileigentümlichkeit des Johannes-Evangeliums, das ohne Übertreibung zu den besonderen Schriften des Neuen Testaments gerechnet werden kann. Gegenstand dieser Worte sind nicht der sich selbst auslegende fromme oder unfromme Mensch, sondern das eine Wort Gottes, das uns als etwas Widerständiges begegnet. Die Ich-bin-Worte sind Spitzensätze des johanneischen Christuszeugnisses.

„Fenster zum Himmel" – so haben wir „Texte zur Bibel 24" überschrieben. Denn in der Tat ist das der Skopus der Ich-bin-Worte: Sie eröffnen uns ein Fenster zum Himmel. In ihnen ist das ganze Selbstzeugnis Jesu für die Menschheit zusammengefasst. Die Bildworte knüpfen zwar bei Bekanntem an, um dann aber – weit darüber hinaus und im Grunde ganz anders als erwartet – Jesus eben nicht mit Bekanntem zu identifizieren. Sie enthüllen vielmehr dem Menschen Unbekanntes und Unzugängliches. Das „Ich bin" ist eine Offenbarungsaussage.

In den Ich-bin-Worten bietet sich Jesus exklusiv als das an, was der Mensch, ohne es zu kennen, sucht, nämlich das Leben. Der Mensch versteht und versteht doch letztlich nicht, was gemeint ist: „Wasser" ist alles, womit der Mensch seinen Lebensdurst befriedigt, „Brot" alles, was Existenzminimum und Lebensstandard heißt, „Licht" alles, was in die bedrohliche Ungewissheit des Daseins Gewissheit und Klarheit bringt. Der „Hirte" bedeutet Schutz und Richtungsweisung in jeder Hinsicht, und der „Weinstock" ist für den antiken Menschen Inbegriff der über den Alltag hinausgreifenden Freude. Jesus beansprucht in einem eigentlichen und letzten Sinn, all dies zu sein und zu geben.

Die Ich-bin-Worte werden in einer durch und durch pluralistischen Kultur auch Widerspruch auslösen. Christen wird vorgeworfen, dass dies Überheblichkeit, Arroganz und Lieblosigkeit gegenüber den anderen Religionen bedeute. Dem gegenüber gilt festzuhalten, dass weder Überheblichkeit noch Arroganz oder Lieblosigkeit sich aus diesen Selbstaussagen Jesu ableiten lassen. Die Offenbarung des einzigen Wegs bezeichnet den demütigen Weg Jesu an das Kreuz. Daher berechtigt uns das keineswegs, andere Religionen zu verachten oder gar zu bekämpfen. Wir haben die andere Erkenntnis achtungsvoll zu respektieren und können uns an dem Eifer ihrer Anhänger oft ein Beispiel nehmen. Gute Nachbarschaft ist angesagt.

Aber wir haben genauso die unbedingte Verpflichtung, auf den einzigen Weg, auf Jesus, hinzuweisen. Wir sind verpflichtet, in demütiger und dienender Weise – eben in der Weise Jesu – den biblischen Weg zu zeigen, damit Menschen nicht auf Abwege kommen und verloren gehen, sondern zum Ziel, zum ewigen Leben bei Gott, kommen. Zur guten Nachbarschaft gehört auch die Klarheit des christlichen Zeugnisses. Die Beschäftigung mit den Ich-bin-Worten kann uns in Kirche und Mission helfen:
- die Offenbarung Gottes in Christus staunend zu erfassen;
- die Verheißung des Lebens bei Christus dankbar zu entdecken und das eigene Leben davon bestimmen zu lassen;
- unsere Christologie am Selbstanspruch Jesu zu schärfen;
- die Einzigartigkeit des Heils in Christus in einer pluralen Welt zu bezeugen.

Ich danke allen, die die „Ich-bin-Worte" bearbeitet und dies neue Buch in der Reihe „Texte zur Bibel" vorbereitet haben, insbesondere Pfarrer *Dr. Thomas Popp,* der die Texte exegetisch bearbeitet hat, und Pfarrerin *Dr. Rosemarie Micheel,* die in bewährter Weise Wege in die Praxis der Gemeindearbeit aufzeigt.

Pfarrer *Dr. Erhard Berneburg*
Generalsekretär der
Arbeitsgemeinschaft Missionarische Dienste
Berlin, im Juli 2008

Vorwort

Himmel ist in unserer Sprache ein positiv konnotiertes Wort: „Das ist himmlisch", sagen wir, wenn wir eine tolle Erfahrung machen, die auch unsere Seele berührt. „Den Himmel auf Erden" empfinden wir, wenn es unserer Seele und unserem Leib ungewöhnlich gut geht. Beide Wendungen beschreiben Glücksmomente unseres Lebens.

Fenster zum Himmel – sie weisen uns auf eine Lebensperspektive hin, die das Alltägliche überschreitet, sie eröffnen einen neuen Horizont. Die Ich-bin-Worte Jesu als „Fenster zum Himmel" – „Fenster", die Jesus Christus für uns öffnet: „Ich bin gekommen, damit sie Leben haben und Überfluss" (Joh 10,10). In der Perspektive dieses Worts bilden alle Ich-bin-Worte als elementare Lebensworte „ein offenes System, in dem christliche Existenz in ihrer vielseitigen und dynamischen Angewiesenheit auf Jesus Christus beschrieben ist" *(Josef Heer)*.

Der guten Tradition entsprechend, ist dies Heft das Ergebnis eines Vorbereitungsprozesses, an dem viele mit Rat und Tat beteiligt waren. Die Exegesen zu den Ich-bin-Worten des Johannesevangeliums hat Pfarrer *Dr. Thomas Popp*, Nürnberg, erarbeitet. Ihm wie den Teilnehmerinnen und Teilnehmern an der Bibelwochenkonferenz 2006 in Stuttgart sei herzlich gedankt.

Für ihre kreative und engagierte Mitarbeit bei den Workshops zu den Ich-bin-Worten danke ich *Bernd Gärtner* (Kiel), *Hartmut Griewatz* (Witten), *Dr. Matthias Krügel* (Dresden), *Paul Ulrich Lenz* (Friedberg), *Jörg Meuth* (Vallon Pont d´Arc, Frankreich), *Kerstin Dominika Urban* (Nürnberg), *Fridrun Weinmann* (Hall in Tirol), *Waldemar Wolf* (Stuttgart).

Für die guten Gespräche und die erfahrene Gemeinschaft in der Vorlaufbibelwoche zu den Ich-bin-Worten danke ich herzlich der Gemeinde „Zu den vier Evangelisten" in Berlin-Pankow.

Wer in der Bibelwoche audiovisuelle Medien einsetzen will, sei auf die mit methodischen Hilfen versehene Auswahl von *Martin Dellit* (Leiter der Evangelischen Medienzentrale

> **Wer einen Menschen wieder zum Lachen bringt, der schließt ihm das Himmelreich auf.
> Wer einem Menschen Geduld schenkt, der infiziert ihn mit Hoffnung.
> Wer einen Menschen aufnimmt, so wie er selber von Christus angenommen ist, der löst ihm die Zunge zum Loben.**
>
> **Lasst uns ausziehen aus unseren Gewohnheiten und unseren Gewöhnlichkeiten, um an der Bibel das Hoffen zu lernen.
> Lasst uns ausziehen und über die Grenze gehen, um das Leben mit Hoffnung zu infizieren.
> Lasst uns keine Grenzen mehr achten, sondern nur noch den, der die Grenze öffnet.**
>
> *Jürgen Moltmann*
>
> (aus: Die Sprache der Befreiung. Chr. Kaiser Verlag. © by Gütersloher Verlagshaus, Gütersloh, in der Verlagsgruppe Random House, München)

> Wir sind bemüht, jeweils die genaue Quelle (das gilt für Texte und für Karikaturen) anzugeben. Leider ist das nicht in allen Fällen möglich gewesen. Für Hinweise sind wir dankbar.

Württemberg), *Dr. Bettina Eltrop* und *Waldemar Wolf* hingewiesen (s.u. S.121).

Die Meditationen zu den Bildern hat in bewährter Weise *Jörg Meuth* geschrieben. Ihm sei für das gute Miteinander in besonderer Weise gedankt. Wie in den vergangenen Jahren, steht ein Separat-Druck des Bildanhangs zur Verfügung. Seit dem letzten Jahr werden die Bilder, einschließlich der Meditationen, zusätzlich auf einer CD veröffentlicht.

Die gewohnten Liedvorschläge sind jeweils mit den Nummern des Evangelischen Kirchengesangbuchs (EG) und aus dem Gotteslob (GL) versehen.

Druckvorbereitung und Layout lagen in den erfahrenen und bewährten Händen von *Waldemar Wolf* und den MitarbeiterInnen des Frech-Verlags. Auch ihnen sei an dieser Stelle herzlich gedankt.

Wir wünschen den Christinnen und Christen, die sich in der Bibelwoche mit den Ich-bin-Worten des Johannesevangeliums beschäftigen, dass ihnen „Fenster zum Himmel" aufgehen.

Dr. Rosemarie Micheel

Hinweis auf Studienbriefe

Reihe B: Zur Bibel

B 1	Die Bibelwoche	B 9	Gemeinsam Bibel lesen
B 4	Bibel übersetzen	B 10	Biblische Geschichten für Kinder
B 5	Bibel erzählen	B 11	Bibelpartner-Arbeit
B 7	Jesus Christus – Mitte der Bibel	B 12	Bibelfest in der Gemeinde
B 8	Der Bibel begegnen – Impulse zur Bibelwoche	B 13	Lebensbezogene Bibelarbeit I
		B 14	Lebensbezogene Bibelarbeit II

Studienbriefe gibt es auch zu den Rubriken „Seelsorge", „Gemeindeaufbau", „Diakonie", „Religionen" und „Predigt".

Studienbriefe haben jeweils 16 bis 20 Seiten; € 1,30 (ab 25 Exemplaren: Mengenpreise).

Zu beziehen von der Herausgeberin: Arbeitsgemeinschaft Missionarische Dienste (AMD) im Diakonischen Werk der EKD
Zentraler Vertrieb des Diakonischen Werks,
Postfach 10 11 42, 700 10 Stuttgart; Fax: 07 11 / 7 97 75 02

Dort sind auch Informationen über weitere Publikationen der AMD erhältlich.

Schauen Sie auch in unseren Shop: www.a-m-d.de/shop

Fenster zum Himmel – zur Gestaltung der Bibelwoche

Die Ausführungen zu den einzelnen Texten der Bibelwoche sind gedacht als Anregungen und Orientierungshilfe für das eigene Nachdenken über die Fragen:
* Welche Ziele verfolge ich mit dieser Bibelwoche?
* Welche Fragestellungen sind in unserer Gemeinde aktuell?
* Für welche Texte entscheide ich mich / entscheiden wir uns? Welche Interessen verfolge ich / verfolgen wir mit der Auswahl?
* Wie könnten die Schwerpunkte der einzelnen Abende aussehen?

Bei der nachfolgenden Zusammenstellung habe ich zum Teil Gedanken aufgegriffen, die ich in gleicher oder abgewandelter Form bei den jeweiligen Texten unter der Rubrik „Gedanken und Texte zum Nachdenken und Besprechen" geäußert habe. Wenn die Bibelwochentexte für eine Seminarreihe oder als Grundlage für ein Gemeindewochenende benutzt werden, empfiehlt es sich, die Einführung ins Johannesevangelium und in die Ich-bin-Worte als gesonderte Einheit zu gestalten.

I Essen und wachsen (Joh 6,22-59)

Jesus Christus hat Brot des Lebens (Joh 6,1-15) und ist das Brot des Lebens. Der johanneischen Gemeinde wird deutlich vor Augen gestellt: Christus als das Brot des Lebens bewirkt ihr Leben. Sie lebt allein von dieser Gabe: Empfangt, was ihr seid: Leib Christi; seid, was ihr empfangt: Leib Christi.
* Wie leben wir das als Gemeinde?
* Bevor jedoch das Gespräch über diese Frage geführt werden kann, sind wir als Einzelne herausgefordert, unsere Christusbeziehung zu bedenken: Inwiefern ist er für mich „Brot des Lebens"?

II Leuchten und erkennen (Joh 8,12-20.9,1-7)

Jesus Christus ist das Licht der Welt, und die ihm nachfolgen, haben das Licht des Lebens (Joh 8,12). Aber manchmal ist es so, dass wir von den uns umgebenden Lichtern und Lichtlein so gefangen genommen sind, dass wir das eine Licht, auf das es in unserem Leben ankommt, nicht entdecken. Bartimäus (Mk 10,46ff) schreit um Jesu Erbarmen und bittet ihn, sehend zu werden. Er geht auf Jesus zu und wird von ihm geheilt. Der Blindgeborene in Joh 9 unternimmt nichts, um die Aufmerksamkeit auf sich zu lenken. Er wird von Jesus wahrgenommen und bekommt das Licht ge-

---

**weißt du wo
der himmel ist
außen oder innen
eine handbreit
rechts und links
du bist mitten drinnen**

**weißt du wo
der himmel ist
nicht so tief verborgen
einen sprung aus dir heraus
aus dem haus der sorgen**

**weißt du wo
der himmel ist
nicht so hoch da oben
sag doch ja
zu dir und mir
du bist aufgehoben**

Wilhelm Willms

(aus: der geerdete himmel. © Verlag Butzon & Bercker, Kevelaer 1974. 1986[7])

schenkt. Das einzige, was er tun muss, ist, den Brei abzuwaschen. Er tut es und wird sehend.
* Zwei Sinnbilder, wie das Licht Christi in unser Leben gelangt?

III Kommen und gehen (Joh 10,1-10)

Jesus ist die Tür, und er öffnet die Tür – zum Leben. Aber wie finde ich unter all den vielen Türen, den geöffneten und den verschlossenen, den schönen und den nicht so schönen, den verlockenden und den unscheinbaren, den geheimnisvollen und den scheinbar nicht zu öffnenden, diese eine Tür zum Leben? Jesus als die Tür ist in Joh 10 der Zugang zum Schutzraum (Pferch) und der Ausgang in den Lebensraum (Weide). Die Zugehörigkeit zu Jesus ist durch Bewegung gekennzeichnet. Zum Leben mit ihm gehört das Drinnen- und Draußen-Sein, der rettende, bergende Schutzraum genauso wie das Hinausgehen in die Welt.
* Inwiefern ist die Gemeinde für mich ein Raum der Ruhe und Besinnung?
* Wie leben wir als Gemeinde diese lebendige Bewegung von „Drinnen nach Draußen" und umgekehrt?

IV Kennen und halten (Joh 10,11-18.27-30)

Jesus ist der gute Hirte – eine Beziehungsaussage, die entfaltet, was Jesus als der Christus für die ihm Nachfolgenden, für seine Gemeinde einsetzt, aber auch für die, die nicht zu „seinem Stall" gehören. Nach *Beate Kowalski* werden den LeserInnen in Joh 10,1-18 drei Reaktionsmöglichkeiten auf Jesus vorgestellt:
* Die Annahme des Heils = Glaube (Schafe, andere Schafe, Türhüter);
* Unentschlossenheit = Gefahr von innen (Lohnknecht);
* Ablehnung = Gefahr von außen (Dieb, Räuber, Fremder, Wolf).

Diese Reaktionsmöglichkeiten sind nicht alternativ zu denken, sondern existieren in uns nebeneinander.

V Aufstehen und leben (Joh 11,17-27)

Jesus ist die Auferstehung und das Leben – eine Selbstaussage, die wiederum in eine Beziehungsaussage mündet: „Wer an ich mich glaubt, der wird leben."
* Auferstehung und Leben – eine Wirklichkeit, die durch Jesus Christus in meinem Leben Gestalt gewinnen möchte und gleichzeitig eine Dimension für die Ewigkeit eröffnet?
* Welchen inneren Weg mag Martha vom angelernten Katechismuswissen bis zum Bekenntnis aus Glauben gegangen sein?
* Kenne ich das in meinem eigenen Glaubensleben, dass durch bestimmte Situationen und Begegnungen angelernte Sätze, die irgendwie totes Wissen waren, mit einem Mal in einem neuen Licht erscheinen, in meinem Leben lebendig werden, ihre Kraft entfalten, mich auferstehen und leben lassen?

VI Suchen und wohnen (Joh 14,1-14)

„Ich bin der Weg, die Wahrheit und das Leben" – ich bin der Gott auf dem Weg zu euch, ich komme euch auf euren Wegen entgegen, nicht umgekehrt. Es ist ein Trost- und Ermutigungswort für die einzelnen ChristInnen, für die Gemeinde, kein Abgrenzungswort. Wenn Jesus sagt: „Ich bin der Weg, die Wahrheit und das Leben", kann diese Aussage unterschiedlich gehört und verstanden werden, zum Beispiel:
* als Absolutheitsanspruch, den ich entweder anerkenne oder ablehne;
* als Selbstaussage über seine Identität: „Das bin ich." Sie fordert mich heraus, darüber nachzudenken: Wer bin ich, was macht meine Identität aus? Was hat meine Identität mit diesem Jesus zu tun? – und eröffnet so einen Dialog.

VII Bleiben und aufbrechen (Joh 15,1-8.[9-17])

„Ich bin der Weinstock, ihr seid die Reben" – ohne den Weinstock gäbe es die Reben nicht, ohne die Verbindung zu ihm können sie nicht reifen und ihre Frucht entfalten. Die Verbindung, das „Bleiben" am Weinstock ist für die Reben (für die Gemeinde) lebensnotwendig.

* Wie lebe ich, leben wir als Gemeinde unser „Bleiben" am Weinstock?
* Wo wird unser Bleiben als Gemeinde in Christus für Menschen außerhalb der Gemeinde erfahrbar, erlebbar, einladend?
* Wo wird mein Bleiben in Christus für Menschen in meinem Lebensumfeld erfahrbar, erlebbar, einladend?

Predigttexte

Folgende Bibelwochentexte sind in den Predigtreihen zu finden:

Bibelwochentext	Predigtext	Reihe
1. Joh 6,22-59	Joh 6,55-65	III/Lätare
	Joh 6,30-35	III/3. S. n. Trin
2. Joh 8,12-20.9,1-7	Joh 8,12-16	III/Christfest II
3. Joh 10,1-10	-	
4. Joh 10,11-18.27-30	Joh 10,11-16(27-30)	I/Miserikordias Domini
5. Joh 11,7-27	Joh 11,1.(2).17-27(41-45)	I/16. S. n. Trin
6. Joh 14,1-14	Joh 14,1-6	III/Neujahrstag
	Joh 14,1-13	3. Mai/Tag der Apostel Philippus und Jakobus d. J.
7. Joh 15,1-8(9-17)	Joh 15,9-12(13-17)	V/21. S. n. Trin

Literaturempfehlungen

Hinweisen möchte ich auf die *Ökumenischen Arbeitshefte zur Bibelwoche* (Herausgeberinnen: Die evangelischen Bibelgesellschaften und die katholischen Bibelwerke in Deutschland, Österreich und der Schweiz. © 2008 Deutsche Bibelgesellschaft Stuttgart), die unter dem Titel **„Ich bin – Die sieben Ich-bin-Worte Jesu aus dem Johannes-Evangelium"** erschienen sind. Hier finden Sie alternative Vorschläge zur „Gestalteten Mitte" sowie zur methodischen Gestaltung der Abende. Anders als in unserer Veröffentlichung, bietet das „Didaktische Begleitheft" einen ausgearbeiteten Vorschlag für die methodische Gestaltung des jeweiligen Bibelwochenabends.

Auf dem Weg zu Gottes Wohnungen. Johannes 14,1-14, Ökumenischer Bibelsonntag 09, Bausteine für den Gottesdienst, hrsg. von: Deutsche Bibelgesellschaft und Katholisches Bibelwerk e.V. (beide Stuttgart), in Zusammenarbeit mit der Ökumenischen Centrale der Arbeitsgemeinschaft Christlicher Kirchen (ACK) in Deutschland e.V., Frankfurt/Main. © 2008 Deutsche Bibelgesellschaft, Stuttgart.

Alles hat seine Zeit. Hausgebete zum Jahr 2000, Heft 1-4, hrsg. von der Arbeitsgemeinschaft Missionarische Dienste im Diakonischen Werk der EKD. Diese Hausgebete wurden zur Jahrtausendwende für die Benutzung in Hauskreisen erarbeitet. In den vier Heften sind zwölf Ich-bin-Worte (Grundworte des Glaubens) und zwölf „Lebensäußerungen des Glaubens" für einen Hauskreisabend gestaltet. Die vier Hefte können zum Preis von 2 € plus Versandkosten über die Geschäftsstelle der AMD (Frau Koffke), Reichensteiner Weg 24, 14195 Berlin bezogen werden.

Bibel und Kirche – Heft 3/2004: Das Johannesevangelium. Katholisches Bibelwerk e.V. Stuttgart, ISBN / Code: 26364, Preis 6 €. In diesem Heft finden sich lesenswerte Artikel zur Christologie des Johannesevangeliums (siehe auch: www.bibelundkirche.de).

Sjef van Tilborg: **Das Johannes-Evangelium.** Verlag Katholisches Bibelwerk, Stuttgart 2005. Der niederländische Bibelwissenschaftler *Sjef van Tilborg* hat diesen Kommentar in Zusammenarbeit mit dem deutschen Übersetzer *Hartmut Flasche-Alke* erarbeitet. In diesen Kommentar sind die Gespräche mit afrikanischen und asiatischen Studentinnen der Njimeegse Graduate School eingeflossen. Die jeweiligen Textabschnitte des Johannes-Evangeliums werden nach einem gleich bleibenden Schema behandelt:
* Gliederung des Textes, der Erzählung, Erzählerische Position;
* Theologische Erklärungen zum Text;

© Thomas Plaßmann

* Kommentare des Autors.
Durch seine reichhaltigen Anregungen ist dieser Kommentar besonders für Hauskreise und Bibelkreise gut geeignet.

Das größere Leben. Johannes-Evangelium, Bibelauslegung für die Praxis 19, hrsg. von der Deutschen Bibelgesellschaft und dem Katholischen Bibelwerk. Verlag Katholisches Bibelwerk, Stuttgart 1988. Für NichttheologInnen und TheologInnen bietet dies Buch zu den wesentlichen Abschnitten des Johannesevangeliums eine kurze, informative Auslegung und praktische Anregungen für eine Bibelarbeit. Das gleiche gilt für:

Johannes entdecken. Lese- und Arbeitsbuch zum Johannesevangelium. Katholisches Bibelwerk e.V., Stuttgart 1998. Wenn auch die einzelnen Ich-bin-Worte in diesem Arbeitsbuch nicht aufgenommen sind, so enthält es doch einen Vorschlag von *Annegret Puttkammer*, wie die sieben Ich-bin-Worte an einem Abend behandelt werden können („Ich bin für euch da!". Die Ich-bin-Worte Jesu, S.76-88).

Regula Grünenfelder und *Bernd Lenfers-Grünenfelder:* **Erde und Licht. Mit dem Johannesevangelium auf den Spuren unserer Lebenswünsche,** WerkstattBibel 7. Verlag Katholisches Bibelwerk, Stuttgart 2004, 11,80 €. WerkstattBibel enthält eine biblisch-theologische Einführung in das Thema, eine Erläuterung zum methodischen Ansatz und ausgearbeitete Vorschläge für Bibelarbeiten. Von den Bibelwochentexten sind aufgenommen: Brot (Joh 6), Licht (Joh 8,12), Tür (Joh 19,1-10) und Wohnung (Joh 14,1-14). Sie werden unter dem Aspekt Lebenswünsche betrachtet und entfaltet.

Anneliese Hecht (Hrsg.): **Kreative Bibelarbeit.** Methoden für Gruppen und Unterricht, Verlag Katholisches Bibelwerk, Stuttgart 2008. Wer methodische Anregungen für die Arbeit mit biblischen Texten sucht, findet sie in diesem Buch: *Anneliese Hecht* präsentiert lebendige, spannende und vielfältig einsetzbare Methoden der Bibelarbeit. In sieben Abschnitten werden unterschiedliche Formen und Methoden vorgestellt und reflektiert:
- Allgemeines (Aspekte lebensbezogener Bibelarbeit, Gruppenleitung, Drei-Phasen-Modell);
- Textarbeit und Wort-Formen;
- Visuelle Formen;
- Formen der Inszenierung;
- Gesprächsmethoden;
- Methoden psychologischer Bibelinterpretation;
- Gebetsformen.

glaubwürdig

Sehnsucht, Wut, Vertrauen, Ohmacht, Neubeginn – das sind Gefühle und Lebenssituationen, die jede und jeder kennt. Die Zitate, Bibeltexte, Geschichten und Gebete in diesem Buch dienen der eigenen Ermutigung zu diesen und anderen Themen und sind zugleich eine Textsammlung für Andachten, Predigten oder für persönliche Grüße an liebe Menschen.

Beliebt ist der kleine Band – der siebte Sammelband der Reihe „Für jeden neuen Tag" – auch als Geschenk für Mitarbeiterinnen und Mitarbeiter in Kirche und Diakonie.

Das Buch kostet € 9,90 + Versandkosten und kann bei der Arbeitsgemeinschaft Missionarische Dienste, Postfach 101142, 70010 Stuttgart, Fon: 0711 / 2159-222, Fax: 0711 / 2159-566, E-Mail: amd.wolf@diakonie.de bezogen werden oder auch direkt über den Shop der AMD: www.a-m-d.de/shop

Bibelwoche einmal anders: Meditation und biblisches Gespräch

Diese Anregung ist für die gedacht, die die Johannesbibelwoche nutzen möchten, um in ihrer Gemeinde Menschen zu erreichen, die an Meditation und Bibel interessiert sind. Sie ist ein Versuch, biblisches Gespräch und meditative Aneignung miteinander zu verbinden. Gedacht ist dieser Vorschlag für einen achtwöchigen Kurs (acht Abende): Der erste Abend dient dazu, das Projekt vorzustellen und Meditation und Schweigen einzuüben. Die weiteren sieben Abende verlaufen alle nach dem gleichen Schema:

- Begrüßung und Vorstellen des Ablaufs

- 15 Minuten schweigend sitzen

- **Bibel teilen (in ein wenig abgewandelter Form):**

1. Einladen
Der/die LeiterIn spricht selbst ein Eingangsgebet oder bittet jemanden aus dem Kreis dazu.

2. Lesen
Der/die LeiterIn oder jemand aus dem Kreis liest den Text vor. Nach dem Lesen des Textes folgt eine kurze Zeit der Stille und Besinnung.

3. Verweilen
- Wir suchen Worte oder kurze Sätze aus dem Text heraus, die uns in irgendeiner Weise angesprochen haben und sprechen sie laut und betrachtend aus.
- Dazwischen legen wir kurze Besinnungspausen ein.
- (Danach:) Wer möchte den Text noch einmal im Zusammenhang vorlesen?

4. Schweigen
Wir schweigen für drei Minuten und lassen in der Stille Gott zu uns sprechen.

5. Austauschen
Wir tauschen uns darüber aus, was uns im Herzen berührt hat.
- Welches Wort hat uns persönlich angesprochen? (Wir diskutieren keinen der Beiträge, auch nicht, wenn sich vielleicht manche nicht mitgeteilt, sondern Kommentare abgegeben oder „gepredigt" haben).
- (Danach gegebenenfalls:) Ist uns in diesem Text ein Wort begegnet, das uns in den kommenden Wochen als „Wort des Lebens" begleiten könnte?

- Die TeilnehmerInnen notieren danach „ihren Satz", eine Frage oder ihr „Wort des Lebens".

- **Information über den gelesen Text**
Danach gibt der/die LeiterIn exegetische Informationen zu dem gelesenen Text: Welche theologischen Fragestellungen greift Johannes auf? Welche Antworten gibt er? Welcher Stilmittel bedient er sich?

- **Gespräch im Plenum**
Daran schließt sich ein Gespräch an, in dem die TeilnehmerInnen auf das Gehörte reagieren und ihre Fragen einbringen.

- **Besinnung im Schweigen**
Zum Schluss des Gesprächs notieren die TeilnehmerInnen eine Erkenntnis oder eine Frage, die sie in der Stille bedenken wollen. Es folgt wieder ein 15-minütiges schweigendes Sitzen, das der/die LeiterIn mit einem Gebet abschließt.

Einführung

Das Johannesevangelium (= JohEv) entführt uns – im Vergleich mit den Synoptikern – in eine andere Welt. Reden und Dialoge machen etwa 80 Prozent seines Evangeliums aus, Erzählungen von Jesus nur etwa 20 Prozent.

Alles, was Johannes über die Jesus-Christus-Geschichte schreibt, ist von seiner „Sehweise" (*Franz Mussner*) geprägt, ist ein Widerschein seiner Glaubenserfahrungen. Mit seinem Entwurf formuliert er diese Geschichte für seine Zeitgenossen um die erste Jahrhundertwende auf brillante Weise neu.

Verfasser

Der Verfasser war wohl ein überragender Theologe am Ausgang des ersten Jahrhunderts. Er war der führende Kopf der so genannten johanneischen Schule (*Udo Schnelle*). In ihr stand die Lehre Jesu im Mittelpunkt. Die johanneische Schule ist nicht einfach mit der johanneischen Gemeinde gleichzusetzen. Während dazu alle johanneischen ChristInnen gehörten, zählten zur johanneischen Schule nur die, die aktiv an der theologischen Arbeit beteiligt waren. Vielleicht kann man in ihren Mitgliedern die LeiterInnen einzelner Hausgemeinden sehen. Sie setzten die Jesuserzählung zu ihrer aktuellen Gemeinde- und Lebenssituation in Beziehung.

Auf diese Weise sprach der in die himmlische Welt erhöhte Jesus mitten in diese Welt hinein. Sein besonderes Sprachrohr war der vierte Evangelist, der die theologische Arbeit der johanneischen Schule bündelte und in Gestalt des JohEv zu einem grandiosen Neuentwurf der Jesusgeschichte formte.

Entstehungsort und -zeit

Der Sitz der johanneischen Schule – und damit der Entstehungsort des JohEv – dürfte sehr wahrscheinlich Ephesus gewesen sein (*Udo Schnelle; Jörg Frey*). Im Großraum dieser wichtigen Handels- und Hafenstadt an der Westküste Kleinasiens in der heutigen Türkei gab es verschiedene johanneische Gemeinden. Diese Vielfalt fand im johanneischen Schriftenkreis ihren literarischen Niederschlag (1./2./3. Joh; JohEv; Offb). Die Hauptgemeinde war in Ephesus angesiedelt. Diese Metropole atmete den Geist der internationalen Kultur.

Die Frage der Abfassungszeit ist – wie nahezu alles in der Johannesforschung – umstritten. Zwar findet eine Frühdatierung vor 70 n. Chr. immer wieder Befürworter (z.B. *Klaus Berger*). Doch spricht vieles dafür, dass das Evangelium des Johannes nach der Entstehung der ersten drei Evangelien wie auch der drei Johannesbriefe in der Zeit um 100 n. Chr. seine jetzige Gestalt gewonnen hat.

Es mehren sich die Stimmen, dass dem vierten Evangelisten die synoptischen Evangelien vorlagen und er sie in sein Evangelium eingearbeitet hat. Das belegen auch intertextuelle Beobachtungen zu den Ich-bin-Worten:

„Die These von der literarischen Abhängigkeit des Johannesevangeliums von möglicherweise allen drei Synoptikern hat sehr viel für sich, und die Verfechter der zeitlichen Priorität des Johannesevangeliums haben den traditionsgeschichtlichen bzw. literarischen Zusammenhang der Evangelien bisher nicht annähernd wahrscheinlich deutlich machen können" (*Dietrich Rusam*). Das JohEv kann als krönender Abschluss der Evangelienschreibung angesehen werden.

AdressatInnen des Evangeliums

Johannes hatte bei der Abfassung seines Evangeliums die von ihm geprägte johanneische Gemeinde vor Augen, Juden- und Heidenchristen. Diese hatten bereits einen Glaubensweg zurückgelegt, der auf ständige Vertiefung angelegt war. In den Begegnungsgeschichten des vierten Evangeliums wurden ihnen Glaubensbiografien vor Augen gemalt, in denen sie sich selbst wiedererkennen konnten.

Die schon Glaubenden dürften allerdings nicht die einzige Dialoggruppe gewesen sein. Dazu kamen Menschen auf der religiösen Sinnsuche, die sich in ihrem Umfeld bewegten und daher Zugang zum vierten Evangelium hatten. Gerade die johanneische Bildersprache sprach sowohl In- als auch Outsider an, um den Glauben der einen zu vertiefen und den der anderen zu wecken.

Konfliktgeschichte

In der Geschichte der johanneischen Gemeinde gab es viele Konflikte. Sie entzündeten sich an Jesus als Konfliktperson und spiegeln sich im JohEv wider. Mit seinem Evangeliumsbuch (vgl. 20,30) reagierte Johannes auf theologische Kontroversen seiner Zeit, die seine LeserInnen umtrieben und ihren Glauben an Jesus Christus in Frage stellten. Außer der Auseinandersetzung mit der Täufergemeinde (vgl. v.a. 1,1-18.19-28; 3,22-30), befand sich die johanneische Gemeinde vor allem im Konflikt mit dem Judentum.

Entscheidender Streitpunkt war die Stellung von Jesus. Für die meisten Juden war sein Anspruch, eins mit Gott zu sein (vgl. 10,30), inakzeptabel. Der Glaube an Jesus als den Sohn Gottes und einzigen Lehrer führte daher zum schmerzhaften Synagogenausschluss der johanneischen Christen (vgl. 9,22; 12,42; 16,2). Vor diesem Hintergrund ist die häufige Rede von „den Juden" zu verstehen. Sie repräsentieren die Gegner von Jesus, die ihm feindlich gegenüberstehen und ihn töten wollen. Als die entscheidenden Widersacher erscheinen dabei die Pharisäer. Sie bewegen den Hohen Rat, gegen Jesus vorzugehen (vgl. 7,32; 11,46f). Allerdings ist diese Gruppe nicht homogen. Einzelne Juden bzw. Pharisäer werden auch positiv dargestellt (vgl. 3,1f; 7,47-52; 12,42).

Die „Juden"
Sieben verschiedene Bedeutungen lassen sich in der Rede von „den Juden" nachweisen (*Udo Schnelle*):

- Juden als neutrale Volksangehörige (z.B. 1,19; 12,9);
- Juden als Jesusfeinde und Repräsentanten des Unglaubens (z.B. 6,41; 20,19);
- Juden als kulturgeschichtliche Bezeichnung (z.B. 2,6; 6,4);
- Juden als Dialogpartner bzw. Stichwortgeber (z.B. 2,18; 11,36);
- Juden als gespaltene Gruppe angesichts der Begegnung mit Jesus (z.B. 6,52; 7,11);
- Juden als positive religiöse Gruppe (z.B. 4,22; 18,33);
- Juden als Bezeichnung für Sympathisanten von Jesus (z.B. 3,1; 12,11).

Schließlich wird Jesus selbst ausdrücklich als Jude bezeichnet: „Das Heil kommt von den Juden" (4,22), und zwar durch den einen Juden Jesus (4,9). Gerade angesichts der vielen negativen, in ihrer Wirkungsgeschichte unheilvollen Aussagen über die Juden, darf diese positive Heilslinie nicht aus den Augen verloren werden. In Analogie zu den positiven und negativen Aussagen über die Welt, gibt es auch unter den Juden Glaubende und Nichtglaubende.

Die Juden werden also nicht wegen ihrer Volkszugehörigkeit oder aufgrund ihres Wesens negativ gesehen, sondern – wie alle anderen Menschen – nach ihrer Verhaltensweise gegenüber Jesus beurteilt. Das JohEv ist also keineswegs judenfeindlich, sondern wirbt bei Juden und Heiden für den Glauben an den Juden Jesus, den „Retter der Welt" (4,42).

Streit in den eigenen Reihen
Innerhalb der johanneischen Gemeinde gab es eine heftige Auseinandersetzung. Wie vor allem der 1. Johannesbrief dokumentiert, gab es Stimmen in den johanneischen Gemeinden, die leugneten, dass in Jesus Christus das Wort wirklich Fleisch wurde (vgl. 1. Joh 2,18-26; 4,1-6).

Diese Theologen lassen sich wohl am ehesten als Doketisten (von griechisch dokein = scheinen) bezeichnen. Für sie hatte der himmlische Christus nur zum Schein einen menschlichen Leib, zeigte auch nur scheinbar Hunger und Durst, Zorn und Trauer. Ein leidender Gott war für die Doketisten unvorstellbar, die Vorstellung der leiblichen Auferstehung undenkbar, das Abendmahl unbedeutend.

Die im vierten Evangelium erzählten Begegnungen mit Jesus zielen in erster Linie darauf, die immer wieder krisengeschüttelte Glaubensbeziehung neu zu beleben und die Gemeinschaft der Glaubenden zu stärken.

Aufbau des Evangeliums

Zentral ist die Zweiteilung, die durch einen Prolog und einen Epilog kunstvoll gerahmt wird. Außerdem spielen Orte eine wichtige Rolle (*Matthias Rein*). Die Jesusgeschichte ist nicht abgehoben, sondern geerdet. Im Prolog tauchen bereits die wichtigsten Worte auf, die dann im Evangelium entfaltet werden: Jesus ist Licht und Leben. Er ist das Wort Gottes, das Fleisch wird. In ihm leuchtet die Wahrheit auf. Er kündet von Gott.

Nachdem die LeserInnen durch dies Portal in die johanneische Textwelt gelangt sind (1,1-18), erzählt ihnen der Evangelist, wie Jesus in Galiläa, Samaria, Judäa und Jerusalem wirkt (1,19-12,50). Jesus zeigt sich in Worten und Wundern.

Im zweiten Hauptteil (13,1-20,29) offenbart er sich zunächst exklusiv vor seinen Jüngern (13,1-16,33) und im Gebet (17,1-26). Anschließend wird das Passions- und Ostergeschehen dargestellt (18,1-20,29). Im ersten Buchschluss (20,30f) wird der Auswahlcharakter des Erzählten unterstrichen (20,30) und das Ziel des Evangeliums benannt (20,31): Die LeserInnen sollen durch den Glauben an Christus das Leben haben.

Im Nachtragskapitel (Joh 21) steht eine weitere Begegnung mit dem Auferstandenen im Blickpunkt (21,1-23), und die Bedeutung des Jüngers, den Jesus liebte, wird betont (21,24f).

Die Grundspannung zwischen Annahme und Nichtannahme ist die Achse, um die sich das ganze Evangelium mit allen seinen Teilen dreht. Sie wird erstmals im Prolog benannt (1,1-18: 1,11f). Er kann als „geniales (wenn nicht das genialste) Konzentrat urchristlicher Theologie" (*Klaus Scholtissek*) gelten. In einer kunstvollen Korrespondenz von literarischer Struktur und christozentrischer Theologie steht in der Mitte des Evangeliums der Zentralsatz johanneischen Denkens (10,30): „Ich und der Vater sind eins."

Christlicher Glaube ist denkender Glaube. Im Nachdenken fasst Johannes seine Glaubenserfahrungen in Worte. Jesus ist der menschgewordene Gott. Wem der Mensch Jesus begegnet, dem begegnet Gott. Das wird bereits zu Beginn des Evangeliums intoniert (vgl. 1,14.18) und am Schluss noch einmal wirkungsvoll zu Gehör gebracht (vgl. 20,28).

Wie wurde das vierte Evangelium gelesen?

Es ist davon auszugehen, dass das JohEv Seite für Seite im Raum der Gemeinde bzw. im persönlichen Schriftstudium hörend, kontinuierlich und wiederholt gelesen werden soll.

Hörendes Lesen

Das JohEv wurde laut gelesen. Lesen und Hören waren in der Antike eng verzahnt. Vernehmbares Lesen fördert die Aufnahme des Gelesenen (vgl. Apg 8,26-40). Das hörbare laute Lesen, ob in privater oder gottesdienstlicher Lesung, entspricht dem Anspruch der biblischen Texte, als Anrede und Zuspruch gehört zu werden (vgl. z.B. 1. Thess 5,27; Offb 1,3).

Kontinuierliches Lesen

Johannes dürfte Leserinnen und Leser voraussetzen, die sein Evangelium in kontinuierlicher Lektüre durchlesen, in längeren Passagen bei der Verlesung im Gemeindegottesdienst oder beim persönlichen Schriftstudium.

Denn nur durch die fortlaufende Lektüre des ganzen Evangeliums erschließen sich die größeren gedanklichen Zusammenhänge, auf die Johannes selbst immer wieder aufmerksam macht (vgl. 7,50; 11,2; 19,39). Mit einmaligem Lesen sind die johanneische Texte nicht auszuschöpfen.

Wiederholtes Lesen

Der eigentliche Sinn der Wiederholung besteht darin, etwas bzw. jemanden wieder zu holen. Wer das JohEv liest, holt die in ihm erzählte Christusgeschichte in seine Zeit. Weil der Glaube an das Jesus-Christus-Geschehen gebunden ist, ist Wiederholung notwendig.

Auch aus pädagogischen Gründen ist Wiederholung unabdingbar. Lernen bedeutet wiederholen, sagen die Rabbinen. Repetitio est mater studiorum, sagen die Lateiner. Das JohEv ist „ein Buch, das meditiert werden will. Die meditierende Wiederholung der Worte Jesu, die tiefer in ihren Sinn eindringt, ist die Technik, die der johanneischen Spiritualität des Wortes gemäß ist" (*Michael Theobald*). Nur durch wiederholtes Lesen ist der „Drehtür-Effekt" möglich. Der Leser, die Leserin betritt das Gebäude des johanneischen Textes durch den Prolog als Eingangstür, durchwandert das ganze Evangelium und betritt es erneut.

Wie führt Johannes seine Leserinnen und Leser?

Johannes führt uns in einzigartiger Weise zu einem vertieften Verstehen der Jesusgeschichte. Er verfügt über genaue Ortskenntnisse. Auch der zeitliche Rahmen von zwei bis drei Jahren, den er für die Wanderschaft Jesu veranschlagt, scheint, im Vergleich mit den Synoptikern, die nur rund ein Jahr ansetzen, am ehesten zu stimmen. Doch geht es Johannes nicht um exakte, vorrangig an den vordergründigen Fakten interessierte Geschichtsschreibung.

Vielmehr erzählt er die Jesusgeschichte immer schon hintergründig. In seiner symbolischen Sprache hat nahezu alles eine tiefere Bedeutung. Wer daher „mit dem Sperberblick des Historikers über dieser Textlandschaft schwebt, um sich bei Gelegenheit eine kleine Maus herauszupicken, wird der theologischen Qualität des Johannesevangeliums kaum gerecht" (*Victor Hasler*).

Wie Johannes mit Sprache umgeht

Der vierte Evangelist setzt unterschiedliche sprachliche Mittel ein:

- eine anschauliche Bildersprache, die in den Ich-bin-Worten gipfelt;
- symbolträchtige Zeit- und Ortsangaben, die tiefer blicken lassen;
- feinsinnige Wortspiele, etwa durch doppeldeutige Wörter;
- Textpausen, die Zeit zum Verweilen und Nachdenken eröffnen;
- Gegenüberstellungen, die eine klare Stellungnahme zu Jesus herausfordern;
- Persontypen, mit denen wir uns identifizieren oder von denen wir uns distanzieren können;
- Missverständnis-Szenen, die auf eine höhere Stufe des Verstehens führen;
- Fragen, die für den tieferen Sinn des Dargestellten hellhörig machen;
- eine bewusste Vernetzung von Anfangs- und Schlusspassagen, etwa von Prolog und Epilog;
- Kommentarworte und Vor- und Rückverweise, die das Erzählte deuten;
- Anspielungen und Zitate aus dem Alten Testament und dem JohEv selbst.

Diese Darstellungsmittel ergeben den besonderen johanneischen Stil, der das gesamte Evangelium prägt. Seine Jetztgestalt zeigt „eine so große Kohärenz und stilistische Einheitlichkeit, dass das Auffinden literarischer Traditionsstücke oder verarbeiteter Grundschriften ergebnislos bleiben muss" (*Mirjam/Ruben Zimmermann*).

Der Führungsstil des Johannes engt uns in unserer Textwahrnehmung im Akt des Hörens bzw. Lesens nicht ein. Er räumt uns einen Freiraum ein, selber mitzudenken und das vor Augen gemalte Christusbild mit eigenen Erfahrungen in Verbindung zu bringen.

Die Kunst der Wiederholung

Durch sinnreiche Wiederholung baut Johannes ein Leitwortsystem auf, das den LeserInnen den Weg zum eingehenderen Verstehen weist. Symbolträchtige Worte wie Licht, Leben, Wahrheit, Bleiben, Suchen und Finden leiten als Ariadnefaden durch das Labyrinth des vierten Evangeliums. Sie erzeugen im Verlauf der Lektüre ein vertieftes Verständnis für die Person Jesu. Durch die Wiederholung von Leitworten werden die einzelnen Teile des Evangeliums zu einem sinnvollen Ganzen vernetzt mit dem Leitwort Leben als Schlüsselbegriff (10,10): „Ich bin gekommen, damit sie das Leben haben und es in Fülle haben." In der johanneischen Theologie des Lebens wird Jesus selbst mit dem erfüllten Leben identifiziert (vgl. 11,25; 14,6). Ohne Wiederholung gibt es keine Überbrückung der Zeiten. In der johaneischen Theologie ist der Heilige Geist der Brückenbauer.

Die Rolle des Heiligen Geistes

Erst im rückblickenden Abstand wird es möglich, das Erlebte in einem neuen Licht zu sehen. So leitet der vierte Evangelist auch seine LeserInnen an, im Nachhinein das Leben Jesu anzuschauen und in Beziehung zum eigenen Leben zu setzen. Diesen Schlüssel zum Verstehen hat Johannes für seine Leserschaft in sein Evangelium an mehreren Stellen hineingeschrieben (vgl. 2,21f; 7,39). Ziel ist die „Ermutigung aus dem Erinnern" (*Eckart Reinmuth*). Das zeigen insbesondere die Paraklet-Verheißungen.

Der Begriff Paraklet ist erstmals in den Abschiedsreden zu verzeichnen. Das griechische Wort, das *Martin Luther* mit „Tröster" übersetzt, heißt wörtlich „der zur Unterstützung Herbeigerufene", „der als Beistand Zugezogene". Der Paraklet, der mit dem Heiligen Geist identisch ist (14,25f; vgl. 1,33; 20,22), ist der Anwalt der Glaubenden, ihr Fürsprecher und Helfer. Zugleich erschließt er die Bedeutung Jesu in der Zeit nach Ostern für die Gemeinde erinnernd und ermutigend. Das geht aus den fünf Parakletsprüchen hervor (14,16f; 14,26; 15,26; 16,7-11.12-15). Dieser Geist-Paraklet ist für die nachösterliche Zeit verheißen.

Nach seiner Auferstehung haucht Jesus seine Freunde mit dem Heiligen Geist an. Durch diese Handlung werden sie befähigt, auf Sendung zu gehen (vgl. 20,22). Es ist der Geist, der im Rückblick den wahren Sinn des Lebens Jesu eröffnet, und zwar für die Zeit, in der die johanneische Gemeinde jetzt lebt und für die Zeit, in der wir leben (14,26): „Aber der Paraklet, der Heilige Geist, den mein Vater senden wird in meinem Namen, der wird euch alles lehren und euch an alles erinnern, was ich euch gesagt habe."

Der Heilige Geist schlägt den Bogen von der Jesuszeit zur Jetztzeit und sorgt für ihre Gleichzeitigkeit mit der Jesus-Christus-Geschichte. Er ist „die größte Übersetzungsinitiative aller Zeiten" (*Gerd Theissen*). Geistgeleitet erzählt Johannes im nachösterlichen Rückblick für seine Gemeinde und seine ZeitgenossInnen das vorösterliche Wirken Jesu (1,19-19,42) und rahmt es durch den Prolog (1,1-18) und die Ostererscheinungen (20,1-29).

Auf diese Weise ist die irdische Existenz Jesu in seine Prä- und Postexistenz eingebettet. Beide Ebenen, die erzählte Zeit des Wirkens Jesu und die gegenwärtige Erzählzeit im Akt des Lesens, sind bei der Textauslegung zu berücksichtigen (*Udo Schnelle; Eckart Reinmuth*). In besonders eindrücklicher Weise ragen die sieben Ich-bin-Worte aus der im Rückblick erinnerten und in ihrer Bedeutung erfassten vorösterlichen Zeit in die nachösterliche Zeit der LeserInnen hinein, um ihre Existenz im Licht des Christusgeschehens zu erhellen.

Die Ich-bin-Worte

Es ist unmöglich, Gott mit menschlichen Worten angemessen zu beschreiben. Kein Bild kann ihn adäquat erfassen. Und doch kommen wir nicht umhin, von Gott zu reden. Der Grund für unser Reden von der Treue Gottes zur Welt darf unter keinen Umständen in Vergessenheit geraten. Darum entwirft der vierte Evangelist wunderbare Sprachbilder, um uns diese Treue mit Worten vor Augen zu malen. Eine herausragende Rolle spielen dabei die Ich-bin-Worte. In dieser johanneischen Spezialität „ist alle Christusoffenbarung gebündelt: Er ist und er bringt ewiges Heil" (*Annegret Puttkammer*).

Sprachliche Form
Als Meister der Sprache variiert Johannes seine Ich-bin-Aussagen. Zwei zusammenhängende Typen können unterschieden werden:

- das „Ich bin" in engem Bezug zum unmittelbaren Kontext (4,26; 6,20; 8,24.28.58; 13,19; 18,5.6.8);
- das „Ich bin" mit einer metaphorischen Prädikation im Nominativ, die mit Zusätzen verknüpft sein kann (Adjektiv 10,11.14; Partizip 6,41.51; Genitivattribut 6,35.48; 8,12; 10,7):

(1) das Brot (6,35.41.48.51)
(2) das Licht (8,12; vgl. 9,5)
(3) die Tür (10,7.9)
(4) der Hirte (10,11.14)
(5) die Auferstehung und das Leben (11,25)
(6) der Weg und die Wahrheit und das Leben (14,6)
(7) der Weinstock (15,1.5)

Dazu kommt das Königs-Wort in 18,37, das in aller Regel nicht zu diesen bildlichen Ich-bin-Worten gezählt wird. Bis auf 11,25 und 14,6 werden diese Ich-bin-Worte im unmittelbaren Kontext sprachlich variiert. 6,35 hebt sich mit seiner vierfachen Variation von den anderen Ich-bin-Worten ab. Die Siebenzahl ergibt sich aus den fünf Basis-Ich-bin-Worten 6,35; 8,12; 10,7; 10,11 und 15,1.5 sowie 11,25 und 14,6.

Die Symbolzahl Sieben
Die Sieben ist bekanntlich eine heilige Zahl (vgl. Ex 20,10; Jes 30,26; Sach 4,2.10; Apg 6,3; Offb 1,4.11f.16.20; 2,1; 3,1; 4,5; 5,1.5f; 6,1; 8,1f.6; 10,3f; 15,1.6-8; 16,1; 17,1; 21,9). Sie symbolisiert das Vollkommene, das Göttliche: Diese Zahl, die 88 Mal im NT vorkommt und symbolisch insbesondere in der Johannesoffenbarung verwendet wird (56 Mal), „wurde in der alten Welt verwendet, um die heilige Fülle zu umschreiben" (*Eduard Lohse*). Im Hintergrund steht die Beobachtung von vier Mondphasen zu je etwa sieben Tagen. Sieben steht für die volle Periode, für Fülle. Sieben ist auch die Summe aus drei (= dreieiniger Gott) und vier (= vier Himmelsrichtungen). Auf diese Weise wird symbolisiert, dass der dreieinige Gott mit seiner Liebe die ganze Welt umfasst und ihr die Fülle des Lebens zusagt.

Die Siebenzahl spielt auch im Johannesevangelium eine wichtige Rolle. In 1,1-2,11 liegt eine Fülle von Anspielungen auf die Schöpfungswoche von Gen 1,1-2,4a vor. Durch die chronologische Gestaltung von 1,19-2,11 und den Rückbezug auf Gen 1,1-2,4a erscheint das Wirken Jesu als Neuschöpfungsgeschehen. In diesem Sinn sind auch die sieben Zeichenerzählungen zu verstehen (2,1-11; 4,46-54; 6,1-15; 6,16-21; 9,1-7; 11,1-44). Das Wochenschema kehrt in 19,28-31 wieder. In der Stunde des Todes Jesu am Kreuz wird das Werk der Neuschöpfung vollendet (*Jörg Frey*). Schöpfung und Erlösung kommen auch in den Ich-bin-Worten formvollendet zur Sprache. Sie machen vollkommen anschaulich, wer Jesus für uns ist: die Verkörperung wahren Lebens, die auch uns zu diesem sinnerfüllten Leben führt.

Leitwort Leben
Das johanneische Leitwort Leben spielt in vielfacher sprachlicher Variation eine Schlüsselrolle (s. u.). Die Kernaussage findet sich in 10,10: „Ich bin gekommen, damit sie Leben haben und Überfluss." In der Perspektive dieses Worts bilden alle Ich-bin-Worte als elementare Lebensworte „ein offenes System, in dem christliche Existenz in ihrer vielseitigen und dynamischen Angewiesenheit auf Jesus Christus beschrieben ist" (*Josef Heer*).

Wie die Variationen zeigen, lässt sich keine einheitliche Grundstruktur ermitteln. Allerdings finden sich mehrfach folgende Elemente:

- Präsentation durch „Ich bin";
- Bildwort(e) mit Artikel;
- Einladung mit Verheißung.

Form und Inhalt bilden bei Johannes eine Einheit. Die Sprachform, die er wählt, ist untrennbar mit dem verknüpft, was er inhaltlich kommuniziert. In der Selbstaussage sagt Jesus sich den LeserInnen/HörerInnen zu. Die verheißungsvolle Einladung ist kein „Ruf zur Entscheidung" (*Jürgen Becker*), sondern eine „bedingte Heilszusage" (*Jörg Frey*). Diese Zusage ist universell und zugleich persönlich.

Religionsgeschichtlicher Hintergrund

Der religionsgeschichtliche Hintergrund der Ich-bin-Worte wie des gesamten Evangeliums ist nicht einlinig bestimmbar. Entgegen der früheren Johannesforschung, ist kein gnostischer Hintergrund anzunehmen. Vielmehr knüpft Johannes in seiner großartigen Darstellung der Jesus-Christus-Geschichte an alttestamentlich-frühjüdische wie auch an griechisch-philosophische Vorstellungen an. Das entspricht dem in 3,16 programmatisch formulierten Grundsatz der Weltliebe Gottes.

Ausgangspunkt für den religionsgeschichtlichen Hintergrund der Ich-bin-Worte ist das Alte Testament. Hier ist vor allem an Ex 3,14 und Deuterojesaja (Jes 43,10f; 45,12; vgl. auch 41,4; 43,25; 44,6; 45,18.22; 46,4.9; 48,12; 51,12; 52,6) zu denken. Zudem sind Parallelen in der jüdischen Weisheitsliteratur zu finden (vgl. Sir 24,18; Spr 1,23; 4,2.11; 8,22ff.35f).

Auch eine gewisse Nähe zur ägyptischen Religiosität ist zu beachten. Gottheiten präsentieren sich dort z.B. durch „Ich bin der Stier des Ostgebirges" oder „Ich bin die Magd der Welt". Besondere Erwähnung verdient die Isis-Aretalogie von Kyme aus dem 1./2. Jh. n.Chr., in der die Göttin von sich sagt: „Ich bin Isis, die Beherrscherin des ganzen Landes/Ich habe die Erde vom Himmel geschieden/Ich habe den Menschen die Weihungen gezeigt/Ich habe die Götterbilder verehren gelehrt/Ich bin die Herrin des Blitzes/ Ich bin es, die Gesetzgeberin genannt wird/Ich besiege das Schicksal."

Vergleichbar ist auch die Selbstprädikation der Isis, die *Plutarch* zitiert (De Iside et Osiride 9): „Ich bin alles, was war und ist und sein wird, und mein Gewand hat noch kein Sterblicher gelüftet." Auch die altorientalische Botenvorstellung ist als religionsgeschichtlicher Kontext in Betracht zu ziehen. Bei der Sendung von menschlichen und göttlichen Boten ist ein dreiteiliges Schema kennzeichnend:

- Beauftragung;
- Durchführung des Auftrags;
- Rückkehr.

Beispielsweise bezieht sich im Buch Tobit der Engel Rafael auf seine Beauftragung und seinen Auftrag (Tob 12,14): „Nun hat mich Gott auch gesandt, um dich zu heilen." Nach der Durchführung kehrt er wieder zurück (Tob 12,20): „Ich steige wieder auf zu dem, der mich gesandt hat." Als Verstehenshintergrund ist auch die synoptische Überlieferung (vgl. Mk 6,50; 13,6; 14,62; Lk 24,39) zu beachten. Die Selbstvorstellung Jesu in Mk 6,50 wird in Joh 6,20 wörtlich aufgenommen, um die LeserInnen auf die sieben Ich-bin-Worte einzustimmen.

Zudem ist die weisheitliche Präexistenz-Christologie von grundlegender Bedeutung. Jesus ist der vor aller Zeit seiende und dann zu einer bestimmten geschichtlichen Stunde fleischgewor-

---

Zur Methodik der Interpretation

Methodisch gehe ich bei der Interpretation der Ich-bin-Worte folgendermaßen vor:
- Zunächst schreite ich das jeweilige Bildfeld sprachlich, religionsgeschichtlich und biblisch ab. Das kann nur blitzlichtartig geschehen, da es sich um „globale Horizonte" (*Otto Schwankl*) handelt.
- Dann wird der kontextuelle Zusammenhang skizziert.
- Es folgt eine Analyse der Strukturierung der Einzelszenen durch Angaben zu Zeit, Ort, Personen und Sprecherwechsel.
- Nach diesen drei Schritten ist der Boden für die Einzelexegese bereitet.
- Schließlich wird das jeweilige Bildnetz im Gesamtkontext des JohEv beleuchtet.

dene Logos (vgl. Joh 1,3f.18; 3,13.31f; 6,46; 8,58). Seine vorschöpferische Teilhabe an der göttlichen Ewigkeit bereitet den An- und Zuspruch Jesu in den Ich-bin-Worten vor.

Die Präexistenzaussagen betonen, dass die Worte des Menschen Jesus zugleich die Worte Gottes sind. Diese Worte verdanken sich nicht einer „Mitschrift der Worte Jesu: Jesus hat diese Reden so nicht gehalten. Vielmehr stoßen wir hier auf eine Redegattung, die als Selbstoffenbarung bezeichnet wird. Durch solche Ich-bin-Worte konnten unterschiedliche religiöse Gruppen in der antiken Welt zum Ausdruck bringen, was ihre Gottheit für sie persönlich bedeutet" (*Petr Pokorn/Ulrich Heckel*).

Ob die Ich-bin-Worte Johannes bereits als Sammlung der johanneischen Schule vorlagen, muss offen bleiben. Unverkennbar für jeden gebildeten Zeitgenossen nahm Johannes eine Fülle von Stimmen aus unterschiedlichen religionsgeschichtlichen Kontexten auf und formte sie zu einer literarischen Symphonie. Sie bringt auf meisterhafte Weise zu Gehör: Jesus ist die Erfüllung der Sehnsucht nach wahrem Leben.

Die Kernbotschaft des JohEv lautet: Wer an Jesus glaubt, hat ewiges Leben. Johannes hat die Gabe, diesen Glauben für Menschen, die sich in unterschiedlichen Denkwelten bewegen, elementar und subtil zur Sprache zu bringen. Sein Evangelium ist nicht nur wie die gnostische Bibliothek von Nag Hammadi für ein Eliteauditorium konzipiert. Es ist kein esoterisches Geheimbuch. Es wurde im Gottesdienst der johanneischen Gemeinde öffentlich verlesen (vgl. 6,59; 18,20). Die Ich-bin-Worte zeigen dabei in höchst prägnanter Weise die Gegenwart des Auferstandenen für die Gemeinde an.

Zur Interpretation der Ich-bin-Worte

Drei methodische Regeln sind bei der Interpretation der Ich-bin-Worte zu berücksichtigen (*Udo Schnelle*):

- Über die Grundstruktur der einzelnen Worte hinaus sind der unmittelbare literarische Kontext wie auch der Makrokontext des gesamten Evangeliums als Verstehenshorizont einzubeziehen.
- Die aus der menschlichen Erfahrungswelt stammende, aber den alltäglichen Sprachgebrauch übersteigende metaphorische Dimension in Verbindung mit dem bestimmten Artikel ist zu beachten. In seiner Selbstvorstellung als Gott präsentiert sich Jesus selbst als das Brot, das Licht, die Tür usw.
- Die Ich-bin-Worte gehören jeweils zu einem Bildfeld, auf das der Evangelist bewusst Bezug nimmt und das infolgedessen für die Interpretation bedeutungsvoll ist.

Person und Bedeutung

Die Bedeutung Jesu ist nicht von seiner Person ablösbar. Sie bildet mit den gewählten Bildbegriffen eine metaphorische Spannungseinheit:

„Nur von ihm her erschließt sich die Bedeutung der Begriffe in seiner Selbstaussage, und zwar in der Erfahrung und Erkenntnis des Glaubens und nicht allein durch die Kenntnis der Bedeutung des Brotes als Grundnahrungsmittel und der Schutzfunktion des Hirten gegenüber seiner Herde. Nicht in Abrede gestellt werden soll damit freilich, dass die Ich-bin-Worte ein Vorverständnis der gebrauchten Begriffe voraussetzen und sich der Verstehensvorgang mit Hilfe dieses Vorverständnisses vollzieht.

In einem nicht auflösbaren hermeneutischen Zirkel kommt es zu einem vielfachen und verwickelten Hin- und Hergehen zwischen dem Vorverständnis der Begriffe und der sich von Jesus her eröffnenden Wahrnehmung und Erfahrung des Glaubens – bis die Begriffe der Ich-bin-Worte ihre neue Bedeutung in der Selbstaussage und Selbstzusage des Sohnes gewinnen" (*Ralf Stolina*).

Weil er der Sohn Gottes ist, kann er das Brot, das Licht, die Auferstehung und das Leben … sein.

Bildersprache

Die besondere Kraft der Bilder liegt darin, dass sie als Metaphern die LeserInnen unmittelbar ansprechen. Für die Sprache des Glaubens sind sie unentbehrlich, weil sie den unanschaulichen Gott durch Anschauliches darstellen.

Johannes ist ein Meister dieser Bildersprache. Sie geht den LeserInnen durch ihre offenbarende und zugleich verbergende Wirkung zu Herzen und gibt ihnen zu denken. So im Text verankert, werden sie dazu eingeladen, die Bilder mit ihren eigenen Vorstellungen auszufüllen und durch den Bezug auf Jesus Christus das eigene Wirklichkeitsverständnis zu erweitern.

In der Johannesforschung rückt die johanneische Bildersprache immer mehr in den Blick. Der vierte Evangelist redet „Klartext in Bildern" (*Rainer Hirsch-Luipold*). Dabei zeigt sich: Einzelne Bildmotive werden stilvoll variiert (z.B. Licht in Verbindung mit einem Ich-bin-Wort und einer Blindenheilung; s. u.), Bilder werden miteinander verknüpft (z.B. Jesus als Lamm, Hirte und Tür zu den Schafen; s. u.), andere Bereiche werden zu übergreifenden metaphorischen Netzwerken verwoben (z.B. die Familien- und Freundschaftsmetaphorik; s. u.). Diese Vielfalt erhält ihre Einheit durch die Konzentration auf Jesus Christus. Das johanneische Christusbild bzw. Christusmosaik umfasst dabei vier Dimensionen (*Mirjam/Ruben Zimmermann*):

- Die anthropologische: Die Bildbereiche stammen aus der alltäglichen menschlichen Erfahrung. Wir brauchen Brot, um zu leben. Wir brauchen Licht, um zu sehen. Wir brauchen den Weg, um uns zu orientieren.
- Die geschichtliche: Der vierte Evangelist erinnert an das irdische Leben Jesu, seine Herkunft aus Nazareth (vgl. 1,46), seine Eltern (vgl. 1,45; 6,42), seine menschlichen Gefühle (vgl. 11,35), seine Kreuzigung als Mensch (vgl. 19,5).
- Die theologische: Zugleich wird in Jesus „Größeres" wahrnehmbar (vgl. 1,14.51). In ihm wird Gott selbst erkennbar (vgl. 12,45; 14,9). Er ist das einzigartige Abbild Gottes (vgl. 1,18).
- Die ethische: Die Christusbilder sind auch Vorbilder für die ChristInnen. So beauftragt beispielsweise Christus, der „gute Hirte", Petrus mit dem Hirtenamt (vgl. 21,15-17).

Die Ich-bin-Worte sind als „herausragende Kristallisationspunkte der johanneischen Bilderchristologie" (*Ruben Zimmermann*) Musterbeispiele für die johanneische Darstellungsweise. Die Bildhaftigkeit ergibt sich durch die Verbindung der Person Jesu mit nichtmenschlichen materialen Sinnbereichen, die zugleich Grundsymbole des Lebens sind.

Auf diese Weise wird deutlich, dass z.B. Brot sowohl gegenüber dem alltäglichen wie auch dem symbolischen Gebrauch einen Bedeutungsüberschuss haben muss. Die Lebenswelt wird so mit der erzählten Welt durch die Kraft des Bildes vernetzt. Es wird an menschliche Bedürfnisse angeknüpft, um sie sogleich durch die Konzentration auf Jesus zu übersteigen. Die Ich-bin-Worte führen so auf direktem Weg zur Mitte des Glaubens. Jesus beansprucht, in seiner Gott präsentierenden Person die in den Ich-bin-Worten zur Sprache gebrachten Ursehnsüchte der Menschheit zu erfüllen.

Gottes- und Selbsterkenntnis

Im JohEv geht es nicht um graue Glaubenstheorie, sondern um Begegnung mit dem, der unserem Leben Sinn und Farbe gibt. Seine bildhaften Selbstaussagen verschaffen Klarheit über ihn und über uns selbst: „In der Christuserkenntnis kommen Gotteserkenntnis und Selbsterkenntnis versöhnend zusammen" (*Hans-Joachim Eckstein*).

Letztere ist nicht nur in der Gegenwart hoch im Kurs, sondern ist bereits die Maxime des Heiligtums von Delphi: „Erkenne dich selbst" (Gnothi seauton). Den Zusammenhang von Gottes- und Menschenbild bringt um das Jahr 200 auch der christliche antike Schriftsteller *Minucius Felix* prägnant zur Sprache: „Man kann das Wesen des Menschen nicht erkennen, wenn man nicht vorher das Wesen der Gottheit sorgfältig untersucht hat."

Nicht von ungefähr findet sich als Lektüreanleitung zu Beginn des JohEv die an den Täufer – wie auch an Leserinnen und Leser – gerichtete Frage (1,19; vgl. 8,25; 21,12): „Wer bist du?" Seine Antwort lautet (1,20; vgl. 3,28): „Ich bin nicht der Christus." Noch einmal wird er gefragt (1,22): „Wer bist du dann? ... Was sagst du von dir selbst?" Darauf antwortet er mit der einzigen metaphorischen Personalprädikation (Ich-bin plus Bildwort) außer den sieben Ich-bin-Worten (1,23): „Ich bin eine Stimme eines Predigers in der Wüste. Macht gerade den Weg des Herrn."

Zweien seiner Schüler ebnet er den Weg zu Jesus. Dessen erste direkte Rede im JohEv lautet (1,38): „Was sucht ihr?" In ihm finden sie, wonach sie suchen. Will man dies Angebot der Sinnfindung in Anspruch nehmen, stellt sich auch heute die Frage: Wer ist dieser Jesus für uns bzw. für mich? In diesem Sinn lautet die johanneische Einladung (1,39.46): „Kommt und seht!" bzw. „Komm und sieh!"

© Johann Mayr

Auslegungen der einzelnen Abschnitte, Gedanken und Texte zum Nachdenken und Besprechen

I Johannes 6,22-59

Essen und wachsen

Auslegung

In unserem Lebenskontext zählt Brot zu den Grundnahrungsmitteln. Wir benötigen unser täglich Brot (vgl. Mt 6,11). Das Angewiesensein auf dies Nahrungsmittel ist tief in unserem Bewusstsein nahezu als etwas Heiliges verwurzelt. Das verdeutlichen Sätze wie „Brot wirft man nicht weg, das ist Sünde." Bis auf den heutigen Tag gibt es den Brauch, auf jeden Brotlaib vor dem Anschneiden das Kreuzeszeichen zu machen.

Der Blick in die Religionsgeschichte lehrt, dass Brot Inbegriff des Heiligen ist. Nachdem das auf den Altar gebrachte Brot von ägyptischen Priestern gesegnet wurde, galt es als heilig. Nach einem altmesopotamischen Mythos ist der Himmelsgott An(u) im Besitz des Brots und des Wassers des Lebens. Im Mithraskult war das Brot Symbol der Verwandlung und des neuen Lebens.

Auch in urchristlicher Zeit war Brot sowohl Bezeichnung für das Nahrungsmittel als auch Symbol für Lebensfülle. In der Antike war Brot noch unentbehrlicher als heute, wo man es etwa durch Kartoffeln ersetzen kann. In frühchristlicher Zeit war Brot Kernbestandteil einer vollständigen Mahlzeit, die insgesamt drei Elemente umfasste: Brot, Beikost und Dessert. Brot war das Hauptnahrungsmittel. Es wurde vor dem Essen auseinandergerissen oder gebrochen, nicht geschnitten. Fleisch konnten sich nur Wohlhabende leisten.

Dem Brot entspricht als menschliches Grundbedürfnis der Hunger. Das körperliche Verlangen ist darauf ausgerichtet, dass Hunger gestillt wird. Zugleich sprechen wir über dies Stillen körperlicher Bedürfnisse hinaus vom Hunger nach Liebe, nach Gerechtigkeit, nach Frieden.

Brot in der Bibel

Dieser Lebenshunger ist mit dem Nahrungsmittel Brot nicht zu stillen (Am 8,11): „Siehe, es kommen Tage, spricht Gott der Herr, da sende ich einen Hunger ins Land, nicht Hunger nach Brot und nicht Durst nach Wasser, sondern das Wort des Herrn zu hören." Und in der Versuchungsgeschichte Jesu heißt es (Mt 4,4par; vgl. Dtn 8,3): „Nicht vom Brot allein wird der Mensch leben, sondern von jedem Wort, das aus dem Munde Gottes hervorgeht." Der Mensch lebt nicht von der Nahrung allein (vgl. Mk 7,27par; Lk 15,17; 2. Kor 9,10).

Damit werden die leiblichen Bedürfnisse des Menschen natürlich nicht gering geachtet. Das zeigen die biblischen Speisungsgeschichten. Gott speiste sein Volk in der Wüste mit Wachteln und Brot (vgl. Ex 16,4.15; Ps 78,24; 105,40; Neh 9,15; Sap 16,20). Dementsprechend wird das Gottesvolk selbst in die Pflicht genommen (Jes 58,7): „Brich dem Hungrigen dein Brot, und die im Elend ohne Obdach sind, führe ins Haus!" Das Brotbrechen weist auf die Rolle des Hausvaters zurück. Im jüdischen Mahl bricht er zu Beginn das Brot. Das ist in heidnischer Umgebung eine absolute Besonderheit. Deshalb wurde der Ausdruck „Brotbrechen" zur Bezeichnung für die christliche Mahlfeier (Lk 24,35; Apg 2,42.46; 20,7.11; 27,35).

Die Witwe zu Zarpat wäre mit ihrem Sohn in der Dürrezeit verhungert, hätte ihr Elia nicht auf wunderbare Weise geholfen (1. Kön 17,1-16). Er selbst hat wenig später erfahren, dass Brot kräftigt und für neue Aufgaben stärkt (1. Kön 19,1-9).

Ein Engel reicht ihm in der Wüste Brot zum Leben, das sein Herz stärkt (vgl. Ps 105,14). Auch Elisa kümmert sich im Namen Gottes um leibliche Nahrung. Den „Tod im Topf" verwandelt er in Essbares (2. Kön 4,38-41), 20 Gerstenbrote werden von ihm vermehrt (2. Kön 4,42-44). Diese Geschichte bildet den Hintergrund der Brotvermehrungsgeschichten im Neuen Testament (vgl. Mk 6,30-44par; 8,1-9par). Tausende hat Jesus mit Brot versorgt.

Insbesondere in der johanneischen Version (6,1-15) sind dabei die Grenzen zwischen der Bezeichnung als Nahrungsmittel und der auf Jesus bezogenen übertragenen Bedeutung fließend. Brot ist so wichtig und unersetzlich, dass es zum Zeichen für das Wichtigste geworden ist. Wie die Weiterführung in der Lebensbrotrede (6,22-59) zeigt, wird Brot zum Bild dafür, dass der Mensch in Jesus alles findet, was er zum wahren Leben braucht.

Kontext

Das 6. Kapitel ist Mitte und Höhepunkt des ersten Teils des JohEv (Joh 1-12). In diesem „Evangelium im Evangelium" (*Klaus Scholtissek*) kommt erstmals das Symbolwort Brot vor. Folgende Textlandschaft hat der Leser, die Leserin schon durchwandert, wenn er oder sie in Joh 6 ankommt:

Der Prolog (1,1-18)
„Und jedem Anfang wohnt ein Zauber inne, der uns beschützt und der uns hilft, zu leben" (*Hermann Hesse*). Verzaubert hat der Prolog Theologen und Philosophen aller Zeiten. Entsprechend der Schlüsselstellung des Anfangs für das Verstehen eines Literaturwerks, fungiert er als erste und grundlegende Leseanleitung für das Evangelium. Durch diese Eingangstür betritt der Leser/die Leserin die Textwelt des JohEv und lernt, mit den Augen des Glaubens in dem Menschen Jesus zugleich den himmlischen Logos zu sehen. Er, der vor der Schöpfung bei Gott war, wurde Fleisch, um den unsichtbaren Gott für die Menschen zu erschließen.

Auf der Basis dieser Einsicht in Jesu wahre Herkunft und das Ziel seiner Fleischwerdung, soll die mit 1,19 einsetzende Erzählung des Lebens Jesu gelesen werden. Denn nur so kann das subtile johanneische Spiel mit doppeldeutigen Jesusworten und Missverständnissen der textinternen Figuren auch seine Funktion erfüllen, die textexternen LeserInnen zu immer tieferer Erkenntnis zu führen. Durch den Prolog in die johanneische „Theologie der Beziehung" (*Wolfgang Baur*) eingeführt, lernen die LeserInnen in der Schule des Geistes, alles Folgende auf Jesus Christus als das Zentrum des JohEv zu beziehen. Er ist die Selbstauslegung Gottes (1,18).

Das Zeugnis des Täufers (1,19-34)
Im Täuferzeugnis (1,19-34) wird Jesus als das Lamm Gottes (1,29.36) und der bleibende Geistträger (1,32-34) präsentiert. Das Herabkommen des Geistes öffnet dem Täufer die Augen für Jesus als Sohn Gottes (1,32-34; vgl. 3,34; 20,31) und befähigt ihn, den unbekannten Messias öffentlich zu bezeugen.

Die Berufung der Jünger (1,35-51)
Das Zeugnis des Täufers führt dazu, dass zwei seiner Schüler Jesus nachfolgen (1,35-37). Jesus lädt sie ein, ihre Geschichte mit seiner Geschichte zu verbinden (1,38f). Dadurch wird auch der Leser angeregt, sich auf Sinnsuche (1,38) zu begeben und fündig zu werden (vgl. 1,41.43.45). Die Sinnlinie mit dem Begriffspaar „suchen und finden" durchzieht das ganze Evangelium. Ein weiteres Schlüsselverb ist „bleiben". Es kennzeichnet wahre Jüngerschaft in Verbindung mit Jesus, dem dauerhaften Geistträger (vgl. 1,32f.38f). Als weitere Jünger werden Simon Petrus (1,40-42), Philippus (1,43f) und Nathanael (1,45-51) berufen.

Das erste Zeichen in Kana (2,1-11)
Das Weinwunder in Kana ist ein Musterbeispiel der narrativ-dialogischen johohanneischen Theologie. Signalisiert durch den Hinweis auf die Stunde Jesu in 2,4c, wird gezeigt, dass die Reinigung durch Jesu Tod am Kreuz bewirkt wird. In der Verwandlung von Wasser zu Wein dürfte

Ich bin schon lange nicht mehr,
ich gestehe, tief unten
in meinem Keller gewesen,
wo die alten Weine der Weisheit
liegen und das Wissen der
Jahrhunderte verstaubt,
das ich erwarb, o Thomas,
Tertullian und Berengar von Tours.

Auch war ich, fällt mir ein,
schon lange Zeit nicht mehr
da oben unterm Dach, wie früher,
wo ich den Schwalben nachsah
und selber das Fliegen versuchte.

Mit den Jahren gewöhnt
man sich an den alltäglichen
Bedarf, das was gefragt ist
und was, und das ist wenig,
noch ankommt bei den Leuten.
So übe ich, die fremden Nöte
täglich mit Geduld zu hören,
dafür die eignen zu verschweigen,
die kostbare Zeit, wie gefordert,
mit ungezählten Beschäftigungen
pausenlos zu vertun,
die Rechnungen zu bezahlen
und mit den Drucksachen,
die der Postbote bringt,
auf dem Laufenden zu sein
in der Theologie des Tages.

Mit den Jahren
mag es dann gelingen,
mit Wasser zu kochen,
das unbegreifliche Brot
in sehr kleinen
Brötchen zu backen
und langsam die Liebe
zu erlernen in allem.

Lothar Zenetti

(aus: Die wunderbare Zeitvermehrung.
Sankt Ulrich Verlag/Wewel Augsburg)

zugleich eine Anspielung auf die eucharistische Mahlfeier in 6,51c-58 zu sehen sein. Dem Gipfelvers 2,11 zufolge, führt das Offenbarungshandeln Jesu im Weinwunder die Jünger zum Glauben und vertieft auf der textexternen Ebene den Glauben der johanneischen Gemeinde.

Die Reinigung des Tempels (2,12-22)
Eingeleitet durch 2,12f wird in 2,14-17 die erste große Tat Jesu in Jerusalem erzählt. In 2,18-22 wird die Tempelreinigung durch den Begriff Zeichen (2,18; vgl. 2,23) gedeutet. Jesus erschließt in seiner Person durch sein absolutes Einssein mit dem Vater unmittelbare Gottesnähe. Von zentraler Bedeutung ist der abschließende Erzählerkommentar in 2,21f (vgl. 2,17) als Verstehensschlüssel für alle weiteren johanneischen Missverständnisse. Während die Juden das Wortspiel mit „aufrichten" – im Unterschied zum kundigen Leser – rein immanent missverstehen (2,20), erinnern sich die Jünger in der geist-gewirkten nachösterlichen Rückschau an das Jesusgeschehen und glauben der Schrift und dem Wort Jesu (2,21f).

Jesus, Nikodemus und der Täufer (2,23-3,36)
In dieser Passage wird der Leser/die Leserin erstmals – in Jesusrede komprimiert – in die johanneische Lehre eingeführt. Im Blickpunkt steht dabei die Taufe, die als Geistgeschehen den Glaubenden mit Jesus sichtbar verbindet und in die Gemeinde integriert. Im Unterschied zu Nikodemus (2,23-3,21), bekennt sich der Täufer als „Freund des Bräutigams" (3,29) öffentlich zu Jesus (3,22-30). Er ist der göttliche Offenbarer, der den Geist gibt und den Glaubenden ewiges Leben schenkt, während auf den Ungläubigen der Zorn Gottes bleibt (3,31-36).

Die Begegnung mit der Frau am Brunnen (4,1-42)
Wie die Taufe, wird auch die Mission im Leben Jesu verankert: Durch das Gespräch mit Jesus erkennt die Samaritanerin in ihm den Christus. Diese Erkenntnis gibt sie weiter. Sie wird von der Außenseiterin zur geschickten Missionarin. Durch ihre Mission werden ihre Mitbewohner zur

unmittelbaren Begegnung mit Jesus motiviert und zum bekennenden Glauben geführt (4,42).

Das zweite Zeichen in Kana (4,43-54)
Nach der Begegnung mit dem Juden Nikodemus und der Samaritanerin, trifft Jesus auf der Heimreise in seine galiläische Heimat in Kana auf einen heidnischen königlichen Beamten, der zum Glauben kommt und dessen Sohn geheilt wird. Durch diese zündende Begegnung mit Jesus springt der Funke von ihm auf sein ganzes Haus über.

Durch den ausdrücklichen Rückbezug auf das Weinwunder in Kana (4,46a.54), ist Joh 2-4 nach der grundlegenden Einführung in Joh 1 als Ringkomposition konzipiert. Auf seiner Glaubensreise wird der Leser/die Leserin in Joh 5 erneut nach Jerusalem geführt.

Die erste Kontroverse mit den Juden (5,1-47)
Joh 5 markiert den Beginn des zunehmend schärfer werdenden Konflikts Jesu mit den Juden. Er entzündet sich an der Heilung am Teich Bethesda am Sabbat (5,1-18). Daran schließt sich eine theologische Entfaltung des einzigartigen Anspruchs Jesu an (5,19-30.31-47). Ihn verbindet mit Gott eine Einheit im Wirken, Willen und Wesen.

Sie wird vom Täufer, von Jesu Werken, von der Schrift, von Mose und von Gott selbst bezeugt. Dies Zeugnis erschließt sich den Juden nicht. Sie glauben weder der Schrift als Zeugin für Christus noch den Worten Jesu.

Der abrupte Übergang von Joh 5 zu Joh 6 mit dem Ortswechsel von Jerusalem nach Galiläa, der den Zusammenhang mit Joh 7 unterbricht, ist von Johannes planvoll gestaltet. Er setzt mehrfach plötzliche Ortswechsel als wirkungsvolles literarisches Mittel ein (vgl. 2,12f; 4,3.43; 7,9f; 10,40; 11,54ff), um Jesus insbesondere im Rahmen von Festreisen nach Jerusalem, dem Hauptort seiner Gegner, zu versetzen und den Konflikt mit den jüdischen Autoritäten voranzutreiben.

Komposition

Zeitangaben
Durch das johanneische Gliederungsmerkmal „danach" (6,1) erfolgt der Übergang von Joh 5 zu Joh 6. Der Hinweis auf das nahe Passafest in 6,4 ist die einzige Verbindung des Textes mit einer externen Situation. Eine neue Zeitangabe findet sich in 6,16. Aus dem Sonnenuntergang wird in 6,17 Dunkelheit. Sie bezeichnet theologisch den Bereich der Gottesferne (vgl. 1,5; 8,12; 12,35.46; 20,1).

Die nächste Zeitangabe erscheint in 6,22 in Form der johanneischen Wendung „am anderen Morgen" (vgl. 1,29.35.43; 12,12; vgl. 20,1). Ein zeitliches Ende des Lebensbrotdialogs wird durch den Rückblick in 6,59 angezeigt. Es folgt eine aktuelle Kontroverse („nun": 6,60; „von da an": 6,66). 7,1 setzt neu mit „danach" an (vgl. 6,1).

Ortsangaben
In 6,1 verlagert sich das Geschehen von Jerusalem (Joh 5) nach Galiläa. In 6,16 erfolgt ein Ortswechsel der Jünger. Bis zu ihrer Begegnung mit Jesus rudern sie nach 6,19 etwa 25 bis 30 Stadien (4,5 bis 5,5 km). Sie befinden sich auf der Mitte des Sees. Jede Hilfe käme so zu spät. Durch diese konkrete räumliche Anmerkung steigert Johannes die wunderbare Bedeutung von Jesu plötzlicher Erscheinung. In 6,21 erreichen die Jünger durch sein Wunderwirken ihr Reiseziel. In 6,22 wechselt erneut der Schauplatz: Das Ostufer ist der Standort der Volksmenge (vgl. 6,1-15). Was sich nach 6,16-21 in der Zwischenzeit zwischen Jesus und den Jüngern auf dem See abspielte, entzieht sich ihrer Wahrnehmung. Als Ort der Begegnung zwischen der Volksmenge bzw. den Juden und Jesus wird rückblickend in 6,59 die Synagoge in Kapernaum benannt.

Personen
Mit den Personen wird ebenfalls sorgfältig Regie geführt. Jesus kommt in allen Abschnitten vor. Die übrigen Personen spielen jeweils nur in be-

stimmten Abschnitten eine Rolle (Jünger, Philippus, Andreas, Petrus, Judas, die Volksmenge, ein Knabe, die Juden). Im Unterschied zu 6,1-21, sind die Jünger in 6,22-59 nur Randfiguren. Sie treten in den Hintergrund, ohne von der Bildfläche zu verschwinden. Dass sie vom Schluss 6,60-71 her (6,60.61.66) als präsent zu denken sind, wird durch ihre Nennung in 6,22.24 präludiert. Im Vordergrund von 6,22-59 steht Jesus in 6,25-40 zunächst im Dialog mit der Volksmenge (6,22.24). In 6,41-58 sind die Juden (6,41.52) seine Gesprächspartner.

Die Beziehung der Volksmenge zu den Juden ist wohl so zu verstehen, dass sie bzw. ein Teil von ihr als Juden spezifiziert und so negativ profiliert wird. In 6,60-66 übernehmen die sich von Jesus trennenden Jünger die Rolle der Juden. Nach dem Abgang vieler ungläubiger Jünger in 6,66, richtet sich in 6,67-71 der Scheinwerfer auf die Zwölf (6,67.70.71; vgl. 6,13) mit Simon Petrus (6,68; vgl. 6,8) und Judas Iskariot (6,71) als namentlich angeführten Akteuren.

Sprecherwechsel

Die Sprecherwechsel konstituieren in Joh 6 den dramatischen Dialog. Hervorzuheben ist, dass das Ich-bin-Wort in 6,20 erst durch das Petrusbekenntnis in 6,68f eine angemessene Antwort findet. In 6,22-24 wird die Volksmenge als Jesu Gesprächspartner eingeführt und damit der erste Redegang vorbereitet. Deshalb ist hier der Beginn der Lebensbrotrede zu sehen. Beendet wird sie durch 6,59. Durch Sprecherwechsel wird die Lebensbrotrede in sechs Redegänge gegliedert (6,22-27.28-29.30-33.34-40.41-51.52-58).

Zusammenschau

Das Ensemble ist meisterhaft besetzt mit einer kunstvollen und dramatischen Personalisierung am Anfang und am Ende. Jesus spielt in allen Szenen die Hauptrolle. Beachtet man die Inklusion zwischen 6,1-15 und 6,67-71 sowie zwischen 6,16-21 und 6,60-66, so stellt die Lebensbrotrede in 6,22-59 mit 6,1-21 als zweistufigem Anfang und 6,60-71 als zweistufigem Ende die Mitte von Kapitel 6 dar.

Einzelexegese

„Ich bin" (6,20)

Die Schlüsselstelle der Seewandelgeschichte ist zugleich das theologische Fundament für das zentrale Ich-bin-Wort in 6,35 (vgl. 6,41.48.51). Durch die Wiederholung von „sich fürchten" wird eine Brücke von der Jüngerreaktion in 6,19 zu dem Jesuswort in 6,20 geschlagen. Auf ihre Furcht reagiert er, indem er ihnen als der göttliche „Ich bin" begegnet (6,20b; s. u.). Dies Wort bewirkt, wozu er sie auffordert: Furchtlosigkeit. Dadurch kommt nicht seine Selbstidentifikation zum Ausdruck. Denn die Jünger haben – im Unterschied zur markinischen Darstellung (vgl. Mk 6,49) – Jesus bereits in 6,19 identifiziert. Vielmehr wird sein vollmächtiges göttliches Sein herausgestellt (vgl. 8,58; 18,5f.8). Diese Betonung bedeutet nicht, dass der Mensch klein gemacht wird:

„Wenn also Jesus ‚Ich bin' oder ‚Ich bin gekommen, um ...' oder ‚Wer mich/mein ...', sagt, dann möchte er nicht in egoistischer Weise, mit übersteigertem falschen Selbstbewusstsein andere Menschen unterdrücken, sondern sie im Gegenteil in ihrem Selbstbewusstsein stärken, indem er sein eigenes voranstellt. Gottvertrauen, Urvertrauen, Selbstbewusstsein und Dasein (können) für andere gehören daher nach den Zeugnissen aller vier Evangelisten wie nach den Erkenntnissen der modernen Psychologie untrennbar zusammen" (*Georg Geiger*).

Suchen und Finden (6,22-27)

Im ersten Redegang wird entfaltet, dass sich Gott in der Begegnung mit Jesus finden lässt. Zunächst erfolgt eine Standortbestimmung (6,22). Die Volksmenge steht noch am Ostufer, dem Ort des Brotwunders. Für die vom Prolog herkommenden LeserInnen schwingt durch die stehen-Aussagen in 1,26.35 und 3,29 die theologisch gefüllte Bedeutung dieses Verbs mit. Angesichts der bevorstehenden Begegnung mit Jesus, ist die Volksmenge in eine Entscheidungssituation für oder gegen ihn gestellt.

Eine Schlüsselbedeutung für das Verstehen der Lebensbrotrede kommt dem in der Forschung kontrovers beurteilten Vers 6,23 zu, der dem vierten Evangelisten zuzuschreiben ist. Er nimmt aus 6,1-15 die für die Speisungsthematik zentralen und für eine sakramentale Deutung offenen Worte essen (6,5), Brot (6,5.7.9.11.13) und danksagen (6,11) auf und spielt damit auf die Eucharistiefeier an. Diese Worte werden aus der materiellen Sinnebene auf eine neue theologische Sinnebene gehoben. Durch Brot im Singular und die Bezeichnung Jesu als Herr (vgl. 6,34.68) wird das Speisungswunder sakramental gedeutet und mit der folgenden Brotrede verknüpft.

Die Menge sieht, dass weder Jesus da ist noch seine Jünger. Sie steigt in die Boote ein und gelangt nach Kapernaum. Dort beginnt ihre Suche nach Jesus (6,24). Sie verläuft erfolgreich (6,25a). Das Verbduo suchen und finden wird sowohl in der alttestamentlich-frühjüdischen Literatur (vgl. Dtn 4,29; Jes 55,6; Jer 29,12-14; Spr 8,17; Sap 1,1f; 6,12), bei Matthäus und Lukas (vgl. Mt 7,7f; 13,45f; 18,12-14; Lk 15,8f) wie auch in der griechischen Philosophie (vgl. Apg 17,27) für die Gott- bzw. Wahrheitssuche verwendet. 6,22-25a erweist sich somit literarisch als Scharnierstück. Es ermöglicht den Übergang vom Seewandel (6,16-21) zur Brotrede (6,22-59) und die Versetzung der nach dem Brotwunder (6,1-15) zurückgebliebenen Volksmenge an den Ort der Lebensbrotrede. Theologisch gewinnen durch die Bemerkung in 6,23 die in 6,1-15 zu vernehmenden eucharistischen Klänge an Volumen.

Mit 6,25b beginnt der durch den Rhythmus von Frage und Antwort bestimmte dialogische Teil der Lebensbrotrede. Vom Brotwunder begeistert, fragen die Menschen Jesus, wie er es geschafft hat, bereits hier zu sein. Die LeserInnen werden durch diese Darstellung an die Seewandelerzählung (6,16-21) erinnert. Als der Göttliche ist er nicht an Raum und Zeit gebunden.

Mit dem ersten Gesprächsschritt in 6,26f übernimmt Jesus die Regie des Dialogs, um Schritt für Schritt das Brotwunder als Zeichen für ihn als das Brot des Lebens zu deuten. Er korrigiert das Verhalten der Volksmenge, die ihn handgreiflich als nationalen Befreier vereinnahmen wollte (vgl. 6,14f). Mit einem feierlich durch die Offenbarungsformel „wahrlich, wahrlich, ich sage euch" (6,26a) eingeleiteten Wort wird dem Leser/der Leserin vor Augen geführt, dass Menschen mit ihrem eigenen Wahrnehmungsvermögen Jesu wahre Würde nicht erkennen können.

Das doppelte Amen ist eine Steigerung gegenüber den mit einem Amen eingeleiteten synoptischen Jesusworten (vgl. Mt 6,2; 16,28; Mk 3,28; 10,15). Es betont, dass Jesus selbst als die Wahrheit (vgl. 14,6) die unbedingte Verlässlichkeit seiner Worte verbürgt (vgl. Offb 3,14). In 6,27 spielt Jesus auf seine Person durch den Titel Menschensohn an (vgl. 3,13f; 6,62; 8,28; 12,23.34; 13,31). Nach Dan 7,13f handelt es sich dabei um eine himmlische Gestalt, der nach dem letzten Gericht von Gott die Weltherrschaft übertragen werden soll. Diese Vollmacht beansprucht Jesus bereits in der Gegenwart für sich. Als solchen nehmen ihn die gesättigten Menschen nicht wahr (vgl. 6,14f.26f). Deshalb ruft er sie – und mit ihnen uns als LeserInnen – auf, sich um Speise zu bemühen, die bleibend und unendlich ist.

An dieser Schlüsselstelle erscheint erstmals der für die Ich-bin-Worte zentrale theologische Leitbegriff „Leben". Auch in 6,27 (vgl. 6,11.23) dürfte eine Referenz zur Eucharistie vorliegen, wie beispielsweise die Wiederaufnahme des johanneischen Vorzugsverbs „bleiben" aus 6,27 in 6,56 zeigt.

Nicht tun, sondern glauben (6,28-29)
Im zweiten Redegang werden die unvereinbaren Denkwelten von menschlichem Machbarkeitswahn (6,28) und göttlicher Macht (6,29) einander gegenübergestellt. Auf die Frage, wie sie Gottes Werke wirken sollen (6,28), antwortet Jesus den gespeisten Menschen, dass das von Gott gewirkte Werk der Glaube an den Gottgesandten ist. Glaube ist keine menschliche Leistung, sondern ein göttliches Geschenk (vgl. 6,37.39.44.65).

Das wahre Brot (6,30-33)
Der dritte Redegang bereitet die Identifikation Jesu mit dem Lebensbrot im vierten Redegang (6,34-40) vor. Die Forderung der Volksmenge in 6,30f, Jesus solle ein dem Mannawunder vergleichbares Zeichen wirken (vgl. Ex 16,4.15; Ps 78,24), zeigt das Unverständnis für die Tiefendimension des Brotwunders als Zeichen der Einheit Jesu mit Gott (6,1-15).

Wiederum antwortet Jesus mit einem feierlich eingeleiteten Offenbarungswort und korrigiert die Schriftauslegung seiner Gesprächspartner (6,32f): Es war nicht Mose, der Israels Vätern Brot himmlischen Ursprungs gab, sondern sein göttlicher Vater. Er gibt jetzt das wahrhaftige Himmelsbrot. Durch die Setzung des Artikels wird – im Unterschied zu 6,31 – das christologisch geprägte Bildwort „Ich bin das Brot des Lebens" in 6,35 vorbereitet.

Jesus bringt nicht nur das Himmelsbrot, er verkörpert es. Der grundlegende Gedanke, dass Jesus als Geber zugleich Gottes Gabe ist, wird in 6,33 weitergeführt. Das Brot Gottes steigt herab und gibt der Welt Leben. In dieser doppelschichtigen Metapher und nicht erst in 6,51c-58 erscheint Jesus zugleich als Brot und als Geber. Ausdrücklich ist hier von der heilvollen Lebensgabe an den Kosmos (vgl. 3,16) und nicht nur an einen beschränkten Kreis der Erwählten die Rede. So erfüllt Jesus nicht nur die Heilshoffnungen Israels, sondern auch die der heidnischen Welt.

„Ich bin das Brot des Lebens" (6,35-40)
Aus der Brotbitte in 6,34 (vgl. Mt 6,11) spricht der ungestillte Lebenshunger der Dialogpartner Jesu. Allerdings trennen sie den Geber von der Gabe. Sie suchen das Brot, nicht Jesus. Seine vollmächtige Schriftauslegung ist für sie ein Rätsel. Es wird im ersten der sieben Ich-bin-Worte für die glaubenden LeserInnen aufgelöst (6,35):

> „Ich bin das Brot des Lebens.
> Wer zu mir kommt, wird nicht hungern,
> und wer an mich glaubt, wird niemals dürsten."

Durch die Wendung „Ich bin" wird der Leser/die Leserin an 6,16-21 (6,20) erinnert. Das Ich ist nicht nur Prädikatsnomen („Das Brot des Lebens bin ich"), sondern Subjekt. Seine Selbstaussage ist zugleich eine Selbstzusage. Die Rede vom Lebensbrot verweist zurück auf 6,1-15 (Brot 6,5.7.9.11.13; vgl. 6,23). Auch beim Brotwunder stand die Person Jesu im Mittelpunkt. Der Glaube ist die Folge seines rettenden Handelns. Auf seine göttliche Präsentation folgt die Einladung, zu ihm zu kommen und an ihn zu glauben. Sie ist bewusst offen formuliert, damit sie der Leser/die Leserin auf sich bezieht und in der Begegnung mit Jesus die Erfüllung seines/ihres Lebenshungers findet.

In diesem Sinn lässt sich mit *Søren Kierkegaard* formulieren: „Gott dringend nötig zu haben, ist des Menschen höchste Vollkommenheit." Nie mehr hungern und dürsten (vgl. 4,10-15) zu müssen, ist die heilsame Folge des Glaubens an den Mensch gewordenen Gott. So wird die Identität Jesu in ihrer heilvollen Bedeutung für die Menschen erschlossen.

Diese „soteriologischen Nachsätze" sind vor Johannes nicht nachzuweisen (*Hartwig Thyen*). Aufschlussreiche religionsgeschichtliche Parallelen zur Wendung „das Brot des Lebens" sind v.a. in der weisheitlich geprägten Schrift Joseph und Aseneth sowie bei *Philo* zu verzeichnen. Aseneth bekommt als Brot des Lebens, wie die Engel und die Gerechten, himmlisches Manna zu essen und kommt damit in den Genuss von Unsterblichkeit (vgl. JosAs 15,4f; 16,8.14.16). Auch *Philo* vergleicht die Aufnahme der Weisheit mit Essen und Trinken (vgl. De Fuga et Inventione 176f.195.202; De Virtutibus 79; vgl. ferner äthHen 32,3; 48,1; 49,1; Prov 9,4f; Sir 15,3; 24,9.21; 51,23f).

In 6,36-40 wird das Ich-bin-Wort 6,35 kommentiert. Weil es Jesu ZuhörerInnen letztlich nur um die Befriedigung irdischer Bedürfnisse geht, seine Selbstoffenbarung aber diese Bedürftigkeit übersteigt, kommen sie nicht zum Glauben. Sie haben gesehen, und doch glauben sie nicht (6,36). In diesem Zusammenhang wird durch einen johanneischen Endgültigkeitssatz betont, dass Glaube an Jesus keine menschliche Möglichkeit ist, sondern sich allein der Initiative des

Vaters verdankt (6,37; vgl. 6,28f). Alles, was er Jesus gibt, wird zu ihm kommen. Und wer zu ihm kommt, wird von Jesus gewiss nicht hinausgestoßen (vgl. 9,34f; 10,4; 12,31; 15,6).

Jesus ist vom Himmel herabgekommen, nicht um seinen eigenen Willen zu tun, sondern den Willen seines Senders (6,38). Jesus handelt also nicht eigenwillig, sein Wille ist mit dem des Vaters eins (vgl. 4,34; 5,21.30; 7,17; 9,32; 17,24). Was Gott will, sagt und tut Jesus. Nach 6,39 besteht der Wille Gottes darin, dass Jesus als sein Gesandter von allem ihm Gegebenen nichts verdirbt (vgl. 6,12f; 18,1-11), sondern es am Jüngsten Tag auferweckt (vgl. 5,24-29). Dieser heilvolle Ausblick legt zugleich die Ewigkeitsaussagen von 6,35 aus. Die göttliche Fürsorge in Jesus umspannt Zeit und Ewigkeit. Der Heilswille des Vaters erfüllt sich im Glauben an den Sohn: „Denn das ist der Wille meines Vaters, dass, wer den Sohn sieht und glaubt an ihn, das ewige Leben habe; und ich werde ihn auferwecken am Jüngsten Tage" (6,40).

Vom Tod zum Leben (6,41-51)
Nach der Ausblendung der Brotmetapher in 6,36-40, wird in 6,41 erneut die Brotmetaphorik aufgenommen. Sie findet sich im Mund der erstmals als die Juden bezeichneten Zuhörer Jesu. Sie erscheinen hier als Repräsentanten der ungläubigen Welt (1,3). Ihr bereits als Unglaube beschriebenes Verhalten (6,36) wird in Anspielung auf die Reaktion der Wüstengeneration mit dem Verb murren (vgl. Ex 16,2.7-9.12; 17,3; Num 11,1; 14,27.29; 16,41; 17,5; Ps 59,5; 106,25; vgl. auch 1. Kor 10,10) gekennzeichnet. Sie reagieren auf Jesu Zuspruch mit Widerspruch. Die zunächst positive Suchbewegung (vgl. 6,24) schlägt aufgrund seiner Selbstidentifikation mit dem Lebensbrot um.

In 6,42 stellen die Juden Jesu himmlische Herkunft aufgrund seiner irdischen Abkunft in Frage. Ohne sich direkt an ihn zu richten, verweisen sie ungläubig darauf, dass sie seine natürliche Sohnschaft kennen. Daher lehnen sie seinen Anspruch ab, vom Himmel herabgestiegen zu sein. Für sie ist Jesus nur der Sohn Josephs, dessen Eltern sie kennen, und nicht der himmlische Menschensohn (6,27) bzw. der Sohn (6,40). Wie Jesus bereits konstatierte (vgl. 6,36), sehen die Juden nur das Irdisch-Vorfindliche, nicht aber Gott in ihm.

In 6,43 tadelt er ihr ungläubiges Murren. Während diese Empörung gegen Gott nicht auf sein Wirken zurückgeführt wird, ist der Glaube nach 6,44 dezidiert gottgewirkt (vgl. 6,29.37). Niemand kann zu Jesus kommen (vgl. 6,35), ohne vom Vater gezogen zu werden. Die Rede vom Ziehen ist für bibelkundige LeserInnen eine Metapher der Liebe (vgl. Ex 20,2; Am 3,2; Hos 2,21f; 11,1.4; Jer 31,3; Cant 1,4). In der Begegnung mit Jesus erfährt der Mensch die Kraft der ihn ziehenden Liebe Gottes. Er wirbt um den Menschen mit dem Ruf zum Glauben und übergeht ihn dabei nicht: „Gott achtet die Freiheit des Menschen, seine Liebe drängt sich nicht auf und ergreift den anderen nicht mit Gewalt" (*Ludger Schenke*).

Dass sich die glaubenden LeserInnen als von Gott Gelehrte verstehen können, verdeutlicht das Schriftwort 6,45. Es ist das erste Zitat aus dem Alten Testament im Mund Jesu (vgl. 10,34; 13,18; 15,25; vgl. 19,28) und dient als Zeuge für ihn. Es erreicht erst durch Jesu Offenbarungswort sein Sinnpotenzial. Das in Jes 54,13 (vgl. Jer 31,33f) für die Endzeit prophetisch verheißene Gottgelehrtentum realisiert sich im Hören und Lernen. Gott teilt sich selber mit. Er geht zu Herzen. Wer auf Jesus hört und bei ihm in die Lehre geht (vgl. 6,59), wird von Gott gelehrt.

Berücksichtigt man die Zitierung von Jes 40,3 in Joh 1,23 (vgl. Joh 1,29 und Jes 53,4.7.11) und von Jes 53,1 in Joh 12,38 (vgl. Joh 12,40 mit Jes 6,10; vgl. ferner Joh 12,41 und Jes 52,13), finden sich zu Beginn, in der Mitte und am Ende des ersten Teils des JohEv (Joh 1-12) Zitate aus Jes 40-55. Dieser kompositionell bedeutsame Befund ist ein Beleg für die gewichtige Bedeutung von Jes 40-55 für das johanneische Denken, insbesondere wenn man bedenkt, dass Johannes die Schrift nicht als Steinbruch missbraucht, sondern immer auch den Gesamtzusammenhang der zitierten Schriftstelle im Blick hat.

Alle werden Gottgelehrte sein. Mit alle (vgl. 12,32) sind – im Unterschied zur Quelle Jes 54,13 – nicht nur die Söhne Zions gemeint, sondern – in Übereinstimmung mit der nationalen Entschränkung der Messiaserwartung von 6,31 – alle Gotteskinder. Daher sollen auch die LeserInnen SchülerInnen Jesu werden bzw. bleiben. In diesem Sinn ist Joh 6 „eine theologische Meditation, in der der eucharistisch versammelten Gemeinde das widerfährt, was im Prophetenzitat V. 45 als göttliche Belehrung verheißen ist" (*Ulrich Wilckens*).

Im Exklusivsatz 6,46 wird gegenüber möglichen Missverständnissen hervorgehoben, dass nur dem, der aus Gott ist, die unmittelbare Gottesschau vorbehalten ist (vgl. 8,38). Jesus ist der einzige, der bei Gott war und ihn als der Präexistente unmittelbar gesehen hat. Während diese Unmittelbarkeit im Blick auf den Vater ausschließlich dem Sohn zukommt (vgl. 1,18; 16,28; negativ 5,37), ist sie für die Jünger durch ihn vermittelt gegeben (vgl. 12,45; 14,7.9). Dem Glaubenden kommt also nicht die gleiche Unmittelbarkeit zum Vater zu wie dem Sohn. Er steht durch Jesus in vermittelter Unmittelbarkeit zu Gott.

So bleibt die fundamentale Differenz zwischen Gott und Mensch wie auch die personale Unterscheidung zwischen Christus und den an ihn Glaubenden gewahrt. Es gibt keine klare Gotteserkenntnis außer in Jesus (vgl. 14,9). Im dritten Amen-Amen-Wort in 6,47 (vgl. 6,26.32) wendet er sich direkt an die Juden, um sie noch einmal (vgl. 6,35) kurz und bündig zum Glauben und damit zum ewigen Leben einzuladen.

Nach dem Zurücktreten der Brotmetaphorik in 6,42-47, wird sie ab V 48 aufgenommen und unter dem dominierenden Gesichtspunkt des Gegensatzes von Tod und Leben weiter entfaltet. Vorbereitet wird diese Wiederaufnahme durch die wörtliche Rezeption des Ich-bin-Worts 6,35b in 6,48. Mit diesem Neueinsatz wird die bisherige Brotrede spiralförmig vertieft.

Im Gegenüber zu dem Ich-bin-Wort 6,48, wird in 6,49 der Hinweis seiner Zuhörer auf die Manna-Speisung ihrer Väter in der Wüste aus 6,31a aufgenommen und durch das Verb „sterben" erweitert. Der Manna-Verzehr diente der vorübergehenden Lebenserhaltung. Er bewahrte die Wüstengeneration nicht vor dem Tod. 6,50f legt offen, wie der Übergang vom Tod zum Leben geschieht. Im Definitionssatz 6,50 wird hervorgehoben: Wer vom wahren Himmelsbrot isst, stirbt nicht (vgl. Dtn 8,3; Ps 78,24f; JosAs 16,14). Denn im Unterschied zum Manna, hat dies Brot himmlische Qualität. Der Glaube an Jesus erschließt den göttlichen Lebensbereich, bewahrt aber nicht vor dem leiblichen Tod (vgl. 6,39f.44; 11,25f).

Das Essen ist wie auch das Nichtsterben spirituell zu verstehen. Gemeint ist, das göttliche Wort in sich aufzunehmen, sich einzuverleiben:

„Hier darf auch davon die Rede sein, wie man ein Wort wie Joh 6,35 auswendig lernen und es in ständigem inneren Wiederholen in den Alltag mitnehmen kann, so dass Jesu ICH in all meinem Erleben, Entscheiden, Mich-Mühen, in allen Leiden, Bedrückungen, Traurigkeiten, Ängsten wie auch in allen Freuden, Erfolgen, glücklichen Erlebnissen immer mit dabei ist" (*Ulrich Wilckens*).

In 6,51 ist das vierte und letzte Ich-bin-Wort Jesu in der Lebensbrotrede (vgl. 6,35.41.48) platziert. Wirkungsvoll wird wiederholt, dass dies Brot Leben über den Tod hinaus ermöglicht. 6,51c stellt eine neu ansetzende, überraschende Weiterführung dar. Jesus identifiziert sein Fleisch (vgl. 1,14) mit dem Brot und qualifiziert mit diesem Bildwechsel die Gabe als Selbstgabe. Sein Tod am Kreuz kommt in den Blick. Als Zugang zum Leben ist er von universaler Reichweite (vgl. 1,29.36; 3,16; 4,42; 6,33; 11,49-52; 12,24.32.47; 17,23). Seine Lebenshingabe ist weltumspannend heilbringend (vgl. 6,33.45).

Das Mahl des Lebens (6,52-59)

Jesu vollmächtiges Offenbarungswort bleibt wie in 6,41f nicht ohne Widerspruch. Im Zuge der zunehmenden Zuspitzung verstärkt sich der Einspruch der Juden in 6,52. Ihr Murren steigert sich zu einem Streit in den eigenen Reihen (vgl. Ex 17,2; Num 20,3.13). Der Streitpunkt ist das Essen von Jesu Fleisch. Sie verstehen allerdings – im Gegensatz zum eingeweihten Leser – Jesu Offenbarungswort im dinglichen Sinn als kannibalistisches Essen. Es liegt also wieder eine typisch johanneische Missverständnis-Szene vor, die die Gegensätze auf die Spitze treibt. Sie bringt zu Gehör, dass die Worte Jesu in ihrem Tiefensinn für den fleischlichen Menschen unmöglich zu verstehen sind. Kompositorisch dient sie dazu, die Offenbarungsrede weiter zu dramatisieren. Auf die verfehlte Reaktion der Juden in 6,52 folgen die unüberhörbar eucharistischen Aussagen in 6,53-58.

Sie werden in 6,53 auf dem synoptischen Hintergrund von Mk 14,22-25 durch ein viertes Amen-Amen-Wort (vgl. 6,26.32.47), das der viermaligen Verwendung von Ich-bin-Worten in 6,22-59 entspricht, feierlich eingeleitet. Als neue Begriffe werden „trinken" und „Blut" eingeführt. Diese Wortwahl treibt die Anstößigkeit der Ausführungen Jesu für jüdische Ohren aufgrund des Verbots des Blutgenusses (vgl. Gen 9,4; Lev 3,17; 7,26f; 17,10ff; Dt 12,23) auf die Spitze.

Im nachösterlichen Rückblick weiß der kundige Leser, die kundige Leserin, dass nicht gemeint ist, das Fleisch und Blut eines Toten zu sich zu nehmen, sondern den durch Tod und Auferstehung erhöhten Menschensohn in seiner Geistesgegenwart in sich aufzunehmen (vgl. 6,62f). Durch 6,53 wird nicht nur der Kreis zu 6,27, sondern auch zu 6,35 geschlossen. Dem ewig währenden Nichthungern und Nichtdürsten entspricht das reale eucharistische Essen und Trinken des Fleischs und Bluts des Menschensohns. Auf diese Weise werden alle Elemente des Offenbarungsspruchs 6,35 Schritt für Schritt gedeutet.

Im Offenbarungsspruch 6,54 wird positiv formuliert, was der Glaubende in der Eucharistie empfängt: ewiges Leben mit der endzeitlichen Auferweckung. Das entspricht ohne ausdrücklichen eucharistischen Bezug 6,39f.44. Systematisch ausgedrückt: In Fortschreibung des Zeichens der Brotvermehrung, ist die Eucharistie das „sichtbare Wort" (verbum visibile), das im untrennbaren Zusammenhang mit dem „hörbaren Wort" (verbum audibile) die eine Gabe des ewigen Lebens in größerer Sinnenhaftigkeit zueignet.

Gegen *Eugen Drewermann* besteht die Lösung im johanneischen Sinn also nicht darin, „alles ‚Sakramentale' aufzulösen in ein ‚Zeichen' der Innerlichkeit." Als Steigerung zu „essen" wird an dieser Stelle das Verb kauen eingeführt. Es unterstreicht, dass es sich um ein reales Essen beim Mahl des Lebens handelt. Die Gewissheit der Auferstehung am Jüngsten Tag speist sich aus dem Bleiben der Glaubenden in der innigen Wort- und Eucharistiegemeinschaft mit dem erhöhten Christus.

In 6,55 wird sein Fleisch als die wahre Speise und sein Blut als der wahre Trank bezeichnet. Wie auch in den anderen urchristlichen Gemeinden, ist die Herrenmahlsfeier in der johanneischen Gemeinde das Fest, in dem das Evangelium leibhaftig konkret wird.

Im johanneischen Spitzensatz 6,56 wird das Bleiben betont (vgl. 6,27.37). Diese Treue hat „nichts Ekstatisches oder Verträumtes an sich, sondern fällt zusammen mit einer lebendig und beharrlich gesuchten und durchgetragenen Glaubensbeziehung zu Jesus Christus" (*Josef Heer*). Wer die Eucharistie feiert, bleibt in Jesus und er in ihm. Wie in der paulinischen „In Christus"-Vorstellung verschmelzen Erlöser und Erlöste nicht (vgl. 6,46). Der „Christus für uns" (vgl. 6,51c) als Gegenüber zum Menschen und der „Christus in uns" (vgl. 6,56) gehören unscheidbar zusammen.

In 6,57 wird deutlich, dass es in der Eucharistie nicht um die Aufnahme wunderwirkender geistlicher Substanzen geht. Wer Jesus isst, ihn im leiblichen Essen des sakramentalen Brots in sich aufnimmt, wird durch ihn leben, wie er durch den lebendigen Vater lebt.

In 6,58 wird die gesamte Brotrede mit dem eucharistischen Abschnitt als Zielpunkt der Komposition bilanziert. Auf diese Weise werden die beiden Themen des Glaubens an Jesus und der eucharistischen Verbindung mit ihm zu einer Einheit verknüpft. Der im Mahl des Lebens gegenwärtige Gekreuzigte ist das vom Himmel herabgestiegene Lebensbrot mit Nährwert für die Ewigkeit. Ein Sprichwort besagt: „Gegen den Tod ist kein Kraut gewachsen." Dagegen lautet das Fazit der Lebensbrotrede (6,58): „Wer dieses Brot isst, wird in Ewigkeit leben."

Nach der Zusammenfassung in 6,58 wird die Jesusrede in 6,59 programmatisch in der Synagoge in Kapernaum (vgl. 6,17.24) lokalisiert. Die vollmächtige Lehre Jesu ist keine esoterische Geheimlehre, sondern öffentlich zugänglich (vgl. 18,20). Dabei unterstreicht die Erstverwendung von lehren das Gewicht der Lebensbrotrede. Wer auf die Lehre Jesu hört, hört vom Vater, und wer daraus lernt, kommt zu Jesus und erweist sich darin als Gottgelehrter (vgl. 6,45).

Genau dazu will Johannes seine LeserInnen anleiten, „hinter dem oberflächlich Sichtbaren die eigentliche Wirklichkeit wahrzunehmen" *(Ingo Baldermann)*. 6,59 ist somit eine Aufforderung an die LeserInnen, im Fluss des Lesens innezuhalten, das Erzählte zu bedenken, seine Tiefendimension zu erkennen und persönlich Stellung zu beziehen. Diese Stellungnahme wird in dem furiosen Finale 6,60-71 ausdrücklich gefordert.

Streitpunkt Eucharistie (6,60-71)
Der Streit im Jüngerkreis entzündet sich ausgerechnet am Abendmahl, dem Mahl der Einheit. In der Art und Weise, wie der vierte Evangelist diese einschneidenden Ereignisse darstellt, zeigt sich seine Kunst des Erzählens auf zwei Ebenen. Darin spiegelt sich zugleich die Geschichte seiner Gemeinde, in der die Eucharistie zum entscheidenden Streitpunkt geworden sein dürfte. Im direkten Anschluss an die Ausführungen zum Abendmahl kommt es zum Eklat (6,60-66). Etliche aus dem Jüngerkreis können nicht begreifen, dass Jesus wirklich Mensch wurde, sein Leben für die Menschen gab und diese Gabe in der Eucharistie sinnlich erfahrbar wird. Die Beziehung zur Eucharistie wird zum Testfall für die Zugehörigkeit zu Jesus und damit zur Gemeinde.

Entscheidend ist dabei der Geist, von dem erstmals in Joh 6,63 die Rede ist. Durch das Wehen des Windes in 6,18 wortspielerisch vorbereitet, geht es in der Eucharistie um leiblich erfahrbare Geistesgegenwart. Viele in der Gemeinde können das nicht akzeptieren. Sie fliehen in eine Scheinwirklichkeit, kündigen die Solidarität mit der Gemeinde auf und treten aus (6,66). Diese Austrittsbewegung steht im Hintergrund der Frage, die Jesus an den Zwölferkreis – und auch an uns als LeserInnen – richtet (6,67): „Wollt ihr auch weggehen?"

Zunächst antwortet Petrus stellvertretend für alle auf die Frage Jesu mit einer Gegenfrage (6,68): „Herr, wohin sollen wir gehen?" Ihn zu verlassen, wäre ein heilloser Rückschritt (vgl. 6,66). Denn (6,69): „Du hast Worte des ewigen Lebens. Und wir haben geglaubt und erkannt: Du bist der Heilige Gottes." Die Worte „Du bist" entsprechen als Antwort exakt den Ich-bin-Worten, die Jesus zuvor gesprochen hat. Nur im Zusammenleben mit ihm ist wirkliches Leben möglich.

Dies Bekenntnis wird durch die Ankündigung des Verrats des Judas kontrastiert (6,70f). Er bleibt letztlich unbegreiflich. Auf der einen Seite liegt dieser Verrat im göttlichen Plan der Passion. Er ist eine Station auf dem Weg zum Kreuz als dem Weg ins Leben. Jesus hat auch Judas erwählt und im Voraus gewusst, welchen Part zur Passion er beitragen wird (6,64.70; 13,11.18). Das bedeutet aber paradoxerweise nicht, dass die menschliche Verantwortlichkeit keine Rolle mehr spielen würde. Erwählung schließt aufseiten des Menschen die Bewährung nicht aus, sondern ein. Sonst bräuchte Jesus die Zwölf nicht zu fragen, ob auch sie weggehen wollen (6,67).

Rückblick

A: 6,22-27
   B: 6,28-29
      C: 6,30-33
                      6,35
      C':   6,34-40
   B':   6,41-51
A': 6,52-59

Drei ineinander übergehende Stufen können in der Gedankenentwicklung der Lebensbrotrede konstatiert werden:

- Die erste Stufe umfasst 6,22-34. Hier ist auf der internen Textebene offen, um wen oder was es sich bei dem Leben gebenden Brot handelt.
- Die zweite Stufe reicht von 6,35 bis 6,51b. Das Brot wird durch das Ich-bin-Wort in 6,35 (vgl. 6,41.48.51) eindeutig mit Jesus identifiziert. Das Essen dieses Brots ist metaphorisch-symbolisch als Bild für den verinnerlichten Glauben an Jesus zu verstehen. Dabei wird in 6,49-51b das reale eucharistische Essen bereits angedeutet.
- Die dritte Stufe wird schließlich in 6,51c-58 erreicht. Was vorher nur angedeutet gewesen war, wird jetzt offenkundig: Das Essen und Trinken des Fleischs und Bluts Jesu ist real-symbolisch als leiblicher Vorgang in Rahmen der Eucharistie zu verstehen. Wenn das Bild des Brots in dieser Passage „bei einem Leser bestimmter Prägung dabei Assoziationen zum eucharistischen Brot wachruft, wird kein Exeget diese Wirkung verwehren dürfen, auch wenn der Evangelist eine eindeutige Sinnkonstitution in dieser Richtung (offenbar bewusst) vermeidet" (*Ruben Zimmermann*).

Die planvolle Progression in der Denkbewegung mit dem eucharistischen Abschnitt 6,51c-58 als Sinnspitze ist Johannes zuzuschreiben: Jesus ist das eine göttliche Wort, das sich in Wort und Sakrament mitteilt. An dieser Einheit entzündete sich die Spaltung der johanneischen Gemeinde (6,60-71). Ein theologisch motiviertes literarkritisches Ausscheiden von 6,51c-58 würde die grandiose Darstellung des Zusammenhangs von Wort und Sakrament auseinanderreißen. Daher: Was Johannes zusammendenken kann, soll der Exeget nicht scheiden.

Johannes hat Joh 6 in szenisch-dramatischer Auslegung von 6,35 kunstvoll als Triptychon komponiert. 6,1-15 und 6,67-71 sowie 6,16-21 und 6,60-66 entsprechen sich. Die Lebensbrotrede 6,22-59 wird so narrativ-dialogisch gerahmt:

Prolog	Dialog	Epilog
6,1-15		6,60-66
(Szene 1)		(Szene 4)
	6,22-59	
6,16-21	(Szene 3)	6,67-71
(Szene 2)		(Szene 5)

Die Jesuserzählung wird im 6. Kapitel als brillant aufgebauter Dialog gestaltet. In bildreicher Sprache werden wir als LeserInnen zu Jesus, dem Brot des Lebens, gezogen und von ihm mit unverlierbarem Leben beschenkt.

Das Bildnetz Brot

Am Ende des sechsten Kapitels bekommen wir nach dem Petrusbekenntnis den Hinweis, dass Judas Jesus verraten wird (6,71). Damit legt uns der vierte Evangelist eine Fährte zur Passionsgeschichte, die er in Joh 13 aufnimmt und ab Joh 18 ausführlich erzählt. Ein Gefährte aus den eigenen Reihen wird Jesus ausliefern. Das Wort Brot kommt in Joh 1-20 nur noch in 13,18 vor, und zwar in Verbindung mit kauen, das außer in 6,54-58 ebenfalls nur an dieser Stelle zu verzeichnen ist. Im Rückgriff auf Ps 41,10 wird der Judasverrat als Verhalten eines treulosen Freunds gekennzeichnet: „Der mein Brot isst, hat seine Ferse gegen mich erhoben." Der Fußtritt des Verrats steht im radikalen Gegensatz zur gerade geschehenen Fußwaschung. Wenig später kündigt Judas die Abendmahlsgemeinschaft auf (13,30; vgl. 6,60-66).

Schließlich taucht das Wort Brot wieder in Joh 21 auf (21,9.13). Nicht zufällig ist – wie schon bei der Fußwaschung – auch Petrus wieder mit von der Partie. Mitten in der Vergeblichkeit ihres Fischeralltags begegnet der Auferstandene sieben seiner Jünger und beschert ihnen volle

Netze (21,1-14). Während die Fischer noch alle Hände voll zu tun haben, den immensen Fischfang ans Ufer zu bringen, brennt dort schon ein Kohlenfeuer, worauf Fisch und Brot (21,9) liegen. Wie bei der wunderbaren Speisung (6,1-15), erweist sich Jesus als großzügiger Gastgeber.

Wer bist du? Diese Frage, die zu Beginn des Evangeliums Johannes dem Täufer gestellt wurde (1,19), stellt sich nun nicht mehr (21,12): „Niemand aber unter den Jüngern wagte, ihn zu fragen: Wer bist du? Denn sie wussten, dass es der Herr war."

**Wenn wir sagen:
Unser tägliches Brot –
meinen wir alles, was wir brauchen,
um in Frieden zu leben.
Brot ist Friede.
Essen können, statt zu hungern,
ist Friede.
Trinken können, statt zu dürsten,
warm haben, statt zu frieren,
ist Friede.
Schutz finden in einem Haus,
arbeiten können und seine Kräfte
einsetzen dürfen,
das alles ist Friede,
ist tägliches Brot.
Unser tägliches Brot,
von dem wir leben,
ist auch das Wort eines Menschen.
Wir können nicht leben,
wenn nicht das Wort zu uns kommt,
das ein anderer Mensch
zu uns spricht.**

Jörg Zink

(aus: Deine Zeit und meine Zeit. Kreuz Verlag, Stuttgart)

Gedanken und Texte zum Nachdenken und Besprechen

● Brot öffnet jeden Mund.

Stanislaw Jerzy Lec

(aus: Sämtliche unfrisierte Gedanken. Dazu Prosa und Gedichte. Hrsg. und aus dem Polnischen übersetzt von *Karl Dedecius*. © 2000 Sanssouci im Carl Hanser Verlag, München)

● *mich für etwas entscheiden*

weil sich einer
für mich entschieden hat

weil einer Mensch geworden ist
damit ich Mensch sein kann

weil einer mich liebt
damit ich lieben kann

weil einer sich hingibt
damit ich leben kann

weil sich einer gibt
in Brot und Wein

damit er in uns ist
damit er uns erfüllt

sich für den entscheiden
der mich meint
so wie ich bin

der mich will
so wie ich bin
der sein Ja sagt

und der es verbindlich meint
der sich festnageln lässt
und der meine Entscheidung will

Andrea Schwarz

(aus: Und jeden Tag mehr leben. Verlag Herder, Freiburg 2004[2], S. 279)

● Der Kobryner saß einmal mit seinen Chassidim beim Sabbatmahl. Da hielt er ein Stückchen Brot hoch und sprach: „Die Schrift sagt uns, dass der Mensch nicht lebe vom Brot allein, sondern von allem, das aus dem Mund des Herrn geht (Deuteronomium 8,3). Nicht das materielle Brot hält den Menschen am Leben, sondern die lebendigen Funken göttlicher Kraft, die es in sich birgt. Wisst ihr, wo Gott ist? In diesem Brot hier! Wie alle endlichen Dinge, hat es Bestand dank Gottes Leben spendender Kraft. Weicht sie und entflieht, so zerstiebt es ins Nichts."

Aus dem Chassidismus

(aus: Auf den Spuren der Weisheit. Hrsg. von Antje Büsing. © by Gütersloher Verlagshaus, Gütersloh, in der Verlagsgruppe Random House, München)

● Endlich einer, der sagt:
„Selig die Armen!"
und nicht: Wer Geld hat, ist glücklich!
Endlich einer, der sagt:
„Liebe deine Feinde!"
und nicht: Nieder mit den Konkurrenten.
Endlich einer, der sagt:
„Selig, wenn man euch verfolgt!"
und nicht: Passt euch jeder Lage an!
Endlich einer, der sagt:
„Der Erste soll der Diener aller sein!"
und nicht: Zeige, wer du bist!
Endlich einer, der sagt:
„Was nützt es dem Menschen,
wenn er die ganze Welt gewinnt!"
und nicht: Hauptsache vorwärtskommen!
Endlich einer, der sagt:
„Wer an mich glaubt, wird leben in Ewigkeit!"
und nicht: Was tot ist, ist tot!

Josef Dirnbeck / Martin Gutl

(aus: In vielen Herzen verankert. Styria Verlag, Wien, Graz, Klagenfurt 2004)

● Herr K. hatte anlässlich einer Frage nach dem Vaterland die Antwort gegeben: „Ich kann überall hungern." Nun fragte ihn ein genauer Hörer, woher es komme, dass er sage, er hungere, während er doch in Wirklichkeit zu essen habe. Herr K. rechtfertigte sich, indem er sagte: „Wahrscheinlich wollte ich sagen, ich kann überall leben, wenn ich leben will, wo Hunger herrscht. Ich gebe zu, dass es ein großer Unterschied ist, ob ich selber hungere oder ob ich lebe, wo Hunger herrscht. Aber zu meiner Entschuldigung darf ich wohl anführen, dass für mich leben, wo Hunger herrscht, wenn nicht ebenso schlimm wie hungern, so doch wenigstens sehr schlimm ist. Es wäre ja für andere nicht wichtig, wenn ich Hunger hätte, aber es ist wichtig, dass ich dagegen bin, dass Hunger herrscht."

Bertolt Brecht

(aus: Gesammelte Werke. Große kommentierte Berliner und Frankfurter Ausgabe, Band 18: Prosa 3. © Suhrkamp Verlag, Frankfurt/Main 1995)

● Glaube ist Geschenk Gottes, keine Möglichkeit, die der Mensch aus sich selber hat. Aber wie es mit Geschenken so ist: Eins verstaubt in irgendeiner Ecke und fällt der Vergessenheit anheim. Ein anderes wird freudig ausgepackt und in Gebrauch genommen.

● Sind Menschen in der heutigen Zeit so gefangen genommen von Arbeit oder der Suche nach Arbeit, von Events, von der Organisation des täglichen Lebens, geplagt von mannigfaltigem inneren und äußeren Stress, dass der Hunger, auf den Jesus abzielt, gar nicht mehr wahrgenommen wird?

● Jesus, das Brot des Lebens – ein Angebot, das angesichts der Gottvergessenheit ins Leere läuft?

● Jesus trifft auf Menschen, die etwas von ihm erwarten. Er knüpft an ihre Erwartungen an, erfüllt sie, aber anders als erwartet – und nimmt so Ablehnung in Kauf. Wie nehmen wir als Gemeinde, als Kirche die an uns gerichteten Erwartungen auf?

● Was sind die Werke Gottes, die wir tun sollen? Statt eines programmatischen Katalogs von edlen Verhaltensweisen, gibt Jesus eine einfache Antwort: Glauben, sich vertrauensvoll auf Gott, auf Jesus einlassen.

Bausteine zur Gestaltung

● *Gestaltete Mitte:*
Auf Tüchern mit lebendigen Farben in der Mitte steht eine brennende Kerze. Daneben liegt ein Brotlaib, ihm gegenüber vertrocknetes und verschimmeltes Brot.
* Die TeilnehmerInnen äußern dazu ihre Gedanken und Empfindungen.

- Wer mit einer Brotmeditation einsteigen will, sei auf das Teilnehmerheft Ökumenische Bibelwoche 08/09, S. 6 hingewiesen (s.o. Literaturhinweise).

- Die TeilnehmerInnen erhalten ein Stück Brot und werden gebeten, es langsam zu essen und darauf zu achten, was sie dabei empfinden, welche Gedanken ihnen durch den Sinn gehen. Danach tauschen sie sich im Plenum darüber aus.

- In Gruppen zu je fünf oder sechs Personen wird ein stilles Schreibgespräch zu der Frage durchgeführt: Was ist für mich lebensnotwendig? Danach tauschen sie sich über das Geschriebene aus.

- Die TeilnehmerInnen reden in Kleingruppen darüber, was sie mit Lebenshunger und Lebensdurst verbinden. Ihre Ergebnisse halten sie stichwortartig fest und bringen sie dann ins Plenumsgespräch ein.

- Die TeilnehmerInnen notieren ihre Assoziationen zu
* Brot ist für mich …
* Mit Brot verbinde ich …
und tauschen sich darüber in Kleingruppen aus.

- *Textlesung:*
Der Text wird mit verteilten Rollen gelesen. ErzählerIn und Jesus wird von je einer Person gelesen, der Part des Volks und der Juden von je zwei bis drei Personen. Es empfiehlt sich, die jeweiligen Passagen für die LeserInnen auf dem Textblatt farblich zu kennzeichnen.

- *Fragen zur Texterschließung:*
Der Text kann zum Beispiel in drei oder sechs Gruppen geteilt werden:
Erstens: Der/die LeiterIn bereitet drei Textblätter vor:
* 6,22-27 und 6,52-59
* 6,28-29 und 6,41-51
* 6,30-32 und 6,34-40
Die Gruppen lesen ihren Text und besprechen folgende Fragen:
- Welches Thema wird in den Versen entfaltet?
- Worin sehen Sie die Hauptaussagen?
- Welche Aussagen haben uns am meisten beschäftigt? Warum?
Oder:
Zweitens: Es werden sechs Gruppen gebildet, die sich mit den jeweiligen Fragen zu ihrem Textabschnitt beschäftigen und für das Plenumsgespräch ihre Diskussion unter den unten genannten Fragestellungen zusammenfassen.
6,22-27:
* Welche Ortsangaben und Personen tauchen auf?
* Welches Thema bestimmt diesen Abschnitt? Welche Worte fallen Ihnen in diesem Zusammenhang auf?
6,28-29:
* Welches Thema wird in diesen Versen angesprochen?
* In welchem Zusammenhang steht es Ihrer Meinung nach mit dem des vorhergehenden Abschnitts?
* Wie definiert Jesus Glauben?
6,30-33:
* Was erwarten die Fragenden von Jesus?
* Wie reagiert Jesus auf die Fragen?
6,34-40:
* Die Bittenden in V 34 und Jesus verwenden in diesem Abschnitt das Stichwort „Brot". Worin sehen Sie Gemeinsamkeiten, worin Unterschiede?
* Welches Selbstverständnis kommt in den Worten Jesu zum Ausdruck?
* Was bedeutet es für die, die an ihn glauben?
6,41-51:
* Welche Personengruppe regt sich über Jesu Worte auf? Wie argumentiert sie?
* Welche Aussagen über „Glauben" und über sich selbst gibt er ihnen als Antwort?
6,52-59:
* Wie haben „die Juden" Jesu Aussagen verstanden?
* Welche Verben bestimmen Jesu Antwort?
* Wie versteht er Essen und Trinken?
* Wie deuten Sie die Ortsangabe in V 59?
Für den Austausch im Plenum bündeln alle Gruppen ihr Gespräch unter zwei Fragen:
* Welche Aussagen haben uns am meisten beschäftigt?
* Welche Fragen sind für uns offen geblieben?

- *Impulse für ein Plenumsgespräch:*
* Was finden Sie in Ihrem Glauben, in Ihrer Christusbeziehung, von dem Sie sagen würden: Das ist für mich lebensnotwendig?
* Welche Aussage, welcher Gedanke von Joh 6,22-59 hat Sie am meisten an- oder aufgeregt?
* Was erwarten Sie von Jesus heute – für sich, für die Kirche, für die Welt?

- Bei besinnlicher Musik bedenken die TeilnehmerInnen folgenden Impuls: Christus spricht: „Ich bin das Brot des Lebens."
* Was bedeutet mir diese Aussage im Blick auf meinen Lebenshunger, Lebensdurst?

* Wo habe ich erfahren, dass Christus für mich Brot des Lebens ist?

● Wer den Abend mit einer Bildbetrachtung schließen möchte, sei auf das Bild aus der Kirche in Ornbau und die Betrachtung von *Jörg Meuth* hingewiesen (s. u. S. I).

Literaturhinweis

Einen Vorschlag für einen Hauskreisabend zu „Ich bin das Brot" finden Sie in „Alles hat seine Zeit. Hausgebete zum Jahr 2000", Heft 1, S. 12-15 (s.o. Literaturempfehlungen).

Lieder

Gott sei gelobet und gebenedeiet	EG 214/GL 494
Er ist das Brot, er ist der Wein	EG 228
Kommt mit Gaben und Lobgesang	EG 229
Ich steh vor dir mit leeren Händen	EG 382/GL 621
Brich dem Hungrigen dein Brot	EG 418/GL 618
Brich mit den Hungrigen dein Brot	EG 420
Deine Hände, großer Gott	EG 424
Solang es Menschen gibt auf Erden	EG 427
Wenn das Brot, das wir teilen (Anhang EKHN)	EG 632
Unser Leben sei ein Fest (württ. Anhang)	EG 636
Ich bin das Brot, lade euch ein	(DEKT Köln Nr. 24)
O Jesu, all mein Leben bist du	GL 472
Im Frieden dein, o Herre mein	EG 222/GL 473
Nahe wollt der Herr uns sein	GL 617
Das Weizenkorn muss sterben	GL 620

II Johannes 8,12-20(9,1-7)

Leuchten und erkennen

Auslegung

Licht ist „das Ursymbol für geglücktes, sinnerhelltes Leben" (*Annegret Puttkammer*). Menschen sehnen sich nach Lichtblicken in ihrem Leben. Licht ist ein Bild für die menschliche Ursehnsucht, nicht blind durch das Leben zu gehen. Nicht nur das Oberflächliche zu sehen, sondern die Wirklichkeit in ihrer Tiefe wahrzunehmen. Den Urgrund allen Seins hinter all dem Vordergründigen zu ergründen. „Mehr Licht!" So lauten bekanntlich Goethes letzte Worte. Er sehnte sich nach größerer Klarheit, Erkenntnis und Erleuchtung.

Licht bildet zusammen mit Finsternis ein Kontrastsymbol. Dem Licht ist dabei der Tag zugeordnet, der Finsternis die Nacht. Dieser Gegensatz ist sprichwörtlich geworden: „Das ist ein Unterschied wie Tag und Nacht!" Wir sprechen von „himmelweiten Unterschieden" in unserem Leben, von hellen und dunklen Phasen.

In der Religionsgeschichte kann der Gegensatz von Licht und Finsternis zum Bild für den Kontrast der mit ihnen verbundenen Geister und Götter werden. Die wichtigsten ägyptischen Götter stehen mit Sonne und Licht in Beziehung. Sonne und Mond waren die Augen des Himmelsgottes, der das All mit Licht füllt, „wenn er die Augen aufschlägt". Das Ende des Sterbedaseins wurde im alten Ägypten als „Heraustreten ins Licht" bezeichnet. Im Sonnenaufgang tritt der Verstorbene ins Licht (*Eugen Drewermann*).

Auch die ägyptischen Götter Serapis und Isis wurden als Licht bezeichnet. Im Lichtmythos der Ägypter und Babylonier kämpfen Lichthelden mit den Mächten der Finsternis. Der persische Lichtgott Mithras wurde gegen Ende des 1. Jahrhunderts n. Chr. zum Mittelpunkt einer von Rom ausgehenden Mysterienreligion. Für Christlnnen stehen aber alle heidnischen Lichtgötter im Schatten der in Mal 3,20 geweissagten „Sonne der Gerechtigkeit": Jesus Christus.

Licht in der Bibel

Die Bibel spricht die menschliche Ursehnsucht nach Licht auf vielfältige Weise an und bringt sie mit Gott in Beziehung. Im Alten Testament ist der Gegensatz zwischen Licht und Finsternis grundlegend. Er bezieht sich zunächst auf den Wechsel von Tag und Nacht. Indem Gott am ersten Schöpfungstag das Licht geschaffen und damit Licht und Finsternis geschieden hat, hob er das ursprüngliche Chaos auf (Gen 1,3f). Wird diese Ordnung gestört, wird das als Zeichen göttlicher Strafe für die Sünden der Menschen gedeutet.

Dunkelheit am Tag kündet den Tag JHWHs, den großen Gerichtstag, an (vgl. Jer 4,23.28; Am 8,9; Joel 2,2; 3,4; 4,15). Während Finsternis für Tod steht, bedeutet Licht Leben (Ps 27,1; vgl. 18,29; 36,10): „Der Herr ist mein Licht und mein Heil, vor wem sollte ich mich fürchten?" Licht kann auch zum Bildwort für Gottes Weisung werden (Ps 119,105; vgl. Sap 7,26): „Dein Wort ist meines Fußes Leuchte und ein Licht auf meinem Wege." Außer in den Psalmen, spielen Lichtworte bei Jesaja eine herausragende Rolle (vgl. 8,23; 9,2; 42,6f; 49,6; 51,4).

Im Frühjudentum wird der Gegensatz von Licht und Finsternis auf die Scheidung unter den Menschen bezogen. In den Qumranschriften stehen sich „die Kinder des Lichts" und „die Kinder der Finsternis" gegenüber (vgl. 1 QM; 1 QS 3,13-4,26; vgl. bereits Jes 42,16; 45,7). Auch in der synoptischen Tradition (vgl. Mt 4,16; 5,14-16) und bei Paulus (vgl. 1. Thess 5,4f; Röm 13,12; Phil 2,15) finden sich viele Worte, in denen zu einem Wandel im Licht aufgerufen wird.

Lukas stellt in der Geburtsgeschichte Jesu (Lk 1,5-2,40) heraus, dass Gott in der Nacht Mensch wird. In Aufnahme der Gottesknechtlieder (Jes 42,6; 49,6), ist Jesus das „Licht zur Erleuchtung der Heiden". Am stärksten jedoch ist die Licht- und Finsternissymbolik im JohEv ausgeprägt mit dem Ich-bin-Wort in 8,12 (vgl. 9,5) als Mittelpunkt.

Kontext und Komposition

In diesem Kapitel wird die Kontroverse Jesu mit den Juden fortgeschrieben. Im Blickpunkt steht die Messiasfrage. Mit seiner auf dem Laubhüttenfest verkündeten Lehre ruft Jesus sowohl Widerspruch (7,30.32) als auch Zuspruch (7,31) hervor. Sie führt zu einer Krise im Kreis der Juden (7,35f; vgl. 6,52). Am letzten Festtag spitzen sich die Ereignisse zu (7,37-52).

Es ist wieder die Lehre Jesu, die eine gespaltene Reaktion der Menge (7,40-44) und der Pharisäer (7,45-52) auslöst. Ihre geschlossene Gegnerschaft wird allerdings durch den Einspruch des Nikodemus brüchig (7,50f). Mit dem abschließenden Verweis, er solle die Schrift studieren und einsehen, dass ein Prophet nicht galiläischer Herkunft sein könne (7,52; vgl. 1,46), wird der Leser/die Leserin angeregt, sich mit der Schrift zu befassen, um Einsicht in das Wesen Jesu zu erlangen. Dieser Erzählfaden wird in 8,12 weitergesponnen.

Zeitangaben und Ortsangaben

In 9,14 wird auf irgendeinen Sabbat nach dem mehrtägigen Laubhüttenfest (7,14-52) hingewiesen. Ein festes Datum wird erst wieder in 10,22 (Tempelweihfest) genannt. Die in 7,1-10,22 erzählten Ereignisse spielen sich demnach in dem dreimonatigen Zeitraum zwischen Laubhüttenfest und Tempelweihfest ab.

Das gesamte Geschehen zwischen 7,10 und 10,39 ereignet sich in Jerusalem. Erst in 10,40 verlässt Jesus wieder die Stadt. In Jerusalem ist er meistens im Tempel. In 8,59 wird erzählt, dass Jesus den Tempel verlässt. Erst in 10,22f betritt er ihn erneut. In 9,1-10,21 ist er irgendwo in der Stadt.

In 8,20 findet sich eine präzise, theologisch bedeutsame Angabe. Als Ort der Rede Jesu wird der Frauenvorhof genannt. Es ist die Stelle im Tempelbezirk, zu der das ganze Volk Zutritt hatte und die Opferkästen und die Aufbewahrungskammern für die Tempelschätze lagen. An diesem Ort fand auch die große nächtliche Lichtfeier des Laubhüttenfests statt. Damit wird signalisiert: Das Licht ist nicht im Tempelkult zu suchen, sondern unüberbietbar in Jesus zu finden. Er ist das unschätzbar wertvolle Licht der Welt.

Personen
Jesus ist wiederum die Hauptperson. Sein Gegenüber sind die Pharisäer (8,13; 9,13.15f.40) und die Juden (8,22.31.48.52.57; 9,18.22). Nach dem Blick auf die Pharisäer und Hohenpriester in 7,45-52 folgt in 8,12-20 die Auseinandersetzung zwischen Jesus und den Pharisäern. Die nachfolgende Kontroverse mit den Juden markiert einen Neuansatz. Die Jünger an Jesu Seite werden nur einmal erwähnt (9,2). Dazu gesellt sich der geheilte und schließlich an Jesus glaubende Blindgeborene (9,17.28.33.38). Außerdem kommen seine Nachbarn (9,8-13) und seine Eltern (9,18-23) zu Wort.

Sprecherwechsel
Sowohl die Kontroverse zwischen Jesus und den Pharisäern bzw. Juden in 8,12-59 als auch die Heilung des Blindgeborenen (9,1-7) mit den anschließenden Auseinandersetzungen (9,8-41), sind dialogisch strukturiert. Fokussiert auf 8,12-20 und 9,1-7 sind folgende Sprecherwechsel festzustellen:

8,12-20:	8,12-13	Erster Redewechsel Jesus – Pharisäer
	8,14-19a	Zweiter Redewechsel Jesus – Frage der Pharisäer
	8,19b	Antwort Jesu
	8,20	Erzählerkommentar
8,21-59:		Auseinandersetzung Jesus – die Juden
9,1-7:	9,1	Erzählerische Einführung
	9,2-5	Redewechsel Jünger – Jesus
	9,6	Heilendes Handeln
	9,7	Anweisung Jesu und Ausführung
9,8-41:		Unterschiedliche Reaktionen

Vergleichbar mit dem Spannungsbogen zwischen Jesu „Ich bin" in 6,20 und dem petrinischen „Du bist" in 6,68f, erfolgt auf das „Ich bin" in 8,12 und 9,5 erst in 9,38 ein angemessenes Glaubensbekenntnis.

Einzelexegese

Selbstzeugnis (8,12-13)
Den Auftakt der weiteren Auseinandersetzung im Tempel bildet das zweite Ich-bin-Wort Jesu. Mit diesem erhellenden Wort eröffnet er, welche Bedeutung er für die Glaubenden hat (8,12):

> „Ich bin das Licht der Welt. Wer mir nachfolgt, wird nicht in der Finsternis wandeln, sondern er wird das Licht des Lebens haben."

Dies Wort weist wie 6,35 eine klare dreigeteilte Struktur auf mit Präsentation (ich bin), Bildwort (das Licht der Welt) und verheißungsvoller Einladung. In biblischer Tradition stehend, gebraucht Johannes insbesondere auf dem Hintergrund von Jes 42,6f (vgl. auch Jes 58,8; 60,1) Licht als Metapher für Gottes heilvolle Gegenwart. Damit „verbindet sich ein bestimmtes Bildfeld, das durch Begriffe wie Offenbarung, Leben, Sicherheit, Erleuchtung und Erkenntnis geprägt ist" (*Udo Schnelle*). Jesus ist nicht nur ein Licht unter vielen oder der Lichtbringer, sondern selbst als Logos (1,1-18; vgl. Sap 7,26) das Licht, die Gottesoffenbarung, die sich im Orient, dem Ort des Sonnenaufgangs, ereignet hat. Von ihm her erschließt sich für den Glaubenden, was Licht wirklich bedeutet.

Eine Parallele zu dieser personalen Prägung der Lichtmetapher, in der auch die für den Johannesprolog kennzeichnende Verbindung von Licht und Logos zu verzeichnen ist, findet sich bei *Philo* (De Somniis I 75): Er beschreibt Gott als Licht „und nicht nur Licht, sondern jedes anderen Lichtes Vorbild, ja noch mehr: älter und höher als jedes Vorbild, weil es die Bedeutung eines Urbildes hat. Denn das Urbild ist der von ihm ganz erfüllte Logos ..."

Von Jesus als dem Licht geht orientierende Leuchtkraft für die ganze Schöpfung aus. Nie-

Choral zur Bibelwoche

Bei dir, Jesu, will ich bleiben

1. Bei dir, Je-su, will ich blei-ben, stets in dei-nem Diens-te stehn;
nichts soll mich von dir ver-trei-ben, will auf dei-nen We-gen gehn.

Du bist mei-nes Le-bens Le-ben, mei-ner See-le Trieb und Kraft,

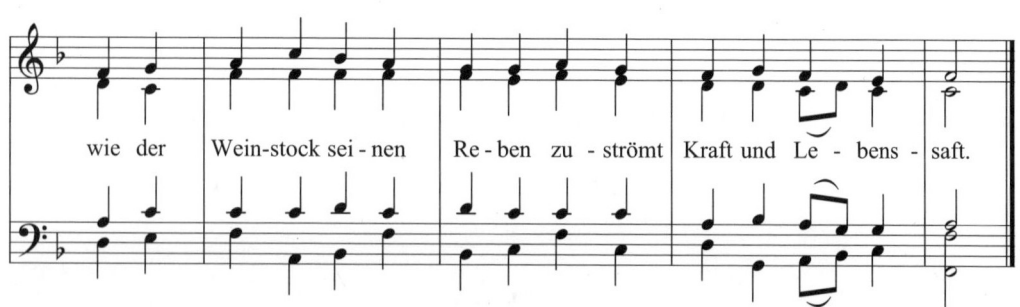

wie der Wein-stock sei-nen Re-ben zu-strömt Kraft und Le-bens-saft.

2. Könnt ich's irgend besser haben / als bei dir, der allezeit /
soviel tausend Gnadengaben / für mich Armen hat bereit? /
Könnt ich je getroster werden / als bei dir, Herr Jesu Christ, /
dem im Himmel und auf Erden / alle Macht gegeben ist?

3. Wo ist solch ein Herr zu finden, / der, was Jesus tat, mir tut; /
mich erkauft von Tod und Sünden / mit dem eignen teuren Blut? /
Sollt ich dem nicht angehören, / der sein Leben für mich gab, /
sollt ich ihm nicht Treue schwören, / Treue bis in Tod und Grab?

4. Ja, Herr Jesu, bei dir bleib ich / so in Freude wie in Leid; /
bei dir bleib ich, dir verschreib ich / mich für Zeit und Ewigkeit. /
Deines Winks bin ich gewärtig, / auch des Rufs aus dieser Welt; /
denn der ist zum Sterben fertig, / der sich lebend zu dir hält.

5. Bleib mir nah auf dieser Erden, / bleib auch, wenn mein Tag sich neigt, /
wenn es nun will Abend werden / und die Nacht hernieder steigt. /
Lege segnend dann die Hände / mir aufs müde, schwache Haupt, /
sprich: „Mein Kind, hier geht's zu Ende; / aber dort lebt, wer hier glaubt."

6. Bleib mir dann zur Seite stehen, / graut mir vor dem kalten Tod /
als dem kühlen, scharfen Wehen / vor dem Himmelsmorgenrot. /
Wird mein Auge dunkler, trüber, / dann erleuchte meinen Geist, /
dass ich fröhlich zieh hinüber, / wie man nach der Heimat reist.

Text: *Philipp Spitta* (1829) 1833
Melodie: Herz und Herz vereint zusammen EG 251
17. Jahrhundert; geistlich Bamberg 1732, Herrnhaag um 1735
Satz: *Traugott Weber* 2008

mand wird davon ausgeschlossen. Alle werden eingeladen, in ihm das Licht der Welt zu erblicken und ihm nachzufolgen (vgl. 3,16; 6,33.51). Nachfolgen bedeutet, das gesamte Leben grundlegend auf Jesus Christus einzustellen (vgl. 7,17): „Entscheidend ist nicht das Wissen und die Gelehrsamkeit, sondern das Leben aus dem Glauben" (*Felix Porsch*). Wer Gott durch das Befolgen seines Willens anerkennt, erkennt auch die Lehre Jesu an. Allerdings werden im JohEv – im Unterschied zum Matthäusevangelium – die Jünger nie als „das Licht der Welt" (Mt 5,14) bezeichnet, sondern als „Söhne des Lichts" (12,36). In diesem Evangelium ist alles auf Jesus und die Beziehung zu ihm konzentriert.

In 8,13 sind Pharisäer die Gesprächspartner Jesu. Neben den Juden sind sie eine zweite Gruppe, die – mit Ausnahme von Nikodemus (3,1-21; 7,50-52; 19,38-42) – Jesus ungläubig gegenübersteht (vgl. 1,24; 4,1; 7,32.45-48; 9,13-16.40; 12,19). Sie schlagen seine Einladung zur Nachfolge aus, weil sie seine Lehre als haltloses Selbstzeugnis beurteilen.

„Wo ist dein Vater?" (8,14-19a)

Die Entgegnung Jesu zeugt von göttlichem Selbstbewusstsein (8,14-18). Er stellt die Wahrhaftigkeit seines Zeugnisses heraus. Denn er weiß, woher er kommt und wohin er geht. Wie schon in 7,33f, attestiert er damit seinen Gesprächspartnern, nicht die leiseste Ahnung von seiner Herkunft und seiner bevorstehenden Rückkehr in seine himmlische Heimat zu haben (8,14). Ihr Erkenntnisvermögen ist fleischlich (8,15; vgl. 6,63). In geistloser Weise beurteilen sie Jesus nur nach menschlich-irdischen Gesichtspunkten (vgl. 7,24).

So urteilt Jesus nicht. Als bleibender Geistträger und -geber (1,32-34; 3,34), bildet er sein Urteil unter geistlich-himmlischen Aspekten. Sie stehen also auf völlig verschiedenen Ebenen. Jesus beurteilt niemanden. Richten ist nicht seine Bestimmung (vgl. 3,17; 12,47). Würde er es tun, wäre sein Urteil wahr, zumal es von seinem Vater bestätigt wird (8,16). Für ihn zeugen zwei: Er selbst und sein Vater. Er könnte sich daher auf die Bestimmung der Tora berufen, die in der religiösen Erwartung des Judentums als Licht und Erleuchtung gilt (vgl. Sap 7,26; Ps 119,105). Danach bedarf es zur Feststellung der Wahrheit mindestens zweier Zeugen (8,17; vgl. Num 35,30; Dt 17,6; 19,15). Würden die Pharisäer ihre eigene Weisung befolgen, würden sie auch Jesus nachfolgen (vgl. 5,46f).

Eindrücklich hebt Jesus noch einmal seinen Anspruch durch den völligen Konsens zwischen ihm als dem Gesandten Gottes und seinem Vater als dem Sender heraus (8,18). Wiederum legen die Pharisäer ihre völlige Unkenntnis an den Tag. Das zeigt ihre krass missverstehende Frage (8,19a): „Wo ist dein Vater?" Mit dieser Frage nach seinem leiblichen Vater (vgl. 6,41f) stellen sie erneut ihre Beurteilungsweise nach dem Fleisch (vgl. 8,15) unter Beweis.

Die LeserInnen werden durch diese Frage stimuliert, ihre Antwort auf diese von Johannes hintergründig formulierte Frage zu geben: Wo ist dein Vater? Wer mit dem JohEv vertraut ist, könnte dabei an 20,17 denken: „Ich fahre auf zu meinem Vater und zu eurem Vater, zu meinem Gott und zu eurem Gott."

Was Jesus als Zeugen so anstößig macht, ist nicht sein Gotteszeugnis, sondern dass er auch als Zeuge in eigener Sache auftritt. Er gehört ganz zu Gott. Da seine Sendung aber zugleich die Unterschiedenheit von Gott voraussetzt, ist die Zeugenregel der Tora in letzter Wahrheit erfüllt (*Ulrich Wilckens*). So gesehen, durchbricht Jesus diese Norm nicht. Diese Sehweise findet allerdings keine Zustimmung.

Keine Gotteserkenntnis ohne Jesus (8,19b)

Das Wissen von Gott scheidet Jesus und seine Gegner. Es ist „nicht als intellektuelles, theoretisches Wissen aufgefasst, sondern als das existenzverändernde Wissen von der Identität Jesu als des Offenbarers, das die Bereitschaft zur Begegnung mit ihm einschließt" (*Eckart Reinmuth*). Ohne ihn gibt es definitiv keine Gotteserkenntnis (vgl. 10,30; 14,9). Diesem Vollmachtsanspruch widersetzen sich die Pharisäer.

Unfassbar (8,20)

Sie lehnen Jesu Lehre (vgl. 6,59) als Blasphemie ab (vgl. 5,18; 8,53.59; 10,33). Eigentlich müssten sie ihn festnehmen und töten. Diese Gewaltbereitschaft wird in 8,44 mit dem Teufel als Gegengott in Verbindung gebracht (vgl. 8,44), eine Verbindung, die eine verheerende Wirkungsgeschichte nach sich gezogen hat. Weil Jesu von Gott bestimmte Stunde noch nicht gekommen ist (vgl. 7,6.8), können sie ihn zu diesem Zeitpunkt nicht ergreifen (vgl. 7,29f). Der kundige Leser/die kundige Leserin weiß, dass es erst in der Nacht vor dem Passafest zur Gefangennahme kommen wird (vgl. 18,12).

Auf Gottes Seite (8,21-59)

Ab 8,21 sind nicht mehr die Pharisäer Jesu Gegenüber, sondern jene Juden, die sich bereits in 7,11-44 in seinem Umfeld aufhielten. Auf ihre Frage „Wer bist du?" (8,25) offenbart er sein Wesen: Er kommt von oben, aus der Einheit mit Gott, seinem Vater (8,21-29). Auf diese Offenbarung hin glauben viele an ihn (8,30). Dieser Glaube wird dadurch auf die Probe gestellt, dass es – Jesus zufolge – Freiheit und Wahrheit nicht durch ethnische Abrahamskindschaft, sondern allein durch ihn gibt (8,31-36). Nach dem Stimmungsumschwung in 8,33 spitzt sich der Streit um die wahre Abrahamskindschaft in 8,37-47 dramatisch zu.

Am Ende resümiert Jesus (8,47): „Darum hört ihr nicht, weil ihr nicht aus Gott seid." Das bringt ihm den Vorwurf dämonischer Besessenheit ein. Er kontert ihn durch eine Präzisierung seiner Relation zu Abraham (8,48-58). Als präexistenter Sohn Gottes (vgl. 1,1-18; 3,13; 6,62; 17,5.24) gehört er schon immer auf Gottes Seite (8,58). Für seine Gegner ist mit diesem Anspruch der Tatbestand der Gotteslästerung gegeben. Die Tora sieht dafür die Steinigung vor (8,59; vgl. Lev 24,16). Weil seine Stunde noch nicht gekommen ist (vgl. 8,20), verbirgt sich Jesus und verlässt den Tempel.

---

kraftvoll

**aufmerksam schauen
angeschaut von dir**

**interessiert hinhören
erhört von dir**

**licht sein
erleuchtet von dir**

**frieden sein
gestillt von dir**

**trost sein
getröstet von dir**

**reich sein
erfüllt von dir**

**begeistert sein
entflammt von dir**

**lebendig sein
belebt von dir**

in dir gegründet

aufrecht stehen

Andrea Schwarz

(aus: Und jeden Tag mehr leben.
Verlag Herder, Freiburg 2004², S. 86)

Beim Verlassen sieht Jesus im Vorübergehen an einem der Tore (vgl. 5,6) einen Blindgeborenen (9,1). Dort hatte der Bettler wohl seinen Stammplatz, wie der Leser, die Leserin nachträglich in 9,8 erfährt: „Der Mann sitzt ein Leben lang (vgl. 5,5f) in Finsternis (vgl. Jes 35,5ff; 42,16; 61,1), ohne eine Ahnung vom Licht" (*Ludger Schenke*).

Blind geboren (9,2-5)

Die Jünger (vgl. 7,3) fragen nach der Ursache der Krankheit (9,2). Diese Frage ist nicht nur formal für eine Wundergeschichte ungewöhnlich, sondern auch inhaltlich. Im Hintergrund steht die geläufige Vorstellung, dass man vom Glück oder Unglück eines Menschen Rückschlüsse auf sein Verhalten ziehen kann. Im Rahmen dieses Tun-Ergehen-Zusammenhangs bereitet das Blindgeborensein enorme Schwierigkeiten. Die Frage, ob die Schuld des Blindgeborenen oder die seiner Eltern (vgl. Ex 20,5; Dt 5,9; Tob 3,3) dafür verantwortlich ist, würde nämlich im ersten Fall bedeuten, dass der Blinde noch im Mutterleib schuldig geworden sein müsste.

Jesus lässt sich nicht auf solche Spekulationen ein (9,3-5). Denn weder der von Geburt an Blinde noch seine Eltern haben gesündigt. Die Frage der Jünger nach der Schuld eines Einzelnen ist also falsch gestellt. Es geht um das Offenbarwerden der Werke Gottes (9,3). An dem Blindgeborenen soll durch das Wunder der Heilung das göttliche Heil sichtbar werden. Das entspricht dem in 2,11 formulierten Programm, wonach Jesus im Wunder seine Herrlichkeit offenbart und Glauben hervorruft.

Bedenkt man, dass in 6,29 der Glaube an den Gottgesandten als „das Werk Gottes" bezeichnet wird, wird an der Heilung des Blindgeborenen das göttliche Werk des Glaubens offenbar, das in 3,1-8 im Bild der Neugeburt zur Sprache kam. Am Blindgeborenen wird anschaulich, dass sich gegenüber Jesus, dem Licht der Welt, alle Menschen von Geburt an im Zustand der Blindheit befinden und der Heilung bedürfen. Deshalb ist jede individuelle Schuldzuweisung „verfehlt. Vielmehr soll an diesem Blindgeborenen zeichenhaft deutlich werden, was Gott allen Menschen zugedacht hat" (*Eckart Reinmuth*).

Weil das Wirken Jesu auf der Erde zeitlich begrenzt ist, müssen auch die Wunder innerhalb dieser bemessenen Zeit gewirkt werden (9,4). Der Plural „Wir müssen wirken" (vgl. 3,11) könnte im nachösterlichen Rückblick darauf hindeuten, dass auch die Gemeinde ohne zeitliche (und räumliche) Einschränkung zu diesem Glauben hervorrufenden Wirken berufen ist. Die für Jesus vorgesehene Zeit wird als Tag bezeichnet im Kontrast zur Zeit der Passion als Nacht (vgl. 13,30). Sie ist aber noch nicht gekommen. Jetzt ist Jesus – in wirkungsvoller Wiederaufnahme von 8,12 – das „Licht der Welt" (9,5).

Therapie (9,6 und 7)

Die Heilung des Blindgeborenen führt dies pointierte Jesuswort körperlich vor Augen. Jesus spuckt auf die Erde. Aus seinem Speichel (vgl. Mk 7,33; 8,23) und Erde (vgl. Gen 2,7) stellt er einen Brei her und streicht ihn dem Blinden auf die Augen. In der antiken Medizin gilt Speichel als probates Heilmittel gegen Augenkrankheiten. Alttestamentliches Vorbild ist die Heilung Naamans durch Elisa (2. Kön 5,10-14).

Jesus weist den Blinden an, zum Siloahteich zu gehen und sich zu waschen. Dieser Teich war eine wichtige Wasseranlage in Jerusalem (vgl. 2. Chr 32,30; 3 Q 15,10,15f; Lk 13,4). Sie wurde durch mehrere Kanäle von der Gichon-Quelle gespeist (vgl. 2. Kön 20,20; Jes 22,11). Die hintergründig-symbolische Dimension verdeutlicht der vierte Evangelist durch die Übersetzung des Namens Siloah mit der Gesandte. Die Tempelquelle ist ein Symbol für Jesus selbst. An diesem Teich soll sich der Blinde waschen:

„Es ist, wie wenn ein kleines, neugeborenes Kind, schmutzig und verschmiert noch, gewaschen wird und die Augen aufschlägt zu einer ganz und gar neuen Welt, wie sie ihm nie zuvor sichtbar war" (*Eugen Drewermann*). In dieser

Waschung könnte eine Anspielung auf die Taufe gesehen werden, durch die der Mensch aus der Finsternis in das Licht versetzt wird (vgl. 3,1-21).

Bei *Pausanias*, einem griechischen Schriftsteller aus Kleinasien aus dem 2. Jahrhundert, findet sich eine erstaunliche Parallele (Paus IV 12,10): „Es geschah auch, dass Ophioneus, dieser Seher, der von Geburt an blind gewesen ist, sehend wurde zum großen Erstaunen der Leute; es befiehl ihn ein starker Kopfschmerz, und danach konnte er sehen."

Glaube und Unglaube (9,8-41)

Die ersten, die reagieren, sind die Nachbarn des Blindgeborenen (9,8-13). Ihre zwiespältige Reaktion führt dazu, dass sie ihn den Pharisäern überstellen (9,13; vgl. 8,13). Die einen verurteilen die Sabbatheilung, die anderen wundern sich über Jesu Zeichentätigkeit (9,13-16). Schließlich fragen sie den Geheilten nach seinem Urteil über Jesus. Er hält ihn für einen Propheten (9,17; vgl. 4,19; 6,15), nachdem er ihn in der Befragung durch die Nachbarn zunächst nur für einen Menschen gehalten hatte (vgl. 9,11).

Dies Bekenntnis führt bei den Juden zu einer Infragestellung seiner Identität. Sie zitieren seine Eltern herbei. Die bestätigen zwar, dass es sich um ihren blindgeborenen Sohn handelt, aber aus Angst umgehen sie jede Aussage über das Wie der Heilung und die Identität des Wundertäters (9,18-23). „Sie repräsentieren den Typ, der sich um eine Entscheidung herummogelt, eine Stellungnahme vermeidet bzw. verweigert" (*Friedhardt Gutsche*).

Erneut zitieren die Juden den Geheilten herbei, um ihn zu verhören (9,24-34). In diesem Verhör bekennt sich der Blindgeborene dazu, dass sein Heiler von Gott bevollmächtigt ist (9,33). Das führt dazu, dass sie ihn aus ihrer Gemeinschaft ausstoßen (9,34; vgl. 9,22). Gleich im Anschluss findet (vgl. 1,41) ihn Jesus (9,35). Es kommt zum ersten Treffen nach der Heilung. Auf die Frage, ob der Geheilte an ihn, den Menschensohn (vgl. 6,27.53.62), glaubt (9,35-37), antwortet er (9,38; vgl. 20,28): „Ich glaube, Herr! Und er fiel vor ihm nieder." Abschließend wird das ganze Geschehen in Jesusrede kommentiert (9,39-41). In der Begegnung mit ihm, dem Menschensohn, ereignet sich schon jetzt das Endgericht. Wer sich von ihm nicht die Augen öffnen lässt, verfällt dem Gericht.

Rückblick

Die beiden Ich-bin-Worte mit dem Schlüsselwort Licht (8,12; 9,5) finden sich wirkungsvoll jeweils zu Beginn der beiden Einheiten 8,12-59 und 9,1-41. Ihre Botschaft lautet: Wer sich Jesus, dem Licht der Welt, anschließt, wird nicht im Dunklen leben. Diese Vollmacht kann nur Gott beanspruchen. Daher gibt es Jesus gegenüber „nur zwei mögliche Verhaltensweisen: entweder zu glauben, dass in ihm Gott begegnet, oder ihn als Gotteslästerer ans Kreuz zu nageln" (*Horst Georg Pöhlmann*). Johannes wirbt leidenschaftlich für die Jesusnachfolge.

Nachfolgen bedeutet, sich grundlegend an Jesus zu orientieren. Dem Wortsinn nach meint Orientierung: „Ausrichtung nach Osten, nach Jerusalem, zum Ort von Kreuzigung und Auferweckung Jesu hin. Orientierung bedeutet also: Ausrichtung auf den Ursprung und Kern des Glaubens" (*Wolfgang Huber*).

In Jesus erstrahlt das göttliche Licht auf nicht zu überbietende Weise (8,12-20; 9,5). Was dieser Offenbarung widerspricht, ist folglich nicht göttlich. Dazu zählt nicht zuletzt Gewalt (vgl. 8,20.44; 9,34).

In der Begegnung mit dem Licht der Welt kommt der Blindgeborene Schritt für Schritt zum Glauben (9,17.28.33.38), der auch zum Bekenntnis führt. Der geschenkte Glaube an Jesus ist das eigentliche Werk (opus proprium) Gottes, das Gericht durch selbstverschuldeten Unglauben als Schattenseite (vgl. 9,39-41) sein fremdes Werk (opus alienum).

In dieser theologischen Aussage lässt sich die bewusst im Anklang zu Joh 3 und 6 gestaltete

Darstellung in 8,12-9,41 bündeln. Denn die Liebe ist Gottes Wesen (vgl. 3,16), das durch seinen Zorn verhüllt wird (vgl. 3,36). Die Enthüllung des göttlichen Wesens ereignet sich nicht primär durch Nachdenken, sondern in der Nachfolge und im Dialog mit Jesus. Das ist der Weg, um zu erfahren: Gott ist in ihm (vgl. 14,4-6).

Das Bildnetz Licht

Das Besondere der Licht-Finsternismetaphorik besteht darin, dass sie die Leserin, den Leser, „der zur Begegnung bereit ist, aus dem Dunkel und Zwielicht seines menschlichen Daseins in den Lebensraum des christlichen Glaubens, hin zum Licht des Lebens zieht" (*Otto Schwankl*). Das illustriert das Bildnetz Licht, das – anders als die Brotmetaphorik – im gesamten ersten Teil des Evangeliums zu finden ist (Joh 1-12). Die Grundlegung erfolgt in Anspielung auf die Schöpfungsgeschichte im Prolog.

Schon der präexistente Logos ist das „Licht der Menschen" (1,4), das „Licht, das in der Finsternis scheint" (1,5) und von ihr nicht ergriffen wird. Im Prolog werden die LeserInnen auch auf die Rolle des Täufers eingestimmt (1,6-8; vgl. 1,15). Ihm wird in einem ersten Schritt die Rolle des Christuszeugen zugewiesen (1,6f). In einem zweiten Schritt wird eine Gleichsetzung seiner Person mit dem Licht abgewiesen (1,8; vgl. 1,15; 3,22-28). Denn Christus war als das „wirkliche Licht" (1,9) in der Welt, ohne von ihr erkannt zu werden (1,10f).

Der Licht-Finsternis-Dualismus aus 1,1-18 wird am Ende der nächtlichen Begegnung zwischen Jesus und Nikodemus in 3,19-21 erstmals wieder aufgenommen. Die Menschen lieben unbegreiflicherweise die Finsternis mehr als das Licht (3,19), sie sind geradezu lichtscheu, damit ihre bösen Werke nicht ans Licht kommen (3,20).

Wer dagegen die Wahrheit tut, kommt zum Licht (3,21). Durch diese metaphorische Darstellung wird Nikodemus animiert, aus der Nacht (vgl. 3,2) zum Licht zu kommen. Nach den Ich-bin-Worten in 8,12 und 9,5 wird der Gedanke des Wandels im Licht im Kontrast zum Umhergehen bei Nacht in 11,9f eingespielt und in 12,35f in Gestalt einer dringenden Einladung fortgeführt: „Nur noch eine kurze Zeit ist das Licht bei euch. So wandelt, solange ihr das Licht habt. Denn wer in der Finsternis wandelt, weiß nicht, wohin er gerät. Solange ihr das Licht habt, glaubt an das Licht, damit ihr Söhne des Lichts werdet!"

Die Gefahr des Rückfalls in die Verstrickungen diesseitiger Sehnsüchte besteht auch für die Glaubenden. Deshalb werden sie aufgerufen, weiterhin an den zu glauben, der die Erfüllung der menschlichen Sehnsucht nach Klarheit und Orientierung ist. Wirkungsvoll wird zum Abschluss des öffentlichen Wirkens in 12,46 noch einmal resümiert: „Ich bin als Licht in die Welt gekommen, damit jeder, der an mich glaubt, nicht in der Finsternis bleibe."

Im zweiten Teil des Evangeliums kommt die Lichtsymbolik indirekt zur Sprache. Judas trennt sich von Jesus und geht in die Nacht (13,30) hinaus. Er begibt sich damit in den Bereich der Gottesferne. In Entsprechung zur Dramaturgie der Seewandelgeschichte (6,16-21), befindet sich Maria Magdalena nach dem Weggang von Jesus zunächst in der Finsternis (20,1; vgl. 6,17). Das Dunkel lichtet sich, als sie am Grab dem Auferstandenen begegnet (20,11-18; vgl. 6,19-21). Die Tür zum Leben tut sich für sie auf.

> **Ein Feuer ist die Thora, und sie wurde im Feuer gegeben. Wenn man zu nahe ist, wird man verbrannt, wenn man zu weit weg ist, friert man. Was also ist zu tun? Wärme dich selbst durch das Licht.**
>
> *Mechiltazu Ex 19,18*
>
> (aus: Die Weisheit des Judentums: Gedanken für jeden Tag des Jahres. *Hrsg. von Walter Homolka und Annette Böckler.* © by Gütersloher Verlagshaus, Gütersloh, in der Verlagsgruppe Random House, München)

Gedanken und Texte zum Nachdenken und Besprechen

- *Licht*
  Als bliebe es so für immer:
  Das Licht und wieder das Licht,
  wie es leuchtet in jedem Gesicht,
  leuchtet mit einem Schimmer
  aus einer helleren Welt
  als der uns'ren mit ihrem Dunkel:
  Licht, das mit seinem Gefunkel
  die irdischen Schatten erhellt,
  noch einen Abschied wie Sterben.
  Es leuchtet als Überleben.
  Ich seh' es, sehe sein Schweben
  über allen irdischen Scherben.

  Karl Krolow

  (aus: Gesammelte Gedichte. Vier Bände.
  © Suhrkamp Verlag, Frankfurt/Main 1997)

- Wir haben verlernt,
  die Augen auf etwas ruhen zu lassen.
  Deshalb erkennen wir so wenig.

  Jean Giono

- Lach nur, ja, lach nur über die Träume,
  die ich träumend erzähle.
  Lach nur, denn ich glaube an den Menschen,
  immer noch glaube ich an dich.
  Immer noch strebt meine Seele nach Freiheit,
  ich habe sie noch nicht
  an das goldene Kalb verkauft.
  Immer noch glaube ich an den Menschen,
  an seinen Geist, seinen starken Verstand.
  Lach nur, denn ich glaube an die Freundschaft,
  ich glaube immer noch,
  dass ich ein Herz finden kann,
  ein Herz, das meine Hoffnung
  zu seiner Hoffnung macht,
  das Glück mitempfindet und Schmerzen versteht.
  Auch an die Zukunft glaube ich –
  Sei er auch noch so fern, der Tag wird kommen,
  an dem man nach Frieden strebt
  und eine Nation die andere segnet.
  Dann wird auch mein Volk wieder blühen
  und eine neue Generation
  wird im Land erstehen.
  Die Eisenketten wird man von ihr nehmen
  und ein Auge sieht im anderen das Licht.

  Saul Tschernikowsky

  (aus: Die Weisheit des Judentums: Gedanken für jeden Tag des Jahres. *Hrsg. von Walter Homolka und Annette Böckler.* © by Gütersloher Verlagshaus, Gütersloh, in der Verlagsgruppe Random House, München)

- Was angeschaut werden kann, ist der Sprache überhoben, über sie hinausgehoben. Das Licht redet nicht, es leuchtet. Es verschließt sich mitnichten etwa in sich selbst; es strahlt ja nicht nach innen, sondern nach außen. Aber sein Ausstrahlen ist auch nicht ein Sichselberpreisgeben, wie es die Sprache ist; das Licht verschenkt, veräußert sich nicht wie die Sprache, wenn sie sich äußert, sondern es ist sichtbar, indem es ganz bei sich selber bleibt; es strahlt eigentlich nicht aus, es strahlt nur auf.

  Franz Rosenzweig

  (aus: Die Weisheit des Judentums: Gedanken für jeden Tag des Jahres. *Hrsg. von Walter Homolka und Annette Böckler.* © by Gütersloher Verlagshaus, Gütersloh, in der Verlagsgruppe Random House, München)

- Christus – das Licht der Welt. Wo lasse ich den „Brei" auf meinen Augen, versäume das Abwaschen und bleibe blind? Was in mir verhindert, dass ich dies Leben erhellende Licht in mich hinein lasse?

- Christus – das Licht der Welt – nicht ein Licht, sondern das Licht der Welt. Wie nehme ich die Menschen wahr, die sich diesem Licht verweigern?

- Diejenigen, die Christus nachfolgen, werden „das Licht des Lebens haben". Was bedeutet mir das als Christus-NachfolgerIn? Wie nimmt das in meinem Leben Gestalt an? Wie wirkt es sich auf meinen Umgang mit Menschen aus, die keinen Zugang zu Jesus Christus haben oder ihn in seinem Anspruch ablehnen?

- Bartimäus (Mk 10,46ff) schreit um Jesu Erbarmen und bittet ihn, wieder sehend zu werden. Er geht auf Jesus zu und wird von ihm geheilt. Der Blindgebo-

> Woher wüssten wir, wie wir leben sollen, wenn wir nicht an etwas glaubten, das größer ist als wir? Wer würde uns lehren zu leben? Wer sagt dem Baum, wann die Zeit da ist, seine kleinen Blätter auszutreiben? Wer sagt diesen Drosseln da, dass es warm geworden ist und sie wieder nach Norden fliegen können? Vögel und Bäume hören auf etwas, das weiser ist als sie, von sich aus würden sie es niemals wissen.
>
> *Chiparopai, eine Yuma-Indianerin*

rene in Joh 9 unternimmt nichts, um die Aufmerksamkeit auf sich zu lenken. Er wird von Jesus wahrgenommen und bekommt das Licht geschenkt. Das einzige, was er tun muss, ist, den Brei abzuwaschen. Er tut es und wird sehend – zwei Sinnbilder, wie das Licht Christi in unser Leben gelangt?

● Den „Himmel" bekomme ich geschenkt, dass er sich als Lebenshorizont in mir ausbreitet, dafür tue ich auch etwas – zum Beispiel den Brei abwaschen.

Bausteine zur Gestaltung

Wer mit einem Kurzfilm einsteigen will, sei auf **Dangle** von *Philipp Trail*, Deutschland / Großbritannien 2003, 6 Minuten, farbig, Kurzspielfilm, hingewiesen.

● *Gestaltete Mitte:*
Auf erdfarbenen Tüchern liegt eine Weltkarte. Darauf steht eine Osterkerze. Um die Kerze herum ist der Spruch gelegt: Christus spricht: Ich bin das Licht der Welt.
* Was löst dies Bild in Ihnen an Gedanken und Gefühlen aus?

● In Einzelarbeit bedenken die TeilnehmerInnen:
* „Da ist mir ein Licht aufgegangen"; „Da wurden mir die Augen geöffnet" – welche Situationen, Begegnungen aus meinem Leben fallen mir dazu ein?
Oder:
Dinge, Begegnungen, Menschen, mich selbst in einem neuen Licht sehen – wer oder was hat mich dazu gebracht? Danach erfolgt ein Austausch in Kleingruppen.

● In Kleingruppen tragen die TeilnehmerInnen zusammen, welche biblischen Sprüche ihnen zum Thema Licht einfallen und überlegen, welche Aussagetendenzen darin erkennbar werden. Die Ergebnisse werden im Plenum vorgestellt.

● Die TeilnehmerInnen bedenken zunächst: Was ist meine schönste Lichterfahrung? Welche Gedanken und Gefühle bewegen mich, wenn ich an sie denke? Dann tauschen sie sich darüber in Kleingruppen aus.

● Die Teilnehmerinnen tragen ihre Gedanken und Einfälle zu „etwas, jemanden aus einem bestimmten Blickwinkel sehen" zusammen und erörtern die Chancen und Grenzen dieser Sichtweise.

● *Fragen zur Texterschließung:*
* Welche Personen bzw. Gruppen agieren im Text?
* Was sagt Jesus über sich selbst?
* Wie reagieren die Pharisäer auf die Aussagen Jesu?
* In welchem Licht sehen die Jünger den Blindgeborenen?
* Wie sieht Jesus den Blindgeborenen?
* Worin sehen Sie Verbindungslinien zwischen Jesu Selbstaussage in 8,12 und der Heilung des Blindgeborenen?

● *Impulse für ein Plenumsgespräch:*
* In Jesus das Licht des Lebens haben – was bedeutet mir diese Aussage für mein Leben?
* In Jesus Gott erkennen (8,19) – was bedeutet mir diese Aussage im Blick auf Jesus?
* „Gottes Wort ist wie Licht in der Nacht" – welche Erfahrungen verbinde ich damit?

● In Einzelbesinnung bedenken die TeilnehmerInnen:
* Wofür sind mir durch Jesus Christus die Augen geöffnet worden?

* Inwiefern kann ich die dunklen Seiten in meinem Leben neu wahrnehmen und mit ihnen anders umgehen, wenn ich sie im Licht Jesu betrachte?

Nach der Besinnung können die TeilnehmerInnen ein Teelicht anzünden, es in die Mitte stellen und dabei ihre Gebetsanliegen still oder sprechend vor Gott bringen.

● Wer den Abend mit einer Bildbetrachtung schließen möchte, sei auf das Bild aus der Kirche in Ornbau und die Betrachtung von *Jörg Meuth* hingewiesen (s. u. S. II).

Literaturhinweis

Einen Vorschlag für einen Hauskreisabend zu „Ich bin das Licht" finden Sie in: „Alles hat seine Zeit. Hausgebete zum Jahr 2000", Heft 1, S. 4-7 (s.o. Literaturempfehlungen).

Lieder

Wie schön leuchtet	EG 70/GL 554
O Jesu Christe, wahres Licht	EG 72/GL643
Du Morgenstern, du Licht vom Licht	EG 74
Sende dein Licht und deine Wahrheit	EG 172
Der du in Todesnächten	EG 257
Sonne der Gerechtigkeit	EG 262/GL 644
Strahlen brechen viele	EG 268
„Mir nach", spricht Christus	EG 385/GL 616
Erneure mich, o ewigs Licht	EG 390
Ich will dich lieben	EG 400,1.4.5.7/GL 558
Stern, auf den ich schaue	EG 407
Christus, das Licht der Welt	EG 410
So lang es Menschen gibt	EG 427/GL 300
Du höchstes Licht	EG 441/GL 557
Licht, das in die Welt gekommen (württ. Anhang)	EG 592
Meine Hoffnung und meine Freude (bayer. Anhang)	EG 697
(württ. Anhang)	EG 576
Oculi nostri ad Dominum Deum (bayer. Anhang)	EG 699
(württ. Anhang)	EG 787.6
O Licht der wunderbaren Nacht	GL 208
Alles Leben ist dunkel	GL 552
Morgenstern der finstern Nacht	GL 555

III Johannes 10,1-10

Kommen und gehen

Auslegung

In die Jesusrede 10,1-18 sind gleich vier Ich-bin-Worte mit der Tür- und Hirtenmetaphorik integriert. In 10,1-5 werden beide Bildfelder eingeführt. Charakteristisch für die johanneische Kompositionstechnik werden – wie in einem Musikstück – verschiedene thematische Aspekte miteinander verwoben. Nach einem Erzählerkommentar in 10,6, geht es in 10,7-10 vorrangig um das Bild der Tür und in 10,11-18 mit der Wiederaufnahme in 10,27-30 schwerpunktmäßig um das Bildfeld des Hirten.

Tür – Zugang zum Leben

Die Tür ist ein Symbol, das die menschliche Sehnsucht nach dem Zugang zum Geheimnis göttlichen Lebens anspricht. Sie spielt in Märchen und Träumen eine bedeutende Rolle (*Anselm Grün*). Verschlossene Türen geben Rätsel auf und wecken Neugier. Im Märchen von Ali Baba und den vierzig Räubern ist „Sesam, öffne dich!" die Zauberformel, mit der man in den Berg hineinkommt, in dem die Räuber ihre Schätze verstecken. Es ist ein Albtraum, vor verschlossenen Türen zu stehen, weil man den Schlüssel vergessen oder verloren hat. Im übertragenen Sinn kann mit der Tür auch der Zugang zu uns selbst, zu unserem Inneren gemeint sein. Das bringt beispielsweise das Adventslied „Macht hoch die Tür" zu Gehör (EG 1,5): „Komm, o mein Heiland Jesu Christ, meins Herzens Tür dir offen ist." In dieser Strophe klingt Offb 3,20 an: „Siehe, ich stehe vor der Tür und klopfe an. Wenn jemand meine Stimme hören wird und die Tür auftun, zu dem werde ich hineingehen und das Abendmahl mit ihm halten und er mit mir."

Die Symbolkraft der Tür zeigt sich auch in einer Reihe von Redewendungen. Es ist angenehm, wenn sich uns Türen auftun, uns alle Türen offen stehen, wenn wir überall offene Türen finden. Unangenehm ist es dagegen, wenn wir vor die Tür gesetzt werden oder hinter verschlossenen Türen Angelegenheiten verhandelt werden, die uns betreffen. Manchmal ahnen wir auch, wenn etwas Unerfreuliches vor der Tür steht. Ärgerlich ist, wenn jemand immer mit der Tür ins Haus fällt oder zwischen Tür und Angel Dinge besprechen will, die Zeit brauchen.

In der Religionsgeschichte ist die Tür Sinnbild des Übergangs zwischen zwei Bereichen, zwischen Diesseits und Jenseits, profanem und heiligem Bereich. Nach altorientalischer Vorstellung haben Himmel und Unterwelt Tore. In den Pyramiden wird der Durchgang von der Vorkammer zur Sargkammer oft als „Tor der Nut" (= Himmelstor) bezeichnet. Mit Janus hatten die Römer einen eigenen Gott des Durch- und Übergangs.

Tür in der Bibel

Die Tür kann für das ganze Haus, die ganze Stadt stehen. Die Tore Zions stehen als Teil für das Ganze (pars pro toto) für die Gottesstadt (Ps 87,2). Torhüter wachen an den Toren der Stadt (2. Kön 7,10) und des Tempels (Esr 2,42; 1. Chr 23,5) sowie am Eingang des königlichen Palastes (Est 2,21).

Auch reiche Privathäuser werden bewacht. Dieser Dienst wird von Sklaven (Mk 13,34) oder Sklavinnen (Joh 18,16; vgl. Apg 12,13) ausgeübt. Wer von der Gemeinschaft ausgeschlossen war, musste außerhalb des Tors leben (2. Kön 7,3; vgl. Lk 17,11-19). Jesus musste vor den Toren Jerusalems leiden (Hebr 13,12f).

Die verschlossene Tür kann auch positive Bedeutung haben. Im Buch des Propheten Hese-

© Thomas Plaßmann

kiel ist davon die Rede, dass niemand durch die verschlossene Tür des Tempels hindurchgehen darf, weil Gott selbst durch dies Tor Einzug gehalten hat (Hes 44,1-3). Das heißt, dass er sein Volk nie wieder verlassen wird. Die verschlossene Tür im Gleichnis von den zehn Jungfrauen (Mt 25,1-13) bedeutet für die, die draußen stehen, Ausschluss von der himmlischen Hochzeit. Daher gilt es, angesichts der bevorstehenden Wiederkunft Jesu, wachsam zu sein, um nicht vor verschlossener Tür zu stehen (Mt 25,10-13; vgl. 24,33; Mk 13,29; Lk 13,24f; Jak 5,9; Offb 21,27).

In den synoptischen Auferstehungserzählungen und in der Apostelgeschichte spielt das in der gesamten antiken Umwelt geläufige Motiv der wunderbaren Türöffnung eine wichtige Rolle. Durch die Auferweckung befreit Gott Jesus aus Grab und Tod. Darauf weist der von der Tür des Grabs weggewälzte Stein hin (Mk 15,46; 16,3f; Mt 27,40; 28,2). In der Apostelgeschichte wird erzählt, wie Gott seine Boten legitimiert, indem er sie aus dem Gefängnis befreit (Apg 5,19.23; 12,6; 16,26). Durch ihren Dienst öffnet Gott den Heiden die Tür zum Glauben (Apg 14,27). Auch Paulus selbst spricht davon, dass ihm Gott – trotz großer Widerstände – eine Tür aufgetan hat, um wirksam verkündigen zu können (1. Kor 16,9; 2. Kor 2,12; vgl. Kol 4,3).

Im letzten Buch der Bibel wird das Bild der Tür im Sendschreiben an die Gemeinde in Philadelphia mit dem Symbol des Schlüssels verknüpft. Jesus hat als Weltenrichter die Schlüsselgewalt (Offb 3,7f; vgl. Mt 16,13-20). Wenn er eine Tür aufgetan hat, kann niemand sie zuschließen. Nur im Johannesevangelium wird das Bild der Tür direkt auf Jesus bezogen.

Kontext und Komposition

Die Erzählung der Heilung des Blindgeborenen endet in 9,41 etwas unvermittelt. An die Stelle der sie prägenden Licht-Finsternis-Metaphorik treten in der mit 10,1 beginnenden Jesusrede die Bildfelder der Tür und des Hirten. Erst in 10,19-21 wird wieder explizit auf die Blindenheilung Bezug genommen. Sie ist allerdings auf hintergründige Weise mit 10,1-18 verbunden.

Zeit- und Ortsangaben

Wie bereits erwähnt, ist die Passage 7,1-10,22 in den Zeitrahmen zwischen Laubhüttenfest und Tempelweihfest gestellt, wobei sich Jesus in 9,1-10,21 irgendwo in Jerusalem aufhält. 10,22f ist eine neue szenische Einleitung. Beim Tempelweihfest (10,22) bewegt sich Jesus in der Halle Salomos (10,23). Der nächste Ortswechsel erfolgt in 10,40. Jesus zieht sich aufgrund der zugespitzten Situation an die Taufstelle jenseits des Jordans zurück (vgl. 1,28).

Personen

Jesus spricht von 9,40-10,18 zu den Pharisäern (9,40). In dieser Rede kommt die vorangegangene Heilung verdeckt zur Sprache. Dass die Pharisäer explizit nur in 9,40 genannt werden, deutet darauf hin, dass in 10,1-18 das Einzelgeschehen in 9,1-41 generalisiert und leserorientiert dramatisiert wird. Nach dem Verhör des Blindgeborenen (vgl. 9,18.22) treten die Juden in 10,19-39 wieder als Opponenten Jesu auf. Die Offenbarungsrede in 10,25-30, in der Jesus auf die Bildrede 10,1-18 zurückgreift, führt zu einer massiven Konfrontation (10,31-39).

Sprecherwechsel

Während die in 10,1-18 fortgeführte Auseinandersetzung mit den Pharisäern stark monologisch strukturiert ist, haben die sich in 10,19-21 und 10,22-39 anschließenden Kontroversen unter den Juden bzw. mit Jesus eher dialogischen Charakter. Das führen folgende Sprecherwechsel vor Augen:

10,1-18:	10,1-5	Rätselrede Jesu
	10,6	Erzählerkommentar
	10,7-18	Fortsetzung der Jesusrede
10,19-21	10,19	Wirkung auf die Juden
	10,20f	Streitfragen der Juden
10,22-39:	10,22-24a	Szenischer Rahmen
	10,24b-30	Aufforderung der Juden – Jesusrede

10,31f	Nonverbale Reaktion der Juden – Jesusrede	
10,33-38	Verbale Reaktion der Juden – Jesusrede	
10,39	Erzählerischer Abschluss	

Durch den Erzählerkommentar in 10,6 wird 10,1-18 in eine Rätselrede (10,1-5) und deren Auflösung durch vier Ich-bin-Worte Jesu gegliedert (10,7-18). Diese Rede führt zu einer erneuten Spaltung unter den Juden (10,19-21). Daraufhin kommt es zu einer dramatischen Auseinandersetzung zwischen ihnen und Jesus im Tempel (10,22-39).

Einzelexegese

Tür und Hirte (10,1-5)

Gleich zu Beginn der Jesusrede wird das neue Bild der Tür in Verbindung mit dem dominierenden Bildfeld des Hirten auf noch rätselhafte Weise eingeführt. Wie die Lebensbrotrede (6,26f), wird auch diese Offenbarungsrede mit einem feierlichen Amen-Amen-Wort eingeleitet. Ausgangspunkt der Bildrede ist eine aus dem Hirtenleben entnommene Erfahrung. Wer nicht durch die Tür in den Hof der Schafe gelangt, erweist sich als Dieb und Räuber (10,1; vgl. 10,8.10; 12,6; 18,40). Dagegen wählt der rechtmäßige Hirte den legitimen Zugang durch die Tür (10,2). Daher wird ihm vom Türhüter (10,3a; vgl. 18,16f; Mk 13,34), der die Herde als Unterhirte bewacht, Einlass gewährt. Die Figur des Türhüters wird im weiteren Verlauf nicht näher gedeutet.

Die Tür hat als Zu- und Ausgang eine wesentliche Funktion. Sie ist für die Schafe offen, um in den Schutzraum zu gelangen. Sie sind geschützt, weil die Tür nur für den rechtmäßigen Hirten geöffnet wird. Zugleich eröffnet sie ihnen einen Ausgang, durch den sie auf die Weide kommen. Für den Hirten ist ein Dreischritt kennzeichnend: Er ruft die Schafe mit Namen, führt sie hinaus und geht ihnen voran (10,3). Entsprechend reagieren die Schafe dreifach: Sie hören seine Stimme, folgen ihm und kennen ihn (10,4). Sie haben ein sehr gutes Gedächtnis.

Im Blick auf die Gemeinde, dürfte damit das Vertrautsein mit dem Johannesevangelium gemeint sein, in dem die Stimme Jesu zu vernehmen ist. Dies „zarte Hauptevangelium" aus der Feder des „größten Evangelisten" (*Martin Luther*) eignet sich nicht für eine fast-food-Lektüre. Lieblingsbeschäftigung der Schafe ist das Wiederkäuen. Es ist ein eindrückliches Bild dafür, wie ein mündiger Umgang mit Gottes Wort aussehen kann. Luther gibt den Rat, man solle beim Einschlafen ein biblisches Wort im Herzen wiederkäuen und es sich am Morgen wieder bewusst zu Herzen nehmen.

Schafe haben ein feines Gespür für die Stimme ihres Hirten und können sie von anderen Stimmen unterscheiden. Sie folgen keinem Fremden, sondern fliehen vor ihm, weil sie seine Stimme nicht kennen (10,5). Auch diese Beobachtung aus der Lebenswelt lässt sich auf die durch die Schafe symbolisierte Gemeinde beziehen. Sie schließt sich keinen fremden (Ver)Führern an.

Verhüllung (10,6)

Die Pharisäer können die auf sie als Diebe und Räuber bezogene verhüllende Rede (vgl. 16,25.29) nicht enträtseln. Sie sind blind für den Sinn der Jesusrede. Sie sind blinde Blindenführer (Mt 23,13.15), die in der Finsternis wandeln (vgl. 8,12; 9,39-41) und sich lieblos gegenüber dem Blindgeborenen verhalten. Dagegen erkennen die glaubenden LeserInnen in den Schafen sich selbst. Sie wissen von Gott bzw. Jesus als dem Hirten. Er ruft sie, führt sie hinaus und geht voran. Sie hören auf ihn, folgen ihm und kennen ihn.

Die Tür zum Leben (10,7-10)

Auch die Deutung der Rätselrede beginnt mit einem Amen-Amen-Wort (10,7; vgl. 10,1). Es leitet das erste Ich-bin-Wort in 10,1-18 ein:

> „Amen, amen, ich sage euch:
> Ich bin die Tür der Schafe."

Die Genitivaussage „Tür der Schafe" ist bewusst doppeldeutig formuliert. Jesus ist sowohl die

Tür zu den Schafen (10,7f; vgl. 10,2) als auch die Tür für die Schafe (10,9f). Es gibt keinen Zugang zu ihnen an ihm vorbei. Alle, die vor ihm kamen, sind daher Diebe und Räuber, auf die die Schafe nicht hörten (10,8; vgl. 10,1.5). Damit sind freilich nicht alle alttestamentlichen Heilsmittler gemeint. Jesus bezieht sich selbst auf Mose als für ihn zeugenden Propheten (5,45-47). Verstehenshintergrund ist vielmehr die Verurteilung der falschen Hirten in Hes 34. Diese alte Gottesrede legt Johannes Jesus in den Mund, wie überhaupt die johanneischen Jesusreden Johannesreden über Jesus sind. Im nachösterlichen Rückblick kommt in ihm Gott zur Sprache.

Die Kontrastfiguren der Diebe und Räuber können nicht eindeutig identifiziert werden. Es könnte eine zeitgeschichtliche Anspielung auf die Führungselite des jüdischen Volks in Gestalt der Pharisäer als Adressaten der Jesusrede oder die für die Spaltung der johanneischen Gemeinde verantwortlichen Verführer mit Judas als Dieb (vgl. 12,6) vorliegen. Klar ist, dass Jesus als die Tür der exklusive göttliche Lebensbringer ist (vgl. 14,6). Er ist nicht eine Tür neben anderen Türen, sondern die rettende Tür. Er ist „gott-voll". In ihm ist Gott vollkommen da. Durch diese und keine andere Tür kommt Gott zu den Menschen, um ihnen Leben im Vollsinn zu eröffnen. Durch Jesus tritt Gott selbst auf den Plan, um sein Volk zu weiden. Wer diesen Anspruch nicht anerkennt, findet keine Anerkennung als Führungsautorität.

Im zweiten Ich-bin-Wort stellt sich Jesus als Tür für die Schafe vor (10,9):

> „Ich bin die Tür. Wer durch mich hereinkommt, wird gerettet werden, wird ein- und ausgehen und Weide finden."

Eine Tür trennt nicht nur zwei Bereiche. Sie eröffnet auch einen Raumwechsel. Wer auf das Wort Jesu glaubend hört, geht den entscheidenden Schritt vom Tod zum Leben (vgl. 5,24). Denn Jesus ist als die Tür der Zugang zum göttlichen Leben. Diese Tür ist offen. Beim Eintritt durch dieses Hoftor (vgl. 10,1f) wird Rettung zuteil (vgl. Mt 7,13f; Lk 13,24). Wie das Verb hereinkommen signalisiert, dürfte dabei an die Neugeburt durch Glauben und Taufe zu denken sein (3,5). Bezog sich 10,1-5 auf das Bild am Morgen, „nämlich das des ausziehenden Hirten mit seiner Herde, so bringt Vers 9 das Abendbild, nämlich das der Zuflucht und Geborgenheit suchenden, am Abend heimkehrenden, Herde. Wenn sie keinen Einlass in den Stall findet, droht ihr der Tod durch den Wolf, Zerstreuung oder Umherirren in der Schutzlosigkeit der Finsternis" (*Gerhard Maier*). Wer eintritt, erfährt Freiheit in der Herde (vgl. 8,32.36), geht ein und aus. Mit Eingang ist die Heimkehr gemeint, mit Ausgang der Auszug (vgl. Ps 121,8).

Im Vorblick auf die missionarische Dimension in 10,16 könnte das heißen, dass die Gemeinde am Morgen ihrem Auftrag entsprechend hinaus geht und sich am Abend zum Gottesdienst versammelt (vgl. 20,19-23), um auf die Stimme des guten Hirten zu hören (vgl. 10,3f.16.27; 20,19-23). Die Spannungseinheit von Sendung und Sammlung bestimmt den Aufbau des ganzen Evangeliums. Zunächst wirkt Jesus öffentlich (Joh 1-12), dann vertiefend im Jüngerkreis (Joh 13-17).

Der Rhythmus von Öffnen und Verdichten, Kommunikation nach außen und innen kennzeichnet das Leben der Gemeinde, die hier im Bild der Herde beschrieben wird. Die Wendung „ein- und ausgehen" bezieht sich auf das ganze Leben. Alles, was sie tut, wird vom Hirten dieser Herde ermöglicht (vgl. 15,5).

Während „hineinkommen" außer in 10,9 nur in 3,5 vorkommt (Zutritt zum Reich Gottes durch die Neugeburt/Taufe), wird das Verb ausgehen im JohEv mit Ausnahme von 10,9 auf Jesus bezogen. Nach 8,42 ist Jesus vom Vater ausgegangen. Diese Sinnlinie wird in 13,3 ausgezogen: Jesus kommt von Gott und wird zu ihm zurückkehren. Nach 16,27f.30 sowie 17,8 glauben und erkennen die Jünger, dass Jesus von Gott ausgegangen ist. Schließlich geht von seiner Seitenwunde am Kreuz Blut und Wasser aus (19,34). Diese letzte „Ausgehen"-Aussage dürfte eine Anspielung auf die Gabe des Geistes durch den Gekreuzigten sein, die

Voraussetzung für die Sakramente der Taufe und Eucharistie ist. Das Leben kommt aus dem Ewigen, wird zugänglich durch den glaubenden Anschluss an Jesus in Wort und Sakrament und reicht ins Ewige hinein. Der Wiedereintritt Jesu in die himmlische Welt führt dazu, dass die Glaubenden nicht nur in diesem Leben Weide finden, sondern auch nach dem Tod (vgl. 6,39-44.54; 11,1-44; 14,1-14).

„Weide finden" bedeutet, als Volk Gottes überschwänglich beschenkt zu werden (10,10b.28; vgl. Ps 23,2; 28,9; 74,1; 79,13; 95,7; 100,3; Jes 40,11; Hes 34,12-15; Mi 7,14). Das geschieht, indem Jesus die Eingetretenen „auf grüner Weide zu Leben und Überfluss führt" (*Hartwig Thyen*). Er ist die Tür zu dem Lebensraum, wo den Menschen das Leben blüht. Im Kontrast zu ihm, kommt der Dieb, um zu vernichten, zu verführen und zu verderben (10,10a). Im Gegensatz dazu, ist Jesus gekommen, damit die „Schafe seiner Weide" (Ps 74,1; 79,13; 100,3) „Leben haben und Überfluss" (10,10b). Es ist die Erfahrung der Liebe Gottes in Jesus, die Johannes dazu treibt, „von der Unerschöpflichkeit neuen Lebens als gegenwärtiger Größe zu sprechen" (*Michael Theobald*).

Das Konzept des Überfließens der göttlichen Gnade, das Paulus begrifflich entwickelt hat (vgl. Röm 5,15; 15,13), bringt Johannes sonst bildbegrifflich durch überfließen (6,12f) und metaphorisch in den Bildern vom Wein (2,1-11), von der sprudelnden Quelle (4,14; 7,38) und dem Hunger stillenden Brot (6,22-59) zur Sprache. Durch dies sprachliche Netzwerk wird die Prologaussage 1,16 entfaltet, wonach die Beziehung zwischen Gott und Mensch durch die Logik der Gabe ohne Gegengabe bestimmt ist: „Denn aus seiner Fülle haben wir alle empfangen, Gnade um Gnade."

Rückblick

Jesus schenkt göttliches Leben in nicht zu überbietender Fülle. Das wird zunächst in einer Rätselrede angedeutet (10,1-5), die die Pharisäer nicht verstehen (10,6). In einer ersten Deutung dieses Basistextes enthüllt Jesus, dass er selbst die Tür zu Gott und zur Gemeinde ist (10,7-9). Gelenkvers zur Rede vom guten Hirten ist 10,10: Jesus eröffnet Leben im Überfluss (10,10). Durch die Ich-bin-Worte wird der Leser, die Leserin in diesen Raum des Lebens eingeladen. Die Tür ist offen.

Das Bildnetz Tür

Das Stichwort Tür wird in der Passions- und Ostergeschichte (Joh 18-20) wieder aufgenommen. In der tiefgründigen johanneischen Version der Passion hat Petrus – im Unterschied zum Jünger, den Jesus liebte – keinen Zutritt zum Hof des Hohenpriesters, wo der Liebende verhört wird (18,15f). Er steht „draußen vor der Tür" (18,16). Im Licht von 10,1-10 betrachtet, fehlt ihm – textintern vorösterlich – noch der glaubende Zugang zu Jesus. Wie schon bei der Identifizierung des Verräters nach der Fußwaschung (vgl. 13,24f), ist er auf die Vermittlung des Lieblingsjüngers angewiesen, um an der Türhüterin (vgl. 10,3) vorbei in den Innenraum zu gelangen. Nur durch ihn bekommt Petrus Zutritt. Allerdings fehlt ihm noch der Mut zum öffentlichen Bekenntnis. Bevor Jesus ins Kreuzverhör genommen wird, wird Petrus zur Rede gestellt. Die Türhüterin fragt ihn (18,17): „Gehörst du nicht auch zu den Jüngern dieses Menschen?" Auf hintergründig ironische Weise bedeutet diese Frage im Licht von 10,3, ob Petrus zu Jesus als dem Hirten gehört. Zu diesem Zeitpunkt leugnet er es entschieden: „Nein, ich nicht!"

Verschlossene Türen sind für Jesus kein Hinderungsgrund, um zu den Jüngern zu kommen. Das veranschaulichen die letzten beiden Türstellen im JohEv (20,19.26). Nach seiner Begegnung mit Maria Magdalena, die er namentlich kennt (20,16; vgl. 10,3f), kommt der Auferstandene zweimal durch verschlossene Türen zu seinen Jüngern, zu denen auch Petrus zählt. Aus Furcht, von der religiösen Führung in Jerusalem verfolgt zu werden (vgl. 10,8), trifft sich der Jüngerkreis in einem Raum hinter verriegelten Türen. Weil Jesus nicht den Gesetzen der Welt unterworfen ist (vgl. 6,16-21), tritt er in die Mitte seiner Jünger, ohne dass ihm jemand die Türen geöffnet hätte. Auch dieser Erzählzug dürfte symbolisch zu verstehen sein (*Karl Barth*): Da die Menschen von sich aus nicht für den Glauben an Jesus aufgeschlossen sind, geht der auferstandene Christus durch verschlossene Türen.

Gedanken und Texte zum Nachdenken und Besprechen

● Drinnen duften die Äpfel im Spind,
prasselt der Kessel im Feuer.
Doch draußen pfeift Vagabundenwind
und singt das Abenteuer!

Der Sehnsucht nach dem Anderswo
kannst du wohl nie entrinnen:
Nach drinnen, wenn du draußen bist,
nach draußen, bist du drinnen.

Mascha Kaléko

(aus: In meinen Träumen läutet es Sturm.
© 1977 Deutscher Taschenbuch Verlag, München)

● Gott spricht zu seinem Volk: Meine Kinder, öffnet mir euer Herz nur ein wenig und zeigt eine kleine Regung von Umkehr, so öffne ich euch das Tor zu mir, weit und breit, dass alles eintreten kann.

Midrasch Hoheslied 5,2

(aus: Die Weisheit des Judentums: Gedanken für jeden Tag des Jahres. *Hrsg. von Walter Homolka und Annette Böckler.* © by Gütersloher Verlagshaus, Gütersloh, in der Verlagsgruppe Random House, München)

● *Abendgebet für gute Tage*

Ja gesagt
und auch Nein
zur richtigen Zeit

Menschen getroffen
und Heimat gefunden
am richtigen Ort

Arbeit getan
und den Sinn gewusst
Leben geschmeckt
und verstanden
worden
bis in die Tiefe

Den müden Kopf
in Dein Dunkel gelegt
und die offenen Fragen

**Liebes Kind
Wenn du nach Hause
kommen willst
dann komm bei Tag und Nacht
der Tisch ist schnell gedeckt
dein Bett gemacht
ist die Tür verschlossen
und sind wir unterwegs
du kennst
das alte Schlüsselversteck
schlag notfalls ein Fenster ein
der Vater wird dir verzeihn
verzeih auch ihm
sein Zorn ist auch
sein Schmerz
er kann nicht weinen
wenn du wieder
nach Hause kommen willst
dann komm
wir fragen nicht viel
wir warten**

Hedwig Meutzner

an Dein faltiges Herz
ruhewärts

Carola Moosbach

(aus: Himmelsspuren: Gebete durch Jahr und Tag. Neukirchen-Vluyn 2001, S. 16. Rechte bei der Autorin)

● Einfältig wandeln mit deinem Gott – die Worte stehen über dem Tor, dem Tor, das aus dem geheimnisvoll-wunderbaren Leuchten des göttlichen Heiligtums, darin kein Mensch leben bleiben kann, herausführt. Wohinaus aber öffnen sich die Flügel des Tors? Du weißt es nicht? INS LEBEN.

Franz Rosenzweig

(aus: Die Weisheit des Judentums: Gedanken für jeden Tag des Jahres. *Hrsg. von Walter Homolka und Annette Böckler.* © by Gütersloher Verlagshaus, Gütersloh, in der Verlagsgruppe Random House, München)

● *höhle*

dunkel leuchtende höhle
wo wir
wärme suchen und zuflucht
bei feuer und freunden

schöne höhle du gott
in der wir
immer schon gingen
und wussten es nicht

Kurt Marti

(aus: Meergedichte – Alpengedichte.
© Wolfgang Fietkau Verlag, Kleinmachnow)

● Der nächste Weg zu Gott
ist durch der Liebe Tür.
Der Weg der Wissenschaft
bringt dich gar langsam für.

Angelus Silesius

● Eine arme Äpfelhändlerin, deren Stand nah am Hause Rabbi Chajims war, kam einst klagend zu ihm: „Unser Rabbi, ich habe noch kein Geld, um für den Sabbat einzukaufen." „Und dein Äpfelstand?" fragte der Zaddik. „Die Leute sagen", antwortete sie, „meine Äpfel seien schlecht, und wollen keine kaufen". Sogleich lief Rabbi Chajim auf die Gasse und rief: „Wer will gute Äpfel kaufen?" Im Nu sammelte sich die Menge um ihn, die Münzen flogen unbesehen und ungezählt herbei, und bald waren alle Früchte zum doppelten und dreifachen Preis verkauft. „Sieh nur", sagte er zur Frau, als er sich zum Gehen wandte, „deine Äpfel waren gut, die Leute haben es nur nicht gewusst."

Martin Buber

(aus: Die Erzählungen der Chassidim. © 1949 Manesse Verlag, Zürich, in der Verlagsgruppe Random House, München)

● Ein Mönch, der zu Gast im Kloster war, in dem auch Thomas von Aquin lebte, bat den Abt um Erlaubnis, in die Stadt einkaufen gehen zu dürfen. Er erhielt die Genehmigung und die Aufforderung, den erstbesten Mönch, dem er begegnete, mitzunehmen. Im Garten traf er den betenden Thomas von Aquin, und ohne zu wissen, um wen es sich handelte, sagte er zu ihm: „Dein Abt sagt, komm mit." Der Philosoph fügte sich.

Der Mönch war noch jung und lief schnell, so dass Thomas beinahe nicht Schritt halten konnte. In der Stadt erkannten die Bürger den Philosophen und verstanden nicht, dass Thomas von Aquin laut schnaufend hinter so einem Frischling herlief. Als der junge Mönch darauf hingewiesen wurde, wen er da im Schlepptau habe, drehte er sich um und entschuldigte sich kleinlaut. Thomas von Aquin sagte lächelnd: „Gehorsam ist alles."

(aus: Nur einer hat mich verstanden ... Philosophenanekdoten. Ausgewählt und aufgezeichnet von *Frank Schweizer*. Philipp Reclam jun., Stuttgart)

● Jesus weiß, woher er kommt, wohin er geht, wozu er lebt. Weiß ich es auch?

● Jesus ist die Tür, und er öffnet die Tür – zum Leben. Aber wie finde ich unter all den vielen Türen, den geöffneten und den verschlossenen, den schönen und den nicht so schönen, den verlockenden und den unscheinbaren, den geheimnisvollen und den scheinbar nicht zu öffnenden, diese eine Tür zum Leben?

● Was für ein Leben wird mir durch Jesus eröffnet bzw. ist mir durch ihn eröffnet worden?

● Jesus verheißt den Seinen ein Leben in Fülle. Wie erlebe ich diese Verheißung in meinem Leben? Wie wirkt sie sich in meinen Lebensvollzügen aus?

● Jesus als die Tür ist in Joh 10 der Zugang zum Schutzraum (Pferch) und der Ausgang in den Lebensraum (Weide). Die Zugehörigkeit zu Jesus ist durch Bewegung gekennzeichnet. Zum Leben mit ihm gehört das Drinnen und Draußen, der rettende, bergende Schutzraum genauso wie das Hinausgehen in die Welt.
* Inwiefern ist die Gemeinde für mich ein Raum der Ruhe und Besinnung?
* Wie leben wir als Gemeinde diese lebendige Bewegung von „Drinnen nach Draußen" und umgekehrt?

● Christlicher Glaube lebt von den Verheißungen Gottes und wird in unserem Leben durch die Art und Weise lebendig, wie wir unsere Beziehung zu Jesus Christus gestalten. Wie unsere menschlichen Beziehungen durch Ereignisse, Verhaltensweisen und Menschen gefährdet werden können oder zerbrechen, so ist auch unsere Beziehung zu Jesus Christus Gefährdungen ausgesetzt.
* Wer oder was gefährdet, verunsichert meinen Glauben?
* Wodurch sehen wir unsere Gemeinde/Kirche gefährdet?
* Wie gehen wir mit diesen Gefährdungen um?

Bausteine zur Gestaltung

● Wer mit einem Film einsteigen möchte, sei auf **Aufbruch in ein fremdes Land – Migrantinnen erinnern sich** von *Sigrid Sünkler / Dieter Oeckl*, Deutschland 2005, 22 Minuten, farbig, Dokumentarfilm, hingewiesen.

● *Gestaltete Mitte:*
Auf bunten Tüchern liegen verschiedene Bilder von Türen (Haustür, Kirchentür – geöffnet und geschlossen –, Tür mit Notausgangsschild, Brandschutztür, Stalltür …). In der Mitte steht eine brennende Kerze. Daneben befindet sich ein Papierstreifen mit der Aufschrift: Christus spricht: Ich bin die Tür.
* Die TeilnehmerInnen suchen sich ein Türbild aus und besprechen in Kleingruppen, was sie mit „ihrem" Türbild an positiven und negativen Erfahrungen verbinden.

Oder:
Statt verschiedener Türbilder, liegen nur zwei in der Mitte, ein Bild mit einer verschlossenen und eins mit einer geöffneten Tür.
* Die TeilnehmerInnen tauschen sich darüber aus, welche Gedanken und Gefühle diese beiden Bilder in ihnen hervorrufen.

● Die TeilnehmerInnen bedenken zunächst für sich: Wer oder was hat mir einen Zugang zum Glauben, zu Jesus Christus eröffnet? Wer oder was erschwert oder verschließt mir diesen Zugang? Danach erfolgt ein Austausch in Kleingruppen oder im Plenum.

● Als Hinführung zum Text kann der/die LeiterIn den Abschnitt „Tür in der Bibel" (s.o.S.52) referieren oder die verschiedenen Aspekte des Symbols Tür in Kleingruppen erarbeiten lassen. Die Kleingruppen erhalten dabei die Aufgabe, zunächst die „Türaussagen" in Apg 14,27; 1. Kor 16,9; 2. Kor 2,12; Kol 4,3 und Offb 3,8 zusammenzutragen und dann mit denen in Joh 10,1-10 zu vergleichen:
* Welche Gedanken finden sich in Joh 10,1-10 wieder?
* Welche sind neu?

● *Fragen zur Texterschließung:*
* Was wird über die Funktion der Tür in Joh 10,1-10 gesagt?
* „Ich bin die Tür" – was heißt das im Blick auf Jesus?
* Was wird über die Schafe gesagt?
* Wenn Sie Joh 10,1-10 als bildhafte Rede über die Situation der johanneischen Gemeinde lesen, welche Verheißungen und Problemanzeigen entdecken Sie dann?

● *Impulse für ein Plenumsgespräch:*
* „…das Leben und volle Genüge haben" – das verheißt Jesus den Seinen. Was bedeutet Ihnen diese Zusage für Ihr Leben?
* In Joh 10,1-10 wird bildlich auch von den Gefährdungen des Glaubens der Gemeinde gesprochen. Worin sehen Sie diese heute, und wie gehen Sie mit ihnen um?

● Bei besinnlicher Musik bedenken die TeilnehmerInnen:
* Jesus Christus – die Tür zu meinem Leben. Welche Sicht auf mein Leben erschließt sich mir dadurch?

Wie nehme ich dadurch mein Leben, meinen Lebensraum wahr?

● Wer den Abend mit einer Bildbetrachtung schließen möchte, sei auf das Bild aus der Kirche in Ornbau und die Betrachtung von *Jörg Meuth* hingewiesen (s. u. S. III).

Literaturhinweis

Ein Gottesdienstvorschlag zu unserem Text ist zu finden in: Den Schatz heben. Gottesdienste nach biblischen Texten, *hrsg. von Hanna Strack*, München 1992, S. 41-49.

Einen Vorschlag für einen Hauskreisabend zu „Ich bin die Tür" finden Sie in: „Alles hat seine Zeit. Hausgebete zum Jahr 2000", Heft 4, S. 4-7 (s.o. Literaturempfehlungen).

Lieder

Macht hoch die Tür	EG 1
O Heiland, reiß die Himmel auf	EG 7
Tut mir auf die schöne Pforte	EG 166,1.2
Ausgang und Eingang	EG 175
Sonne der Gerechtigkeit	EG 262GL644
Nun saget Dank und lobt	EG 294,1-3/GL 269
Ich steh vor dir	EG 382/GL 621
„Mir nach", spricht Christus	EG 385/GL 616
Jesu, geh voran, auf der Lebensbahn	EG 391
Komm her, freu dich mit uns, tritt ein	GL 519
Eine große Stadt ersteht	GL 642

IV Johannes 10,11-18.27-30

Kennen und halten

Auslegung

Im Unterschied zum Türbild, ist das Bild vom Hirten in unserer Alltagssprache kaum verankert. Der Hirte kommt in unserer Lebenswelt nur noch selten vor, am ehesten noch in der Gestalt des Pfarrers, des Pastors als dem Hirten der Gemeinde. Gelegentlich sind auch noch Gemälde zu sehen, die mit einem Hang zum Kitschigen Jesus als Hirten zeigen und nichts von der anstrengenden, ja lebensgefährlichen Arbeit eines antiken Hirten ahnen lassen.

Die zum Bildfeld des Hirten gehörenden Schafe spielen schon eine größere Rolle. Es gibt Menschen, die sanft sind wie ein Schaf. „Du Schaf!" ist dagegen in aller Regel keine Ehrenbezeichnung. Ebenso ist es keine Auszeichnung, das schwarze Schaf zu sein. Und für viele wird es immer schwerer, ihre Schäfchen ins Trockene zu bringen.

Die meisten Menschen der Antike hatten einen direkten Zugang zum Bild des Hirten. Hirten waren im Berufsalltag eine feste Größe. Ihre Aufgabe war es, für das Wohl ihrer Herde zu sorgen und sich für sie auch in Todesgefahr zu begeben. Der metaphorische Gebrauch war daher naheliegend. Mit dem Bild des Hirten verband sich die tiefe Sehnsucht nach Führung, nach Orientierung, Fürsorge und Schutz, nach heiler Welt. Daher verwundert es nicht, dass Hirt und Herde in den frühen orientalischen Kulturen ein Bild für die Beziehung der Gottheit zu den Menschen war.

Dies Bild gehört zur Herrschaftsmetaphorik. Bereits in Sumer, Babylonien und Assyrien ist Hirt Beiwort des Herrschers, der seine Untertanen weidet. In den Hirtenkulturen entwickelten sich besondere Hirtengötter, z.B. Amun, Anubis (Ägypten), Attis (Phrygien) und Hermes. Er ist in

© Johann Mayr

charakterisiert. Er soll sich gerecht und gesetzesgemäß um sein Volk kümmern wie ein Hirte um die ihm anvertrauten Schafe. Die Vorstellung vom guten Hirten prägte Herrscher von den Pharaonen bis zu den römischen Kaisern. Die Sehnsucht Ägyptens, Griechenlands und Roms, die im Symbol des Hirten zur Sprache kommt, ist auch die Sehnsucht Israels und des frühen Christentums.

Hirte in der Bibel

Das Hirtenbild nimmt in der Bibel einen herausragenden Platz ein. Israel war in seiner Frühzeit vor allem ein Volk von Hirten. Abel, Abraham, Isaak und Jakob waren Hirten. Jakob spricht Josefs Söhnen den Segen des Gottes zu, „der mein Hirte gewesen ist mein Leben lang bis auf diesen Tag" (Gen 48,15; vgl. 49,24). Zu den zahlreichen Titeln Moses zählt auch der des Hirten. In Jes 63 erinnert sich das Volk Gottes an die großen Rettungen zur Zeit Moses und fragt (Jes 63,11; vgl. Ps 74,1; 77,21): „Wo ist denn nun, der aus dem Wasser zog den Hirten seiner Herde?" Für Mose muss sein Nachfolger ein Mann sein, der so leitet, dass „die Gemeinde des Herrn nicht sei wie die Schafe ohne Hirten" (Num 27,17). Der berühmteste Hirte war David (vgl. 1. Sam 16,11.19; 17,15.28.34f.40; 2. Sam 7,8; Ps 78,70-72). Sein Hirtendienst hatte nichts mit harmloser Hirtenromantik zu tun, sondern mit Verantwortung und Hingabe. Die bekannteste Hirtenstelle dürfte Ps 23,1 sein. Von ihr sagt der berühmte Philosoph *Immanuel Kant*: „Alle

der griechischen Götterwelt u.a. für die herumziehenden Hirten und Händler zuständig. Die Gestalt des guten Hirten wird von dem göttlichen Sänger Orpheus verkörpert, der mit seinem Gesang wilde Tiere zähmte und Tote wieder lebendig machte. Herrscher, die ihre Macht missbrauchen, werden von *Platon* (427-347) scharf kritisiert. Sie schmücken sich mit dem Namen Hirte und haben nur ihren Nutzen im Auge. Es wäre daher absurd zu denken, sie hätten das Wohl der Schafe im Blick.

Dass das Hirtenmotiv aus der griechischen wie auch der römischen Literatur nicht wegzudenken ist, zeigen etwa *Theokrit* (etwa 300-260), der Begründer der Schäferdichtung, *Vergil* (70-19), der zehn Hirtengedichte schrieb, und *Dion von Prusa* (Chrysostomos) (etwa 40-120), der in vier Reden das Wesen des wahren Herrschers

Bücher, die ich gelesen habe, haben mir den Trost nicht gegeben, den mir dies Wort der Bibel gab: ‚Der Herr ist mein Hirte, mir wird nichts mangeln.'"

Dieser Vertrauenspsalm, der David zugeschrieben wird, erzählt von Gott als dem guten Hirten, der sein Schaf „auf rechter Straße führt" (Ps 23,3), es weidet, zum frischen Wasser führt, im dunklen Tal nicht allein lässt, ihm gegenüber Feinden den Rücken deckt, es mit Essen und Trinken versorgt. Wer einen so guten und barmherzigen Hirten hat, bleibt gern „im Hause des Herrn immerdar" (Ps 23,6). Außer in Ps 23, wird das Bildfeld des Hirten beispielsweise auch in Ps 28,9; 80,2; 95,7; Jes 40,11; Jer 31,10 und Hes 34,15 auf Gott bezogen. Er weidet als „Hirte Israels" (Ps 80,2) sein Volk (vgl. Ps 28,9), „das Volk seiner Weide" (Ps 95,7), bzw. er wird wie ein Hirte seine Herde weiden (vgl. Jes 40,10f; Jer 31,10; Hes 34,15).

Diesen fürsorglichen Hirtendienst mit Leitungsverantwortung vertraut Gott Menschen an. Die damit verbundene Macht kann natürlich auch missbraucht werden: Leben auf Kosten der Herde, Vernachlässigung der Fürsorge, harte Machtkämpfe. Dieser Missbrauch durch die Hirten Israels wird bei Jesaja (Jes 56,9-12), Jeremia (Jer 23,1-6), Sacharja (Sach 11,4-17) und Hesekiel (Hes 34,1-10) unmissverständlich beim Namen genannt. Hesekiel zufolge ist die Zeit der schlechten Hirten Israels vorbei. Denn Gott entzieht denen die Hirtenwürde, die sich selbst weiden. Er selbst will sich um seine Herde kümmern (Hes 34,11-31), wird Hirten bestellen, die sie mit Einsicht und Verstand weiden (Hes 34,16-24).

Diese Verheißung spitzt sich dann auf einen Hirten zu. Gott wird „einen einzigen Hirten erwecken, der sie weiden soll, nämlich meinen Knecht David. Der wird sie weiden und soll ihr Hirte sein" (Hes 34,23; vgl. Mi 5,3). Israel und Juda werden zu einem Volk unter einem Hirten werden (Hes 37,22-24). Allerdings wird dieser messianische Hirte von seinem Volk nicht nur abgelehnt, sondern am Ende sogar getötet werden (Sach 13,7). Dies Unheil wird aber in Heil verwandelt werden. Es wird ein Volk Gottes entstehen, das diesen Namen zu Recht trägt (Sach 13,8f; vgl. Mk 14,27f; Joh 10,11).

Wie im Alten wird auch im Neuen Testament Hirte vorrangig metaphorisch gebraucht und sowohl auf Gott bzw. Jesus als auch auf Menschen mit Leitungsfunktion bezogen. Im Lukasevangelium erweist sich Gott als Gott der kleinen Leute. Dazu zählten in der damaligen Gesellschaft die Hirten. Ausgerechnet ihnen wird die Ehre zuteil, zuerst von Jesu Geburt zu erfahren (Lk 2,8-20).

Auf Gott bzw. Jesus wird das Hirtenbild im Gleichnis vom verlorenen Schaf übertragen (Lk 15,4-7). Jesus hat den göttlichen Auftrag, das Verirrte zurückzubringen (vgl. Lk 19,10). Im Thomasevangelium heißt es von ihm (Logion 107): „Er ließ die neunundneunzig und suchte nach diesem einen, bis er es fand. Als er sich abgemüht hatte, sagte er zu diesem Schaf: Ich liebe dich mehr als die neunundneunzig."

In den Evangelien von Matthäus und Markus wird ebenfalls betont, dass Jesus zu den verlorenen Schafen gesandt ist (vgl. Mt 15,24; Mk 6,34; vgl. 1. Kön 22,17).

An vier Stellen wird das Leiten der Gemeinde mit der Tätigkeit eines Hirten verglichen (Joh 21,15-17; Apg 20,28f; Eph 4,11-16; 1. Petr 5,1-4). In der Briefliteratur wird das Hirtenbild auch mit Jesus verknüpft. Er wird als „großer Hirte" (Hebr 13,20), „Hirte und Hüter unserer Seelen" (1. Petr 2,25) und „Erzhirte" (1. Petr 5,4) bezeichnet.

In Offb 7,17 erscheint Jesus als Lamm und Hirte zugleich. Er wird die Vollendeten weiden und leiten. Der richtende Christus wird als Hirte mit Eisenstab auftreten (Offb 2,27; 12,5; 19,15; vgl. Mt 25,32). Im Johannesevangelium liegt der Akzent nicht auf der Zukunft, sondern auf der Gegenwart. In ihr wird das heilvolle Wirken des guten Hirten schon jetzt erfahrbar.

Psalmengesang zur Bibelwoche
Psalm 16

Antiphon

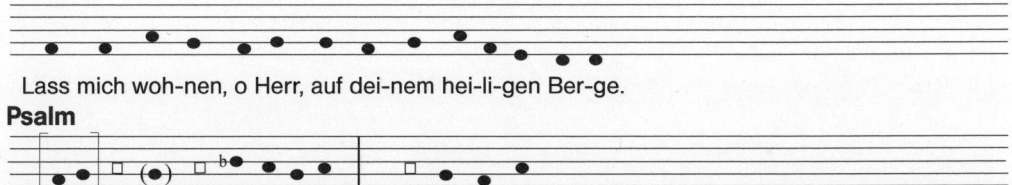

Lass mich woh-nen, o Herr, auf dei-nem hei-li-gen Ber-ge.

Psalm

Behüte mich; Gott, denn ich flüchte zu dir.
Ich sage zum HERRN: „Mein Herr bist du,
mein ganzes Glück bist du allein."

    Über die Heiligen, die im Lande sind, sage ich/
    und über die ‚Herrlichen', die mir so gefielen:
    „Wer einem anderen Gott nachläuft, dessen Schmerzen mehren sich.

Herr, du bist mein Anteil und Becher,
du selber hältst mein Los in der Hand.

    Die Messschnur fiel mir auf liebliches Land:
    ja, mein Erbe gefällt mir.

Ich preise den HERRN, der mir Rat erteilt:
selbst zur Nacht ermahnt mich mein Gewissen.

    Ich stelle mir den Herrn beständig vor Augen;
    er steht mir zur Rechten: – ich werde nicht wanken!

Darum freut sich mein Herz, meine Seele ist fröhlich,
sorglos ruht auch mein Leib.

    Denn du gibst mich nicht preis der Unterwelt,
    deinen Frommen lässt du nicht schauen die Grube.

Du zeigst mir den Weg zum Leben./
Vor deinem Angesicht ist Freude in Fülle,
zu deiner Rechten ist Wonne auf ewig.

Antiphon

Doxologie (auf Psalm-Melodie)
    Ehre sei dem Vater und dem Sohne
    und dem Heiligen Geiste.
Wie im Anfang, so auch jetzt und allezeit
und in Ewigkeit. Amen.

Antiphon

(Aus: Benediktinisches Antiphonale, Münsterschwarzach)

Einzelexegese

Enthüllung (10,11-15)

Nachdem Jesus in 10,7-10 das Bild der Tür gedeutet hat, enthüllt er in 10,11-15 die Hirtenmetaphorik. In 10,11 entschlüsselt er in einem weiteren Ich-bin-Wort das Hirtenbild:

> „Ich bin der gute Hirte.
> Der gute Hirte gibt sein Leben für die Schafe."

Der bestimmte Artikel der und das Adjektiv gut sind deutliche sprachliche Lenkungssignale. Sie zeigen: Er ist nicht irgendein Hirte, sondern der verheißene messianische gute Hirte des Volkes Gottes (vgl. Hes 34,23).

Den mit dem Alten Testament vertrauten LeserInnen wird klar: In Jesus begegnet der Gott des Vertrauenslieds Ps 23 (V1): „Der Herr ist mein Hirte."

In seinem Tod am Kreuz vollendet sich die liebende Existenz des guten Hirten für die Seinen (vgl. 6,51; 10,15.17; 13,37f; 15,13). In typisch johanneischer Kontrasttechnik wird in 10,12f diesem hingebungsvollen Verhalten die Reaktion des Tagelöhners gegenübergestellt, der dezidiert als Nicht-Hirte bezeichnet wird.

Diese Figur „kann als (Gemeinde-)Leiter für die Gemeinde verstanden werden, der seine Aufgaben jedoch sehr schlecht ausübt. Er ist inkonsequent und im Letzten nicht entschieden genug, diese Aufgabe wahrzunehmen.

Gemeindeleitung bedeutet – vom guten Hirten her gesehen – das radikale Indienststellen für die Schafe. Der gute Hirte ist Vorbild, an dem der Mietling gemessen wird. Unentschlossenheit schadet letztlich den anvertrauten Schafen" (*Beate Kowalski*).

Der Mietling arbeitet nur für Lohn. Die Schafe liegen ihm nicht wirklich am Herzen. Weil sie ihm nicht gehören, riskiert er auch nicht sein Leben, wenn der Wolf kommt, die Gefahr für die Schafe schlechthin (vgl. Mt 7,15; 10,16; Apg 20,29). Anstatt aus Liebe sein Leben für die Schafe einzusetzen, rettet er lieber seine eigene Haut (vgl. Sach 11,9.16f).

Die katastrophale Folge ist, dass der Wolf die Schafe reißt und die Herde zerstreut (vgl. Jer 10,21; 23,1-8; Hes 34,5f; Sach 11,16; 13,7; Mt 9,36). Das vermag er nicht, wenn Jesus die Tür und der gute Hirte ist, der im wechselseitigen Erkennen untrennbar mit seinen Schafen verbunden ist. Diese Verbundenheit stellt Jesus im vierten und letzten Ich-bin-Wort in 10,1-18 heraus (10,14f):

> „Ich bin der gute Hirte und kenne die Meinen, und die Meinen kennen mich, wie mich der Vater kennt und ich den Vater kenne."

Nach der Auseinandersetzung mit den falschen Hirten steht nun die Beziehung des guten Hirten zu seiner Herde im Zentrum des Interesses. Das Kennen, von dem hier wiederholt die Rede ist, bezieht sich nicht nur auf den Intellekt im Sinn eines Zur-Kenntnis-Nehmens:

„Ein teilnehmendes Kennen, ein Wissen um die innere und äußere Situation, ein ganzheitliches Wahrnehmen und zugleich eine entsprechend ganzheitliche Zuwendung zu dem ‚Erkannten' ist gemeint" (*Ulrich Wilckens*). Der Hirte weiß von seinen Schafen. Das ist die Voraussetzung dafür, dass sie als die Seinen auch von ihm wissen (vgl. Hes 34,31). Hinter diesem wechselseitigen Erkennen steht das gegenseitige Erkennen von Vater und Sohn (10,15; vgl. 17,24).

Dieser göttlich internen Liebesbeziehung entspricht extern die Liebe Jesu zu den Menschen (vgl. 3,16.34f). Das JohEv enthält zwar keine ausgeführte Trinitätslehre, entfaltet dafür aber theologisch höchst reflektiert auf narrativ-dialogische Weise den Zusammenhang von Vater, Sohn und Geist. In 10,1-30 steht die Vater-Sohn-Beziehung im Blickpunkt. Der Vater sendet als der gute Hirte seinen Sohn, der – eins mit dem

> **Ich möchte mit dir sprechen, jedoch weiß ich nicht, wie ich dich anreden soll. Du bist ganz anders als das, was wir kennen. Kennen wir dich? Wir können dich nicht sehen und nicht hören. Oft habe ich den Eindruck, ich rede nur für mich, wenn ich versuche zu beten, weil ich keinen Erfolg verspüre. Dennoch möchte ich mit dir sprechen.**
>
> *(Quelle unbekannt)*

Vater (10,30) – als der gute Hirte sein Leben für die Schafe lässt (10,15). Durch diese Kunst der Wiederholung schließt sich auf wirkungsvolle Weise der Kreis zu 10,11.

Horizonterweiterung (10,16)

In 10,16 weitet sich der Gesichtskreis der bisherigen Bildrede. Es kommen noch andere Schafe in den Blick, die nicht aus dieser Herde, das heißt, aus Israel, stammen. Der gute Hirte wird sie integrieren, so dass aus Juden und Heiden eine neue Herde mit ihm als dem einen Hirten (vgl. Hes 34,23; 37,24) werden wird (vgl. Eph 2,14-18). Das Thema der Einheit wird durch die Kardinalzahl einer/eine/eins (vgl. 1,3; 3,27; 6,22.70f; 8,41; 10,30; 11,50-52; 13,21; 17,11.21-23; 18,14; 20,1.19) sprachlich pointiert ausgedrückt. In Zusammenschau mit 10,15, gründet die Einheit der universalen Herde in der Einheit von Vater und Sohn. Johannes wird nicht müde, immer wieder die Universalität des Heils hervorzuheben (vgl. 3,16; 4,35-38.42; 6,33.51; 8,12; 9,5; 11,51f; 12,24; 17,20f). Konsequenz ist die weltweite Mission.

Christuszentrierte Bündelung (10,17f)

Im Schlussakkord der Bildrede 10,1-18 laufen die thematischen Linien wie Töne, Melodien und Akkordfolgen in der Kadenz steigernd zusammen, um dann wirkungsvoll im Herzen der HörerInnen bzw. LeserInnen weiterzuschwingen.

Wesentlich ist, dass der Vater den Sohn liebt, weil er sein Leben hingibt. Er lässt sein Leben, um es dann wieder zu nehmen (10,17). Mit der Überleitung meint Johannes darum „nicht, dass der Vater Christus liebte, weil die Kreuzigung stattgefunden hat" (*Charles Kingsley Barrett*). Die Liebe des Vaters sowie die Beauftragung durch ihn (10,18a) sind vielmehr Grundlage für das Heilshandeln Jesu. In der Basisaussage 3,35 heißt es: „Der Vater liebt den Sohn, und er hat alles in seine Hand gegeben."

Bereits vor Grundlegung der Welt hat der Vater den Sohn geliebt (vgl. 17,24). Zuvor heißt es in 3,16, dass die Weltliebe Gottes der Grund für die Lebenshingabe des Sohns ist. Als Geliebter führt Jesus gehorsam aus, wozu ihn sein Vater bestimmt hat. Auf diese Weise werden alle in die Liebeseinheit von Vater und Sohn einbezogen, die an den Gekreuzigten und Auferstandenen glauben. Sein bevollmächtigtes Herrsein über das Leben in 10,17 ist Anspielung auf seine Auferstehung. Der mitschwingende Gedanke der Freiwilligkeit wird in 10,18 ausgesprochen. Nicht aufgrund autonomer Selbstverwirklichung, sondern in Willenseinheit mit seinem Vater, geht Jesus freiwillig den Weg ans Kreuz, um als der gute Hirte ewiges Leben zu geben. Das ist seine göttliche Bestimmung (vgl. 10,27-30).

Einheit von Vater und Sohn (10,27-30)

In 10,19-21 wird zunächst die ambivalente Wirkung der Offenbarungsrede Jesu im Kreis der Juden erzählt. Ihre gespaltene Reaktion erinnert an die Reaktion auf die Heilung des Blindgeborenen, die ebenfalls eine Spaltung unter ihnen hervorrief (9,1-41). Im Zentrum steht die Frage der Gottessohnschaft Jesu, seiner Einheit mit Gott. Das verdeutlicht der weitere Fortgang in 10,22-39.

Der szenische Rahmen in 10,22-24a deutet bereits an, dass es um die Frage des Orts der Gottesgegenwart geht. Die Szene spielt in der Halle Salomos (10,23) an der Ostmauer des Tempels, dem traditionellen Lehrort (vgl. Apg 5,12). Die Zeitangabe ist ebenfalls bedeutsam (10,22). Das

Fest der Tempelweihe erinnert an seine Entweihung durch Antiochus IV. (1. Makk 4,36-59) und die Wiedereinweihung durch Judas Makkabäus (165 v. Chr.). Die Schlüsselfrage der Juden lautet (10,24a): „Bist du der Messias?" Jesus betont, dass sie die Antwort kennen müssten, da er sie durch sein Wort und Werk schon längst positiv beantwortet hat. Ihr Unglauben ist daran schuld, dass ihnen diese Erkenntnis verwehrt bleibt (10,25). Denn nur, wer sich auf Jesu Anspruch einlässt, kann ihn auch verstehen (vgl. 7,17).

10,26 bereitet durch die Wiederaufnahme der Hirtenmetaphorik die zuspitzende Zusammenfassung der Hirtenrede in 10,27-30 vor. Wegen ihres Unglaubens gehören die angesprochenen Juden nicht zu seinen Schafen. Daher haben sie keinen Sinn für seine Stimme. Im Kontrast dazu, wird wiederholend bekräftigt, dass seine Schafe seine Stimme hören, er sie kennt und sie ihm nachfolgen (10,27; vgl. 10,3f.14). Ihre Nachfolge basiert also auf verstehender Zustimmung. Als guter Hirte gibt Jesus ihnen ewiges Leben. Er lässt sie an dem göttlichen Leben, das in ihm selbst erschienen ist, teilhaben. Er erschließt das Leben, das ihm der Vater gegeben hat (vgl. 5,26; 6,57).

In der Begegnung mit ihm eröffnet sich die göttliche Lebensmacht, die stärker ist als die Macht des Todes. Sie verleiht nicht Unsterblichkeit, sondern andauerndes wahres Leben: „Die Schöpfergabe des Lebens greift über das Zeitliche und damit Vergängliche, Begrenzte hinaus. Wer das ewige Leben hat, geht nicht mehr verloren und kommt nicht in das Gericht (vgl. Joh 10,28; 3,36; 5,24)" (*Udo Schnelle*).

Die Schafe des guten Hirten gehen auf ewig nicht zugrunde, weil niemand sie aus seiner Hand reißen kann (10,28; vgl. 3,35; 6,37f.44.65; Ez 34,10; Ps 95,7). Erzählerisch wird dieser Lebenseinsatz in 18,1-11 expliziert. Auf dem Weg zum Kreuz zeigt sich Jesus als der gute Hirte, der sein Leben für seine Schafe einsetzt und keines verliert (vgl. 6,37; 10,11-18). „Er zwingt nicht durch Gewalt, er ist bereit, Gewalt zu erleiden – und gibt sein Leben für die Schafe. Auf eine Kurzformel gebracht: Überzeugen, beschenken, aber nicht zwingen – das ist gute Autorität" (*Gerd Theissen*).

Wie schon in 10,14-18, wird in 10,29f eindrücklich zum Ausdruck gebracht, dass der tiefste Grund für das bleibende Heil der Glaubenden in der untrennbaren Einheit von Vater und Sohn besteht. Das Ganze gipfelt in 10,30 mit der Aufnahme der Kardinalzahl einer/eine/eins aus 10,16: „Ich und der Vater sind eins." Darin gründet letztlich Jesu Würde, der gute Hirte zu sein (*Udo Schnelle*): „Dieser Basissatz joh. Theologie und Christologie steht nicht zufällig in der Mitte des Evangeliums, denn er bildet die Mitte des joh. Denkens!"

Das Neutrum eins weist in Übereinstimmung mit 1,1 darauf hin, dass der Sohn als Gott vom Vater als dem Gott bei aller Betonung ihrer wesenhaftinnigen Verbundenheit personal unterschieden bleibt. Sie sind eben nicht einer, sondern eins. Sie sind unvermischt und zugleich ungetrennt. Jesus ist nicht der Vater in Person, und doch wird er in ihm anschaubar (vgl. 14,9). In ihm ist Gott in Raum und Zeit erschienen und anwesend.

Diese Offenbarungseinheit, die in der Wesenseinheit von Vater und Sohn ihre Wurzel hat und in den Ich-bin-Worten höchst prägnant zur Sprache kommt, können die Juden nur als Gotteslästerung verstehen, auf die die Strafe der Steinigung steht (10,31-39). Denn hinter diesen Worten „steckt das große und unaussprechliche ‚Ich bin, der ich bin' von Ex 3,14. Das verstehen, die ihn da steinigen wollen, auch sehr genau" (*Hartwig Thyen*).

In der Geschichte der johanneischen Gemeinde führte ihr Bekenntnis zur Einheit Jesu mit Gott zum Synagogenausschluss (vgl. 9,22; 12,42; 16,2). Noch einmal wird in Entsprechung zu 10,30 zum Abschluss der Jesusrede betont (10,38): „In mir ist der Vater und ich bin in ihm!" In 10,39 werden in Zusammenschau mit 10,29 die Hand des Vaters und die Hand der Juden kontrastiert. Seine Hand beschützt gewaltfrei Leben (vgl. 18,36), ihre Hand bedroht gewaltsam Leben. Doch auch dies Mal entkommt Jesus ihrer Hand.

Rückblick

10,1-30 ist ein Musterbeispiel für die Darstellungskunst des vierten Evangelisten. Nach der Einspielung der Tür- und Hirtenmetaphorik in 10,1-5, wird nach dem Verweis auf das Unverständnis der Pharisäer (10,6) in 10,7-10 zunächst das Türbild und in 10,11-15 das Bildfeld des Hirten entfaltet.

Jesus ist „das eine Wort Gottes, das wir zu hören, dem wir im Leben und im Sterben zu vertrauen und zu gehorchen haben" (Erste These der Barmer Theologischen Erklärung). Die Offenbarung in Jesus ist Basis der Verkündigung und „Prüfstein für alles" (*Gerd Theissen*). In den Ich-bin-Worten 10,11.15 offenbart sich Jesus unter Aufnahme eines zentralen Gottesbilds des Alten Testaments als der gute Hirte. Er ist nicht nur Repräsentant Gottes, sondern präsentiert ihn. Von ihm lässt sich lernen, worin heilsame Autorität besteht. In 10,16-18 wird das Bild der einen Herde unter Führung dieses einen Hirten als Zukunftsbild vor Augen gemalt. Es ist in der Gegenwart in Gestalt der johanneischen Gemeinde aus Juden- und Heidenchristen bereits Wirklichkeit geworden. Durch 10,1-18 werden dem Leser, der Leserin drei Reaktionsmöglichkeiten vorgestellt (*Beate Kowalski*):

- Die Annahme des Heils = Glaube (Schafe, andere Schafe, Türhüter);
- Unentschlossenheit = Gefahr von innen (Lohnknecht);
- Ablehnung = Gefahr von außen (Dieb, Räuber, Fremder, Wolf).

Nach der Brückenszene 10,19-21 kommt es zu einer abschließenden Konfrontation zwischen den Juden und Jesus im Tempel (10,22-39). In 10,26-29 wird die Bildrede 10,1-18 noch einmal inhaltlich gebündelt. Jesus ist der gute Hirte, der seine Schafe kennt und beschützt. In 10,30 wird die Einheit Jesu mit Gott als „die alles entscheidende Mitte" (*Ulrich Wilckens*) benannt. Deshalb spitzt sich der Konflikt zwischen den Juden und Jesus zu (10,31-39).

Das Bildnetz Hirte

Ausdrücklich wird die Hirtenmetaphorik erst in 21,16 wieder aufgenommen. In einem Gespräch unter Freunden spricht der Auferstandene Petrus verhüllt auf sein dreimaliges Versagen an (21,15-19; vgl. 18,15-18.25-27). Ausgerechnet ihn beauftragt er mit dem Hirtendienst (vgl. 10,1-18). In Anspielung auf seine Verleugnung stellt Jesus Petrus drei Mal die Freundschaftsfrage und erteilt ihm drei Mal den Auftrag, seine Schafe zu weiden (21,15-17).

Bezeichnenderweise wird Petrus nicht als Hirte bezeichnet. Diese Würdebezeichnung steht – wie die des Lichts – allein Jesus zu, dem guten Hirten, in dem die Schafe das Leben haben (10,10). Dieser Hirte würdigt Petrus. Er lässt ihn an seinem Hirtendienst teilhaben. Diese Beauftragung zeigt: Es kommt nicht darauf an, charakterfest zu sein, um in Dienst genommen zu werden. Entscheidend ist vielmehr der Auftrag des Auferstandenen, die Mit-Schafe zu weiden.

Übrigens: Pastorales Gehabe, das geistlos Wert auf ein hierarchisches Gefälle von oben nach unten legt, verkennt, dass alle, die auf die Stimme des guten Hirten hören, Geistbegabte von oben (vgl. 3,1-8) und Gottgelehrte sind (vgl. 6,45). Verstehen und Zustimmung ist die beste Begründung für Autorität. Weil „Jesus allein der rechte Hirte ist, ist er auch die Tür für alle, die sich des Hirtenamts annehmen.

Was aus dem hoffärtigen und selbstsüchtigen Trieb des Menschen hervorgeht, erreicht keine bleibende Autorität. Alle wirkliche, wirksame, göttliche Autorität, die den Menschen innerlich erfasst und führt, wird uns als Gabe verliehen" (*Adolf Schlatter*).

Gedanken und Texte zum Nachenken und Besprechen

- Herr, lass mich deine Stimme heraushören
  aus all den Reden
  von Ansagern und Werbefritzen,
  von Schmeichlern und Scharfmachern,
  Sprechern und Schreiern,
  von Lobhudlern und Langweilern,
  von Diskussionsrednern und Diktatoren,
  von Meinungsmachern und Nachbarn.
  Aus all dem Geschwätz,
  dem lauten und leeren und
  sinnlosen und endlosen Gerede
  lass mich deine
  sanfte und eindringliche Stimme
  heraushören,
  Herr.

  Lothar Zenetti

  (aus: Die wunderbare Zeitvermehrung.
  Sankt Ulrich Verlag/Wewel Augsburg)

- *Alltagsgebet*

  Durchs Wochental wandern
  mit Wind im Rücken
  im Alltagsgrau zehren
  von Deinem Lichtgrün
  meine Füße
  in Deine Richtung lenken
  meine Hände
  für Deinen Segen öffnen
  die Schmerzen an Deine Brust legen Gott
  müde werden
  dürfen
  in Deinem wolkigen Arm

  Carola Moosbach

  (aus Himmelsspuren: Gebete durch Jahr und Tag.
  Neukirchen-Vluyn 2001, S. 26. Rechte bei der Autorin)

- Ihr müsst die Menschen lieben,
  wenn ihr sie ändern wollt.
  Euer Einfluss reicht nur so weit wie eure Liebe.

  Johann Heinrich Pestalozzi

- O Gott, was tue ich
  vor dieser kalten, grauen Wand, die Zukunft heißt,
  und Gott, was sage ich
  zu dem zerrissnen wirren Netz Vergangenheit?
  Weiß nicht, was wird, und das, was war,
  kann mich nicht retten.

  O Gott, du sagst doch: Ich bin da.
  Sagst immer wieder: für uns Menschen.
  Das einzige, was mich noch hält,
  dein: Ich bin da.
  Und wie Vertrauen schleicht sich ein,
  o Gott, dein Name: Ich bin da.

  Ursula Geiger

  (aus: Miteinander hoffen. Aussaat Verlag,
  Neukirchen-Vluyn 1995. Rechte bei der Autorin)

- Was Jesus
  für mich ist?
  Einer, der
  für mich ist.

  Was ich
  von Jesus halte?
  Dass er
  mich hält.

  Lothar Zenetti

  (aus: Texte der Zuversicht.
  Sankt Ulrich Verlag/Wewel Augsburg)

- *Ich möchte wollen, Herr, wie du willst.*

  Meinen Weg gehe ich
  und begegne Menschen.
  Ich finde ihr Geschick, ihre Wünsche,
  ihr Leid und ihre Mühe.
  Ich möchte, dass du mich führst,
  wenn ich zu den Menschen komme,
  damit ich dich finde in ihren Gesichtern.
  Herr, du willst, dass ich meinen Weg finde.
  Du willst, dass ich glücklich bin
  und an ein Ziel gelange.
  Ich möchte wollen, wie du willst.

  Jörg Zink

  (aus: Wie wir beten können. Kreuz Verlag,
  Stuttgart 1970/1991, S. 183)

● Welcher Stimme folgt der selbst bestimmte Mensch?

● Jesus, der gute Hirte, leitet, begleitet, schützt, lässt Nahrung finden, setzt sich für die Seinen ein – Aussagen, die einem Christenmenschen hinlänglich bekannt und vertraut sind. Aber wo sind sie in meinem Leben erfahrbar geworden?

● Das Bild des Schafs ruft mancherlei Assoziationen hervor, zum Beispiel, dass Schafe ihrem Hirten hinterher trotten. Manchmal muss der Hirtenhund dafür sorgen, dass sie in der Spur bleiben.

● Wie liest sich Joh 10,11-18.27-30 aus der Perspektive der Schafe und der anderen Schafe?

Bausteine zur Gestaltung

● Wer mit einem Film einsteigen möchte, sei auf **Daheim ist man lang genug – Unterwegs mit einer Wanderschäferin** von *Peter und Angelika Schubert*, Deutschland 1994, 45 Minuten, farbig, Dokumentarfilm, hingewiesen.

● *Gestaltete Mitte:*
Auf grünen Tüchern steht in der Mitte eine brennende Kerze. Daneben liegt ein Papierstreifen mit der Aufschrift „Ich bin der gute Hirte." Darum herum liegen Kunstpostkarten mit Bildern aus verschiedenen Jahrhunderten, die Jesus als den guten Hirten darstellen.
* Welche Aspekte des Hirteseins Jesu werden auf den Bildern betont?
* Mit welchem Hirtenbild haben Sie Ihre Schwierigkeiten? Warum?
* Welches von den Bildern hat Ihr Jesusbild geprägt?

Alternativ können zwischen die oben genannten Bilder Fotografien von Staatsoberhäuptern und bekannten Persönlichkeiten, die in der Ökumene oder in der EKD leitende Funktionen inne haben, gelegt werden.
* Welche Gedanken und Gefühle bewegen Sie, wenn Sie sich die Bilder anschauen?
* Welche Gedanken und Gefühle kommen Ihnen unter dem Stichwort Hirte/Hirtin?

Eine weitere Alternative: Neben die Hirtenbilder werden Kreuzigungsbilder gelegt.
* Gibt es Verbindungslinien zwischen beiden Bildern, oder schließen sie sich aus? Warum?

● In Kleingruppen tragen die TeilnehmerInnen zusammen, welche positiven und negativen Eigenschaften sie mit „Hirte" und „Schaf" verbinden und halten ihre Ergebnisse auf einem DIN A 3 Blatt stichwortartig fest. Die Ergebnisse werden dann im Plenum vorgestellt. Danach wird der Frage nachgegangen:
* Worin sehe ich die Chancen und Grenzen der Bilder Hirte-Schafe im Blick auf die Beschreibung des Verhältnisses Jesu zu seiner Gemeinde?

● Kleingruppen erhalten den Text von Hes 34,1-17 und bedenken ihn unter folgenden Impulsen:
* Tragen Sie die negativen und positiven Kennzeichen der Hirten zusammen.
* Wie wirken sich die positiven bzw. negativen Verhaltensweisen der Hirten auf die Schafe aus?
* Was erfahren Sie über Gott?
Die Ergebnisse werden stichwortartig festgehalten und ins Plenum eingebracht.

● Kleingruppen erhalten die Texte von Ps 23 und Jer 23,1-3 und bedenken sie unter folgenden Fragen:
Ps 23:
* Welche „Hirteneigenschaften" werden Gott zugeordnet?
* Wie hat der/die Betende Gott erfahren?
Jer 23,1-3:
* Was wird an den Hirten kritisiert?
* Wie handelt Gott als Hirte?
Die Gruppen halten ihre Ergebnisse stichwortartig fest und bringen sie ins Plenum ein.

● *Fragen zur Texterschließung:*
* Mit welchen Eigenschaften wird der gute Hirte in Joh 10 beschrieben? Wo entdecken Sie diese in Hes 34, in Jer 23,3, in Ps 23? Welche Verhaltensweisen fehlen in diesen Texten?
* Wie werden die Verhaltensweisen eines unzuverlässigen Hirten beschrieben? Wo entdecken Sie diese in Hes 34 und Jer 23,1-2?
* In Texten des Ersten Testaments wie zum Beispiel Ps 23, Jer 23 und Hes 34 wird für Gott das Bild des Hirten benutzt. Welche Verbindung sehen Sie zu der Aussage Jesu „Ich bin der gute Hirte"?
Oder:
* Welche Selbstaussagen Jesu entdecken Sie?
* Welche Beziehungsaussagen finden Sie?
* Welche Aussagen sind Ihnen im Blick auf Ihren Glauben, Ihre Beziehung zu Christus wichtig?

Oder:
In Joh 10,11-18.27-30 begegnen uns als handelnde Personen oder Gruppen: der gute Hirte, der bezahlte Knecht, die Schafe, andere Schafe, der Vater.
* Stellen Sie die Beziehung durch eine Skizze dar.
* Finden Sie für die jeweilige Beziehung ein oder zwei Stichworte.
* Welche Entdeckung ist Ihnen wichtig geworden? Warum?

Oder:
Wenn Sie 10,11-18.27-30 aus dem Blickwinkel einer Gemeinde, eines Gemeindemitglieds lesen:
* In welchen Aussagen finden Sie sich wieder?
* Was erregt Ihren Anstoß?
* Wozu regen Sie Ihre Entdeckungen im Blick auf Ihren Glauben an?

● *Impulse für ein Plenumsgespräch:*
Als Einstieg in ein Gespräch über das Hirtenamt in der Kirche wird folgender Abschnitt aus der Exegese (s.o.) zitiert: Ausgerechnet Petrus, der ihn verleugnete, „beauftragt er mit dem Hirtendienst (vgl. 10,1-18). In Anspielung auf seine Verleugnung stellt Jesus Petrus drei Mal die Freundschaftsfrage und erteilt ihm drei Mal den Auftrag, seine Schafe zu weiden (21,15-17). Bezeichnenderweise wird Petrus nicht als Hirte bezeichnet. Diese Würdebezeichnung steht – wie die des Lichts – allein Jesus zu, dem guten Hirten, in dem die Schafe das Leben haben (10,10). Dieser Hirte würdigt Petrus. Er lässt ihn an seinem Hirtendienst teilhaben. Diese Beauftragung zeigt: Es kommt nicht darauf an, charakterfest zu sein, um in Dienst genommen zu werden. Entscheidend ist vielmehr der Auftrag des Auferstandenen, die Mit-Schafe zu weiden."
* In welchem Licht sehen Sie heute das Amt des Pastors/der Pastorin?

● Nach *Beate Kowalski* werden den LeserInnen in Joh 10,1-18 drei Reaktionsmöglichkeiten auf Jesus vorgestellt:
- Die Annahme des Heils = Glaube (Schafe, andere Schafe, Türhüter);
- Unentschlossenheit = Gefahr von innen (Lohnknecht);
- Ablehnung = Gefahr von außen (Dieb, Räuber, Fremder, Wolf).
* Wo entdecke ich diese Reaktionen in mir? Wodurch werden sie ausgelöst?

● In der Stille bedenken die TeilnehmerInnen:
* Wie nah oder fern ist mir das Bild vom guten Hirten?

* In welchen Lebenssituationen habe ich Jesus als den guten Hirten erfahren?

● Zum besinnlichen Abschluss wird zum Beispiel aus Johann Sebastian Bachs Geburtskantate „Was mir behagt" (BWV 208) die Arie „Schafe können sicher weiden" gespielt.

● Wer den Abend mit einer Bildbetrachtung schließen möchte, sei auf das Bild aus der Kirche in Ornbau und die Betrachtung von *Jörg Meuth* hingewiesen (s. u. S. IV).

Literaturhinweis

Einen Vorschlag für einen Hauskreisabend zu „Ich bin der gute Hirte" finden Sie in: „Alles hat seine Zeit. Hausgebete zum Jahr 2000", Heft 2, S. 16-19 (s.o. Literaturempfehlungen).

Lieder

Herzliebster Jesu	EG 81,4/GL 180
Liebster Jesu, wir sind hier	EG 206,4
Ich möcht', dass einer mit mir geht	EG 209
Herr Jesu Christe, mein getreuer Hirte	EG 217
Das sollt ihr, Jesu Jünger, nicht vergessen	EG 221,3
Ich lobe meinen Gott	EG 272
Nun jauchzt dem Herren	EG 288/GL 474
Nun saget Dank und lobt	EG 294/GL 269
Wer nur den lieben Gott lässt walten	EG 369/GL 296
Vertraut den neuen Wegen	EG 395
Weil ich Jesu Schäflein bin (bayer. Anhang)	EG 593
Der Herr, mein Hirte, führt mich (bayer. Anhang)	EG 594
Auf der Spur des Hirten (Anhang EKHN)	EG 616
Herr, unser Herr, wie bist du zugegen	GL 298
Zu dir, o Gott, erheben wir	GL 462

V Johannes 11,17-27

Aufstehen und leben

Auslegung

Zum Stichwort Auferstehung gibt es kaum Redewendungen. Wenn etwas längst Vergessenes plötzlich wieder in Mode kommt, spricht man davon, es feiert (fröhliche) Auferstehung. Von *Winston Churchill* stammt der Satz: „Die Kunst ist, einmal mehr aufzustehen, als man umgeworfen wird." *Martin Luther* spricht von einer ähnlichen Erfahrung im Kontext des Glaubens: „Keine Sünde ist allein, sondern zieht immer die andere nach sich. Und das pflegt bei allen Sünden so zu sein: Wer nicht bald wieder aufsteht und zur Einsicht kommt, der gerät (gleich wieder) in eine andere Anfechtung."

Der Gedanke, dass Götter sterben und auferstehen, war in der Antike nicht ungewöhnlich. Im vorderen Orient waren etwa Adonis und Attis auferstehende Götter, in Ägypten Osiris. Durch ihren Tod wird das Schwinden der Vegetation vergegenwärtigt. Die kultische Klage verwandelt sich in Freude, wenn die gestorbene Gottheit im Frühling aufersteht. Dadurch wird symbolisiert, dass die Vegetation wiederkehrt. Neues Leben erblüht. Für den Einzelnen besteht die Möglichkeit, mit Göttern auch über den leiblichen Tod hinaus verbunden zu sein. In der ägyptischen Religion reicht die Himmelsgöttin Nut dem Toten zum Saugen ihre Brust, damit er leben und wieder ein Kind sein kann. Weit verbreitet war die individuelle Verbindung mit Osiris, der dem Verstorbenen gleich nach seinem Tod Auferstehung verbürgt. In dieser Vorstellung äußert sich die menschliche Sehnsucht, dass mit dem Tod nicht alles aus ist.

Zu den Tieren, die die Auferstehungssymbolik verkörpern, zählt der Adler. Er ist der Gottesvogel, der *Homer* zufolge gleichzeitig mit Zeus geboren ist. Er lässt sich in die Niederungen des Sterblichen hinab, um sich dann wieder in das göttliche Lichtreich emporzuschwingen. Bekanntlich ist der Adler auch das Symbol für den Evangelisten Johannes, aus dem nach Kirchenvater *Hieronymus* (um 347-419) der aus dem Himmel kommende Geist Gottes am mächtigsten spricht.

Im Unterschied zum Stichwort Auferstehung, gibt es eine Fülle an Redewendungen mit Leben. Sie beziehen sich in aller Regel nicht auf göttliches, sondern menschliches Leben. Das trifft auch auf die Wendung „Leben wie Gott in Frankreich" zu. Damit ist wohl die französische Geistlichkeit gemeint, der es bisweilen materiell sehr gut ging. Sie „lebten wie die Made im Speck". Die Kontrasterfahrung verdichtet sich in vielen Wendungen: „Leben wie ein Hund", „Sich durchs Leben schlagen", „Seines Lebens nicht froh werden". Die Ewigkeitsdimension kommt in der Wendung „Ins ewige Leben eingehen" in den Blick. Sie bezeichnet verhüllt das Sterben und deutet an: Der Tod ist kein absoluter Schlusspunkt.

Tod und Auferstehung in der Bibel

Der Tod begleitet den von Gott ins Leben gerufenen Menschen von Anfang an. Der erste Tod, den die Bibel berichtet, ist der Brudermord von Kain an Abel (Gen 4). Ihm folgt eine Vernichtungskatastrophe mit der Sintflut als Abschluss (Gen 5-9). Von Henoch heißt es (Gen 5,21-24), dass er nicht stirbt, sondern in die himmlische Welt entrückt wird (vgl. auch 2. Kön 2,11).

Dass Tod und Trauer zusammen gehören, zeigt Abrahams Verhalten. Er beweint seine verstorbene Frau Sara und erwirbt für sie ein Familiengrab, das später auch sein Grab wird (Gen 23). Nach tiefer Trauer heiratet er wieder (Gen 25,1-11). Als seine Stunde kommt, hat Abraham das Abschiednehmen schon eingeübt. Er stirbt – wie auch Hiob trotz schwerster Lebenskrisen (Hi 42,17) – „alt und lebenssatt" (Gen 25,8). Der Tod wird aber nicht nur als Abrundung des Lebens verstanden. Die Vorstellung aus der Umwelt Israels, dass der Tote in die Grube geht, in das Totenreich, einen Platz ohne Freude, hat auch im Gottesvolk Kreise gezogen (vgl. Jes 38,18-20; Ps 6,6; 88,11f).

Erst spät finden sich im Alten Testament Spuren einer Hoffnung, die über den Tod als von Gott getrennten Bereich hinausreicht (vgl. 1. Sam 2,6; Ps 16,10f; 22,30; 49,16; 73,23-26; Jes 25,8). An einer einzigen Stelle wird die Wendung ewiges Leben gebraucht (Dan 12,2): „Und viele, die unter der Erde schlafen liegen, werden aufwachen, die einen zum ewigen Leben, die anderen zu ewiger Schmach und Schande." Dabei handelt es sich um eine wesentliche Aussage auf der Schwelle zum Neuen Testament, wie die Rezeption in Joh 5,29 zeigt.

Jesus hat zu Tod und Trauer ein spannungsreiches Verhältnis. Von unerhörter Radikalität ist die in Lk 9,59f erzählte Episode. Der von Jesus in die Nachfolge Gerufene bittet darum, zuvor noch für das Begräbnis seines Vaters sorgen zu dürfen (Lk 9,59). Das ist seine heilige Pflicht als Sohn (vgl. Gen 50,5; Tob 4,3f; 6,15; 14,15). Jesus erwidert (Lk 9,60): „Lass die Toten ihre Toten begraben! Du aber geh hin und verkündige das Reich Gottes!" Jesus spricht damit kein grundsätzliches Verbot aus, sondern zeigt, was jetzt das Gebot der Stunde ist. Angesichts dieses Auftrags, gibt es in seinen Augen kein „Zuvor", auch nicht aufgrund von heiligen Pflichten. Schon in Hes 24,15-24 (vgl. Jer 16,1-7) wird an den Propheten die göttliche Forderung gerichtet, seine Frau – angesichts des nahen Gottesgerichts – nicht rituell zu begraben.

Jesus fordert Nachfolge bis in den Tod (Mt 10,28par; vgl. Ps 16,10): „Und fürchtet euch nicht vor denen, die den Leib töten, doch die Seele nicht töten können, sondern fürchtet euch vor dem, der Seele und Leib ins Verderben der Hölle stürzen kann." Die Seele, der Lebensatem, der jedem Menschen von Gott eingehaucht wurde (Gen 2,7), kann von Menschen nicht für immer zerstört werden. Dementsprechend legt Jesus in der Stunde größter körperlicher Qual seinen Geist in Gottes Hände (Lk 23,46). Vorher verspricht er dem Gekreuzigten neben ihm paradiesisches Leben nach dem Tod (Lk 23,42f).

Das Wort Paradies kommt als Ausdruck für einen in der Gegenwart noch verborgenen überirdischen Aufenthaltsort der Erlösten in der Zwischenzeit zwischen Tod und Auferweckung der Toten nur drei Mal im Neuen Testament vor: Lk 23,43; 2. Kor 12,4; Offb 2,7 (*Horst Balz*). Dies aus dem Altpersischen entlehnte Wort bezeichnet allgemein einen Garten oder Park, in der griechischen Übersetzung des Alten Testaments (Septuaginta) dann den „Garten Gottes" (Gen 2,8ff; 13,10; Hes 31,8). Mit dieser Vorstellung aus der Anfangszeit verbindet sich die Hoffnung auf den künftig wieder offenbar werdenden idealen Lebensraum in der Endzeit (vgl. Jes 51,3; TestLev 18,10f).

Im Gegensatz zu den Pharisäern, lehrte die aristokratische Gruppe der Sadduzäer: Es gibt keine Auferstehung. Auch die Existenz von Engeln bestritten sie. Sie lehnten alle Lehren ab, die über das wörtlich im Pentateuch Enthaltene hinausgingen. In einem Streitgespräch erklärt ihnen Jesus als vollmächtiger Schriftausleger, dass dieser Buchstabenglaube am eigentlichen Sinn des Worts vorbeigeht (vgl. Mt 22,23-33par). Es wird ein Leben nach dem Tod geben.

In diesen Spuren bewegt sich auch der ehemalige Phariäser Paulus mit seinen Gedanken zu Tod und Auferstehung, die sich im Lauf seines Lebens gewandelt haben (vgl. 1. Thess 4,13-18; 1. Kor 15; 2. Kor 5,1-10; Phil 1,23; 3,20f). Durch den „Herrn Jesus Christus" (1. Kor 15,57) ist den Glaubenden der Sieg über den Tod gegeben (1. Kor 15,53- 57).

Der Tod hat daher nur etwas Vorübergehendes, trotz seiner Unnatur etwas Natürliches. Nach Paulus lebt und sprießt das Getreidekorn nur, wenn es vorher gestorben ist, ebenso der Mensch (1. Kor 15,36f; vgl. Joh 12,24). An anderen Stellen vergleicht der Apostel den Tod mit dem Schlaf (1. Kor 7,39; vgl. 1. Thess 4,14f;

Joh 11,11), aus dem man auferweckt wird (1. Kor 6,14). Es geht also bei der Auferstehung nicht um eine biologische, sondern um eine nur in Bildern zu beschreibende geistliche Realität, durch die der Tod vernichtet wird (vgl. 1. Kor 15,54). Der unumstößliche Grund dieser Hoffnung ist für Paulus der Gekreuzigte und von den Toten Auferstandene (1. Kor 15,12-20), wie es später auch alle vier Evangelien einhellig bezeugen (vgl. Mt 28; Mk 16; Lk 24; Joh 20; 21).

Bei allen unterschiedlichen Begriffen und Bildern, mit denen Paulus die Ereignisse um Tod, Auferstehung und Wiederkunft beschreibt, ist das Mit-Christus-Sein die Konstante (vgl. 1. Thess 4,17; Phil 1,23).

„Was Paulus in lehrhafter Form verkündigt, verkündigt Johannes erzählend" (*Gottfried Voigt*). In seinem Evangelium wird – wie in keiner anderen neutestamentlichen Schrift – betont, dass das ewige Leben nicht erst nach dem Tod, sondern bereits im Hier und Jetzt Wirklichkeit wird.

Jesus – die Auferstehung und das Leben

Das Ich-bin-Wort in 11,25f steht im Mittelpunkt der Auferweckung des Lazarus (11,1-44). Sie stellt als siebtes Zeichen im JohEv den Höhepunkt des öffentlichen Wirkens Jesu dar. Sie ist im unmittelbaren Kontext in die Passage 10,40-12,50 eingebettet.

Auf die heftige Konfrontation beim Tempelweihfest (10,22-39) folgt in 10,40-42 eine Überleitung zur Auferweckung des Lazarus (11,1-44). Es wird mitgeteilt, dass sich Jesus in die Gegend zurückzog, wo Johannes zuerst taufte (10,40; vgl. 1,28). Dort kamen viele Menschen zu Jesus und glaubten an ihn (10,41f).

Im Anschluss an die Auferweckung des Lazarus, erfahren wir von dem endgültigen Entschluss des Hohen Rats, Jesus zu töten (11,45-57). Ausgerechnet das größte Lebenswunder führt zum Todesurteil (11,53). Doch noch ist die Stunde nicht gekommen (11,54). Erneut zieht sich Jesus mit seinen Jüngern aus der Öffentlichkeit zurück in die Stadt Ephraim nahe der Wüste. Währenddessen wird er im 20 km entfernten Jerusalem im Vorfeld des Passafests steckbrieflich gesucht (11,55-57).

Angekündigt durch 11,2, folgt in 12,1-11 die Salbung Jesu durch Maria. Sie tritt aus dem Schatten ihrer Schwester und rückt durch ihre Liebestat ins Rampenlicht (12,1-8). Danach steht Lazarus im Blickpunkt der Menge. Auch er soll getötet werden (12,10). Denn durch das Zeichen seiner Auferweckung glaubten viele von ihnen an Jesus (12,11).

Jesus selbst erteilt jeder Form von Gewaltherrschaft eine deutliche Absage. Friedlich zieht er auf einem Esel in Jerusalem ein (12,12-19). Einige Griechen, die als Festpilger in die heilige Stadt gekommen sind und stellvertretend für eine Gruppe der Adressaten des JohEv stehen, fragen nach Jesus (12,20-26). Vor diesem Hintergrund wird klar, warum im vierten Evangelium Jesus auf die Grundfrage der Griechen nach sinnvollem Leben mit Bildern antwortet, die auch sie verstehen. Mit 12,27-36 endet das öffentliche Wirken Jesu. Unser Blick wird auf das Geheimnis seines Tods gelenkt. Zum Abschluss des ersten Hauptteils des JohEv, wird zunächst das Problem des Unglaubens reflektiert (12,37-43) und in Aufnahme der Licht-Finsternis-Metaphorik aus 8,12 (vgl. 9,1-41; 11,9f) zum Glauben gerufen (12,44-50).

Außer der planvollen Einbettung in 10,40-12,50, ist die Auferweckung des Lazarus zusätzlich mit dem gesamten Evangelium vernetzt. Das zeigen beispielsweise die Anspielung und die Rückblende auf die Blindenheilung (11,9f.37).

Komposition

Die Schlüsselszene 11,17-27 ist ohne die Gesamtkomposition 11,1-44 nicht angemessen zu verstehen.

Zeitangaben

In 11,6 und 11,17 (vgl. 11,39) erfolgen zwei auffällige Zeitangaben. Nach der Nachricht über die Krankheit seines Freunds Lazarus, bleibt Jesus zwei weitere Tage an seinem Aufenthaltsort (11,6). Er vollbringt somit in Anspielung auf seine eigene Auferstehung das Auferweckungswunder am dritten Tag. Bei seiner Ankunft nach einer Tagesreise ist Lazarus bereits vier Tage im Grab (11,17). Theologisch wird signalisiert: Als Herr der Zeit bestimmt Jesus in souveränem Vorherwissen selbst sein Handeln (11,11f). Von 11,17 an gibt es keine deutlichen zeitlichen Differenzierungen. Es ist, wie 11,16 präludiert, Entscheidungszeit im Hier und Jetzt.

Ortsangaben

Die in 10,40-11,16 präsentierte Szene spielt an der Taufstelle des Täufers Johannes in Bethanien am Ostufer des Jordans (10,40). In 11,1-3 wird unser Blick auf das andere Bethanien drei km östlich von Jerusalem (11,18) gelenkt, ohne dass ein Ortswechsel stattfindet. Erst in 11,15 bricht Jesus mit seinen Jüngern nach Judäa auf. Die nächste lokale Angabe erfolgt in 11,17f. Jesus hat den Ortsrand von Bethanien erreicht, geht aber nicht in das Dorf und Haus von Martha und Maria.

Was sich dort abspielt, erfahren wir in 11,19f. In 11,21 kommt es am Ortseingang zur Begegnung zwischen Jesus und Martha (11,21-27) und – nach einer erneuten Einblendung der Situation im Haus der Schwestern (11,28f) – zwischen Jesus und Maria (11,30-33). Vorbereitet durch 11,34, findet in 11,38 der nächste Ortswechsel statt. Er leitet die Szene am Grab des Lazarus ein (11,38-44).

Personen

Auch in 11,1-44 ist Jesus die Schlüsselfigur. Alle weiteren auftretenden Personen werden in ihren unterschiedlichen Verhaltensweisen ihm gegenüber kurz porträtiert. In der Eröffnungsszene 11,1-5 werden die Geschwister des Lazarus, Maria und Martha eingeführt. Mit ihnen ist Jesus freundschaftlich verbunden. Maria und Martha sind nach Lk 10,38-42 Schwestern. In 11,2 wird Maria im Vorblick auf 12,3 als Salbende charakterisiert. Dieser Erzählzug weckt die Neugierde der ErstleserInnen an Marias Geschichte, die erst in 11,32 Jesus begegnen wird. 11,2 ist ein deutliches Indiz für das von Johannes beabsichtigte erneute Lesen seines Evangeliums. Erst durch wiederholtes Lesen (s. o.) werden die feinsinnig und tiefgründig gestalteten Zusammenhänge und Anspielungen verständlich.

In 11,6-16 kommen die Jünger als ständige Begleiter Jesu ausdrücklich in den Blick. Sie versuchen, Jesus von seinem lebensgefährlichen Vorhaben abzubringen, nach Judäa zu gehen und Lazarus zu kurieren (11,8.12f). In diesem Kontext tritt erstmals Thomas namentlich auf (s. u.).

In 11,17-27 folgt ein Perspektivenwechsel von den Jüngern zu den Geschwistern. Zunächst ist von Lazarus in Relation zu Jesus die Rede (11,17). In 11,19 werden erstmals die Juden erwähnt. Sie sind zu Martha und Maria gekommen, um sie zu trösten. In 11,20 wird – wie in einem Film – aus einer Massenszene eine Einzeleinstellung. Sie zeigt Martha im Gespräch mit Jesus (11,20-27).

Nach dieser Begegnung kommt es zu einem Treffen zwischen Martha und Maria (11,28). Daraufhin eilt Maria – gefolgt von den Juden – Jesus entgegen und bringt ihr Anliegen vor (11,29-32). Gemeinsam gehen sie zum Grab des Lazarus (11,33-37). Dort ereignet sich das Wunder seiner Auferweckung (11,38-44).

Sprecherwechsel

11,17-27 ist wie auch 11,1-16.28-44 narrativ-dialogisch strukturiert:

11,17-20   Szenisch-erzählerische Angaben
11,21-23   Erster Redewechsel Martha – Jesus
11,24-26   Zweiter Redewechsel Martha – Jesus
11,27   Marthas Glaubensbekenntnis

Nach der zweigeteilten Eröffnungsszene (11,1-5.6-16), stellt die Begegnung zwischen Martha und Jesus (11,17-27) mit dem Ich-bin-Wort als Höhepunkt (11,25f) das Zentrum der Zeichenerzählung (11,1-44) dar.

Einzelexegese

„Glaubst du das?" (11,17-27)

Jesus findet Lazarus bereits vier Tage tot und begraben vor (11,17). Er ist nicht „alt und lebenssatt" wie Abraham oder Hiob gestorben, sondern wurde mitten aus dem Leben gerissen. Die mit dem JohEv vertrauten LeserInnen werden durch das theologisch gefüllte Verb „finden" u.a. an die Blindenheilung erinnert (9,35; vgl. 1,41.45; 6,25; 7,34-36). Es deutet sich bereits an, dass sich auch an Lazarus der Heilswille Gottes erfüllen wird. Der göttliche Ruf zum Leben ist nicht an menschliche Vorgaben gebunden. Er erweckt einen Toten. Darauf weisen die vier Tage hin. Lazarus ist wirklich tot. Nach jüdischer Vorstellung kehrt die Seele noch drei Tage lang ans Grab zurück. Erst dann geht sie ins Totenreich ein, und der Leib verwest (vgl. Gen R 100,7; pJeb XVI 3,15c; pMQ III 5,82b; Lev R 18,1). Eine Täuschung bzw. ein Scheintod sind ausgeschlossen.

Durch die räumliche Nähe Bethaniens zu Jerusalem ist es möglich, dass viele Juden kommen können, um die todtraurigen Schwestern zu trösten (11,18f). Während Maria im Haus sitzen bleibt (vgl. Lk 10,39f), geht Martha Jesus entgegen (11,20). Die differenzierte Darstellung richtet unsere Aufmerksamkeit auf die unterschiedlichen Charaktere. Während Maria wie gelähmt ist, ergibt sich Martha nicht wortlos in ihr Schicksal, sondern bringt ihr Herzensanliegen mit einem ausgeprägten Ich-Bewusstsein engagiert und theologisch versiert vor Jesus. Was beim ersten Hören wie ein versteckter Vorwurf klingen könnte, entpuppt sich bei näherem Hinhören als Vertrauensbeweis (11,22): „Und nun weiß ich, was du auch von Gott erbittest, wird dir Gott geben."

Sie differenziert zwischen Jesus und Gott, indem sie ihn für einen vollmächtigen Beter wie Elia (1. Kön 17,21f) und Elisa (2. Kön 4,33f) hält.

In typisch johanneischer Mehrdeutigkeit gibt Jesus ihr die Zusage (11,23): „Dein Bruder wird auferstehen!" Marthas biblisch-theologisch verankerte Antwort ist ein gewichtiger „Schritt auf dem Weg zu ihrem den Tod überwindenden Glauben" (*Hartwig Thyen*). Wie schon zuvor, leitet sie ihre Glaubensaussage mündig mit „Ich weiß" (11,24) ein und bezieht die Verheißung Jesu auf die Auferstehung am Jüngsten Tag (vgl. 5,28f; 6,39.40.44.54), ohne sie freilich mit ihm in Beziehung zu setzen. Was sie nicht wissen kann und selbst ihr offenbart werden muss: Schon in der aktuellen Begegnung mit Jesus ereignet sich Totenerweckung. Durch das Ich-bin-Wort in 11,25f, das die Mitte des Auferweckungskapitels ist, wird ihr Glaubenswissen auf die Person Jesu konzentriert:

> „Ich bin die Auferstehung und das Leben. Wer an mich glaubt, wird leben, auch wenn er stirbt. Und jeder, der im Glauben an mich lebt, wird in Ewigkeit nicht sterben."

Die vollmächtige Selbstprädikation in 11,25a wird durch einen Zweizeiler in 11,25b.26ab entfaltet. Wer an Jesus glaubt, gewinnt das neue Leben schon in diesem natürlichen Leben. Das göttliche Leben kann auch der physische Tod nicht zerstören. Im Unterschied zum „ewigen Tod" (vgl. Offb 2,11; 20,6.14; 21,8), bleibt dieser Tod weder den Glaubenden – in dieser Erzählung verkörpert durch Lazarus – noch Jesus selbst erspart.

Eine interessante religionsgeschichtliche Parallele findet sich bei *Philo* (De Fuga et Inventione 55). Er unterscheidet zwischen Tugendlosen, die schon tot sind, obwohl sie noch leben, und den Weisen, denen Unsterblichkeit zugesprochen werden kann. Diese Einsicht verdankt er allegorisch personifizierend einer von Weisheit erfüllten Frau: „Ich ging daher zu einer weisen Frau, deren Name ,Überlegung' ist, und wurde vom Suchen befreit. Sie belehrte mich nämlich, dass manche, die noch leben, schon tot sind, andere noch nach dem Tode leben; denn die Schlechten seien, weil sie des tugendhaften Lebens beraubt sind, Tote, selbst wenn sich ihr Leben bis ins höchste Alter hinzöge; die Guten dagegen lebten auch nach der Trennung von der Gemeinschaft des Körpers ewig fort, da ihnen das Los der Unsterblichkeit zuteil geworden sei."

In 11,25a wird erstmals bei den Ich-bin-Worten die Person Jesu durch zwei Begriffe beschrieben. Sie entstammen lebendigen Zusammenhängen. In den Begriffen Auferstehung und Leben verdichten sich nach 11.25b.26 Glaubenserfahrungen, die Menschen durch die Begegnung mit dem Auferstandenen in Wort und Sakrament in der Gemeinde zuteil geworden sind. Glauben an ihn ist Auferstehung und Leben. Das Leben, das er ist und gibt, ist „immer schon geprägt durch Auferstehung, weil es das alte Leben hinter sich lässt und übersteigt. Es setzt ein Sterben und Abschiednehmen von dem voraus, was bisher als Leben galt, eine Preisgabe seiner selbst, seines eigenen Lebensentwurfes" (*Ludger Schenke*).

Wie die Heilung des Blindgeborenen (9,1-41) illustrierte, bedeutet das Glaubensbekenntnis zu Jesus zugleich einen Bruch mit den bisherigen sozialen und religiösen Netzwerken. Das ist der Preis für das neue Leben im Raum der Gemeinde. Ihre Gestalt schimmert in der Hausgemeinschaft der Jesusfreunde Martha, Maria und Lazarus durch (11,1-5; 12,1-8; 15,9-17; 19,25-27). Sie steht stellvertretend für die johanneische Gemeinde als „Gemeinschaft der Freunde Jesu" (*Jürgen Roloff*). Die abschließende Frage in direkter Rede „Glaubst du das?" ist nicht als Verhör zu verstehen. Sie ist im Blick auf uns als Leserinnen und Leser formuliert, damit auch wir uns Jesu Worte zu Herzen nehmen, unseren Glauben reflektieren und in Worte fassen. Jesus lässt Martha und mit ihr uns am Geheimnis seiner Person teilhaben. Bei Martha, der hochengagierten und eloquenten Frau, fällt Jesu Ich-bin-Wort auf fruchtbaren Boden. Was er ihr offenbart, ergreift sie und lässt sie begreifen.

Ihr traditionelles Glaubenswissen (11,24) wird durch die Erfahrung der Jesusoffenbarung (11,25f) christologisch transformiert (11,27). Deshalb ist ihr Glaubensbekenntnis im Perfekt formuliert (perfectum intensivum). In der Begegnung mit Jesus wird ihr bisheriger Glaube weitergeführt und verstärkt (vgl. 1,50f). Diese Steigerung zeigt sich sprachlich präzise auch darin, dass gegenüber 11,22.24 ihr „Du bist" das Echo auf sein „Ich bin" ist (vgl. 6,20.35.69) und erstmals das Personalpronomen „Ich" gesetzt wird. Am „Ich bin" Jesu reift das „Ich" Marthas. Niemandem vor ihr wird eine solche Christuserkenntnis zuteil (vgl. 1,41.49; 4,42; 6,14.68f; 9,38).

„In diesem Glaubenssatz stimmt jedes Wort. Das einleitende ‚Ja' nimmt alles vorweg. Es ist die vollkommene Zustimmung zu Jesu Ich-bin-Wort, mit dem er sich selbst in der Fülle seiner Heilssendung offenbart, die seine Göttlichkeit voraussetzt" (*Thomas Söding*). In ihrer bejahenden Antwort auf die Frage Jesu werden erstmals die Titel Christus und Sohn Gottes kombiniert (vgl. 20,31). In vorbildlicher Weise drückt sie ihre Erkenntnis aus (11,27), noch bevor sie im Wunder der Auferweckung ihres Bruders die Herrlichkeit Gottes gesehen hat (11,40; vgl. 2,11). Auch ihr gilt die Seligpreisung, die der Auferstandene in der Begegnung mit Thomas (vgl. 11,16) aussprechen wird (20,29).

Exkurs:
Theologinnen des Worts und der Tat

Auf Jesu „Ich bin" (11,25) folgt – wie bei Petrus (vgl. 6,69) – Marthas „Du bist". Weder das eine noch das andere Glaubensbekenntnis wird kritisch kommentiert. Im nachösterlichen Rückblick erscheinen diese Glaubensbekenntnisse in vollem Glanz. Bezeichnenderweise kommt der matthäischen Version des Petrusbekenntnisses (Mt 16,16) nicht 6,68f, sondern das Marthabekenntnis 11,27 am nächsten:

Mt 16,16: „Du bist der Christus, der Sohn des lebendigen Gottes."
Joh 11,27: „Ja, Herr, ich glaube jetzt, dass du der Christus bist, der Sohn Gottes ..."

Johannes lässt Martha das Bekenntnis formulieren, zu dem er seine Leserinnen und Leser als Antwort auf den Zuspruch des Lebens führen will: „Marthas Bekenntnis ist tief im Judentum verwurzelt und führt auf einen Höhepunkt neutestamentlicher Theologie" (*Thomas Söding*). Dabei klingt im Vergleich mit Mt 16,16 an, welche herausragende Führungsrolle Frauen in der johanneischen Gemeinde gespielt haben dürften.

Zu denken ist an Maria, die Mutter Jesu (2,1-11; 19,25-27), auf deren Bitte das erste Zeichen geschieht, an die Frau am Brunnen, eine äußerst geschickte Missionarin (4,1-42), die Schwestern Martha und Maria, Theologinnen des Worts und der Tat (11,1-12,8), die beim siebten und letzten Zeichen maßgeblich beteiligt sind, sowie an Maria Magdalena, die erste Auferstehungszeugin (20,1-18). Diese Frauen sind nicht nur individuelle Gestalten, sondern zugleich Symbolfiguren dafür, welche tragende Rolle einschließlich der Leitung einer Hausgemeinde Frauen in Wort und Tat, Mission und Diakonie in der johanneischen Gemeinde eingenommen haben.

Diese Schlüsselrolle ist umso erstaunlicher, wenn man zeitgleiche andere neutestamentliche Schriften zum Vergleich heranzieht: Die Dynamik der Hausgruppen in der Jesusbewegung und bei Paulus wandelte sich in der Geschichte des frühen Christentums in festere Strukturen. Spätestens um die Wende vom ersten zum zweiten Jahrhundert gewinnt das Herrschaftsmodell wieder die Oberhand. Das zeigt v.a. das ebenfalls am Haus orientierte Gemeindemodell der in Ephesus anzusiedelnden Pastoralbriefe, vor allem des 1. Tim. Kirche erscheint hier als „Gottes geordnetes Hauswesen" (*Jürgen Roloff*). Leitbild dieser Gemeinde als Haus Gottes (1. Tim 3,15) ist die am Hausherrn orientierte Großfamilie der spätantiken Gesellschaft. Charakteristisch sind streng abgestufte Rechte und Kompetenzen von oben nach unten. Der Gemeindeleiter hat die Rolle des Hausvaters, der seine Leitungskompetenz in der Führung seiner eigenen Familie unter Beweis gestellt hat (1. Tim 3,4). Er vertritt die Gemeinde nach außen und hütet die innere Ordnung. Untergeordnet sind die Diakone (1. Tim 3,8-13). Ganz unten in der Rangordnung stehen die Frauen, denen jedes eigenständige Wirken in der Gemeinde untersagt ist (1. Tim 2,9-15). Es wird also das antike Rollenverständnis übernommen mit dem Mann an der unangefochtenen Spitze des Hauses.

Angesichts dieses sich in den Bahnen der Spätantike bewegenden hierarchischen Gemeindekonzepts, ist es umso erstaunlicher, dass uns in den johanneischen Schriften eine Gemeinschaft der Gleichgestellten auf allen Ebenen als Gemeindemodell präsentiert wird. Obwohl das JohEv etwa aus derselben Zeit stammt wie die Pastoralbriefe und ebenfalls in Ephesus entstanden sein dürfte, betreten wir eine ganz andere Welt. Die Gemeindestrukturen, die sich hier im gleichen sozialen Kontext abzeichnen, unterscheiden sich – trotz der zeitlichen und räumlichen Nähe zu den Pastoralbriefen – erheblich.

Unglaublich (11,28-44)

Martha kehrt nach dieser Begegnung in ihre gewohnte Umgebung zurück, um ihre Schwester zu Jesus zu schicken (11,28-32; vgl. 4,28-30). Ihr Kontakt mit Jesus ist anders als der Marthas. Im Unterschied zu ihr, fällt sie Jesus ergeben zu Füßen (11,32): „Herr, wärst du hier gewesen, mein Bruder wäre nicht gestorben." Von ihr ist nur dieser eine Satz überliefert, der zudem mit der ersten Aussage ihrer Schwester identisch ist (vgl. 11,21). Ihr Weinen, das durch die Trauergäste verstärkt wird, betrübt Jesus. Als sie ihn zum Grab hinführen, weint er selbst (11,33-35).

Erneut löst sein Verhalten eine gespaltene Reaktion hervor. Die Juden deuten Jesu Weinen als Zeichen seiner Trauer über den Tod seines Freundes (11,36). Allerdings „ist ihnen die Tiefe und Macht seiner Liebe verborgen, in der er alsbald den Toten aus seinem Grabe herausrufen wird" (*Ulrich Wilckens*). Einige jedoch erheben (9,1-41; vgl. 11,9f) den Vorwurf (11,37): „Hätte dieser Mann, der die Augen des Blinden geöffnet hat, nicht auch bewirken können, dass dieser hier nicht hätte sterben müssen?" Auch sie erweisen sich als vermeintlich Sehende, die – trotz Augenlichts – blind sind und nicht erkennen, wer Jesus wirklich ist (vgl. 9,39-41).

Diese Provokation lässt Jesus ergrimmen. Doch unbeirrt setzt er seinen Weg zu dem mit einem Stein verschlossenen Höhlengrab fort (11,38). Als er am Grab ankommt, weist er an, den Stein zu entfernen (11,39). Die folgende Szene dient der Interpretation des Ich-bin-Worts in 11,25f.

Das zeigt Marthas erneuter Auftritt. Nach ihrem Glaubensbekenntnis in 11,27 scheint ihr nun der Glaube zu fehlen: „Herr, er riecht schon. Denn es ist der vierte Tag." Menschlich gesehen ist damit jede Hoffnung auf Wiederbelebung gestorben.

Angesichts des Todes überkommt Martha die Angst, Jesus könnte zu spät gekommen sein. Es bedarf daher der Ermutigung aus dem Erinnern (11,40): „Habe ich dir nicht gesagt: Wenn du glaubst, wirst du die Herrlichkeit Gottes sehen?" Diese Erinnerung an die Größe der göttlichen Lebensmacht entspricht allerdings nicht dem Dialog in 11,21-27, sondern der Ankündigung Jesu gegenüber den Jüngern in 11,4, die sich nun erfüllt. Der kunstvolle Spannungsbogen zwischen 11,4 und 11,40 verdeutlicht: Die Herrlichkeit Gottes ist im Angesicht des Todes als dessen Überwindung zu sehen. Nach der Erledigung des Auftrags, den Stein beiseite zu schaffen, hebt Jesus, angesichts des offenen Grabs, die Augen zum Himmel und betet (11,41f).

Der Betende ist zugleich der Herr über Leben und Tod, die Auferstehung und das Leben (11,25; vgl. 10,17f). Zugleich wird die theologische Rede in 5,25.28 und die metaphorische Rede in 10,3 konkretisiert. Die Toten hören die Stimme des Sohnes Gottes und werden leben (5,25.28). Der gute Hirte ruft seine eigenen Schafe beim Namen (11,43): „Lazarus, komm heraus!" Jesus macht keine leeren Worte, sondern mit einem lauten Ruf erweckt er seinen Freund (vgl. 6,63; Gen 2,7; Ps 33,4; 104,30; Jes 55,10f; Ez 37,5). Was er sagt, setzt er zugleich in die Tat um. So wirkt er Glauben.

Theologisch tiefgründig wird – wie in der Blindenheilung (9,1-41) – das Wunder des Glaubens vor Augen geführt. Die materielle Dimension wird mit einer metaphorischen verknüpft. Totenauferweckung durch Jesus als die Auferstehung und das Leben ereignet sich in der Zurückholung des Lazarus aus dem Tod und in der Erweckung des geistlich toten Menschen zum Glauben

Kanon zur Bibelwoche

Ich bin, der ich bin, versteht ihr das denn nicht? Wie der Hirte, wie das Brot, wie der Weg, die Tür, das Licht, wie der Weinstock mit seinen Reben und wie die Auferstehung und das Leben.

Kanon zu vier Stimmen von *Traugott Weber*

durch Jesu wirksames Lebenswort (vgl. 5,24): „Lazarus steht (auch) für jeden Glaubenden: Das Wort Jesu holt jeden ‚Toten' zum Neuen Leben heraus" (*Josef Heer*).

Lazarus kommt wieder zurück ins natürliche Leben. „Der Alltag wird dadurch aufgewertet, dass er als der Ort der Verheißung des Lebens zu empfangen ist" (*Martin Stiewe/François Vouga*). Der Freund Jesu kann wunderbarerweise gehen und den Ausgang finden – trotz Leinenbinden an Füßen und Händen und einem Schweißtuch, das sein Gesicht verhüllt. Schließlich fordert Jesus die Umstehenden auf, Lazarus zu „entbinden" und ihn nach Hause gehen zu lassen (11,44). Auf diese Weise können sie das Wunder mit Händen greifen und es bezeugen.

Rückblick

Die Erzählung der Auferweckung des Lazarus mit dem Ich-bin-Wort in 11,25f als Höhepunkt „ist in Breite, Farbigkeit und Vielschichtigkeit, in Gestalt und Aufbau ein Meisterwerk des Evangelisten" (*Peter Dschulnigg*). Sie ist wie 6,22-59 (s. o.) konzentrisch komponiert mit 11,17-27 als Mitte:

A: 11,1-5
    B: 11,6-16
        C: 11,17-27
    B': 11,28-32
A': 11,33-44

Martha verkörpert den Glauben, Maria die Liebe und Lazarus die Hoffnung. Nicht zuletzt durch die starke Personalisierung und die direkte Frage in 11,27, werden auch die Leserinnen und Leser aufgerufen, persönlich zu Jesus Stellung zu nehmen und von ihm unendliches göttliches Leben schon in diesem endlichen menschlichen Leben zu empfangen. So ist diese johanneische Erzählung ein Musterbeispiel dafür, dass bereits gegenwärtig ewiges Leben durch Jesus ermöglicht wird. Das ist keineswegs selbstverständlich: „Man hat über Jahrhunderte hin im Christentum verkündet: Das eigentliche Leben sei das Leben nach dem Tode. Wenn Jesus es selbst so gesehen hätte, hätte es keinen Anlass gegeben, Lazarus in *dieses* Leben zurückzurufen. Dann hätte es genügt, wenn Jesus den Schwestern gesagt hätte: Lazarus ist tot. Seid doch froh, dass er jetzt dort ist, im eigentlichen Leben" (*Kurt Lückel*).

Bereits in diesem Leben ist es möglich, durch den Glauben an Jesus zum wahren Leben aufzuerstehen, das auch den physischen Tod überwindet. Dieser Glaube ist kein Produkt menschlichen Wirkens und Wollens, sondern göttlichen Ursprungs. Er ist eine Neuschöpfung.

Auferstehung/Leben im JohEv

Die Auferstehungsvorstellung begegnet ausdrücklich am Ende der Tempelreinigung (2,19-22). Jesus ist nach drei Tagen auferstanden, wohingegen der Tempel in Jerusalem niedergerissen wurde. Erst im Horizont seiner Auferstehung erschließt sich die johanneische Darstellung. Auf diesen Verstehensschlüssel wird in 2,22 hingewiesen (s. o.). In 5,29 ist wie in 11,24 von der allgemeinen Totenauferstehung die Rede (vgl. Dan 12,2).

In Entsprechung zum Ich-bin-Wort in 11,25, sind die johanneischen ChristInnen schon in der Gegenwart durch den Glauben an Christus vom Tod ins Leben hinübergeschritten (5,24f). Denn Jesus ist der Totenerwecker (5,21) und die Auferstehung (11,25). Das wird in der Auferweckung des Lazarus zeichenhaft anschaulich (11,23.38-44). In der Lebensbrotrede erfolgt – in Fortschreibung von 5,29 – vier Mal der Ausblick auf die endzeitliche Auferweckung durch Jesus (6,39.40.44.54; s. o.). In den Szenen der Salbung (12,1-11) und des Einzugs (12,12-19) wird im Rückblick drei Mal betont, dass Jesus Lazarus von den Toten auferweckt hatte (12,1.9.17).

Auch zu Beginn des zweiten Hauptteils klingt ein subtiles Auferstehungssignal an. Nachdem es in 11,29 Maria war, die schnell aufsteht und zu Jesus geht, ist es nun er selbst, der vom Mahl aufsteht, um seinen Freunden die Füße zu waschen (13,4). Die Korrespondenz zwischen der Auferweckung des Lazarus und der Auferstehung Jesu ist augenscheinlich. 11,38-44 ist eine Vorabbildung von 19,40-20,8. Es handelt sich jeweils um ein Felsengrab (11,38; 20,1). Die Beisetzungen von Lazarus und Jesus erfolgten nach jüdischer Sitte (11,44; 19,40). Beider Häupter wurden mit einem Schweißtuch verhüllt (11,44; 19,40). Jesus wird allerdings ohne menschliche Beteiligung aus den Banden des Todes (20,6f; vgl. 10,17f) gelöst, wohingegen Lazarus von seinen Banden befreit werden musste. In Aufnahme von 2,22, heißt es im Erzählerkommentar 20,9, dass weder der Lieblingsjünger noch Petrus das Schriftzeugnis von der Auferstehung Jesu von den Toten verstanden.

In 21,14 wird abschließend festgestellt, dass die Begegnung mit den Jüngern am See von Tiberias die dritte Jesusoffenbarung nach seiner Auferweckung von den Toten war. Als LeserInnen und Leser werden wir dadurch animiert, auch die ersten beiden sonntäglichen Wiederbegegnungsszenen (20,19-23.24-29) Revue passieren zu lassen. Dass die Erscheinung vor Maria Magdalena (20,1-18) in diesem Nachtragskapitel nicht gezählt wird, könnte daran liegen, dass sie nicht zum Zwölferkreis zählte.

Das Leitwort Leben prägt ebenfalls das ganze JohEv. Als Markenzeichen dieser christologischen Theologie umschreiben die sieben Ich-bin-Aussagen „Jesu Hoheit vollendet und laden die LeserInnen ein, auf das Angebot des göttlichen Lebens in Jesus einzugehen" (*Peter Dschulnigg*). Bereits im Prolog ist einführend zu lesen, dass das Leben im göttlichen Logos und damit im Sohn war (1,4). In Einheit mit dem Vater, in dem das Leben ist (5,26; 6,57), vergegenwärtigt der Sohn das Leben, indem er das Leben der Menschen als Licht erleuchtet.

Das Geschenk des göttlichen Lebens ist exklusiv an die Lebenshingabe Jesu und den Glauben an ihn gebunden. Er vermittelt dies Leben durch Wort und Sakrament. Besonders charakteristisch ist dabei die johanneische Wendung „ewiges Leben haben" (3,15f.36; 5,24.26.39f; 6,40.47.53f; 10,10; 20,31): „Nach den Formulierungen des Johannesevangeliums ist ewiges Leben der Inbegriff von Leben, das intensiv ist durch Anteilgabe und Anteilnahme Gottes (Joh 5,24; 11,25f)" (*Gunda Schneider-Flume*). Das Evangelium ist dazu geschrieben, „dass ihr durch den Glauben das Leben habt in seinem Namen" (20,31).

> **Wolle nicht zurückbleiben auf deinem Weg.
> Wolle nicht umkehren und nicht vom Weg abgehen.
> Wer nicht vorangeht, bleibt zurück.
> Wer zu dem zurückläuft, das er verlassen hat, geht rückwärts.
> Besser der Lahme auf dem Weg als der Läufer auf dem Irrweg.**
>
> *Augustinus*

Gedanken und Texte zum Nachdenken und Besprechen

● *Was zu viel ist*

Lieber Mensch,
deine ganze Vergangenheit
hast du schon auf dem Buckel
und willst dir auch noch
deine ganze Zukunft aufladen?
Das ist viel zuviel. Du bekommst zu leben
in Portionen von vierundzwanzig Stunden.
Warum denn alles auf einmal?
Dafür bist du nicht geschaffen.
Das macht dich fertig.

Phil Bosmans

(aus: Vergiss die Freude nicht.
Aus dem Niederländischen übertragen und
bearbeitet von *Ulrich Schütz*. © Verlag Herder,
Freiburg, 2007[58], S. 92)

● Ein Christ sollte in diesem Reim:
Ich lebe und weiß nicht wie lang
ich muss sterben, weiß auch nicht wann,
ich fahr von dannen, weiß nicht wohin,
mich wundert, dass ich so fröhlich bin,
die zwei letzten Verse ändern
und mit fröhlichem Mund und Herzen reimen:
Ich fahr und weiß, Gott lob! wohin,
mich wundert, dass ich so traurig bin.

Martin Luther

● *Und doch alles*

Viel wird dir genommen
im Laufe des Lebens
Am Ende erhältst du
nichts zurück

Und doch Alles

Theresia Hauser

(aus: Offen für den Augenblick.
Schwabenverlag, Ostfildern, S. 46.
Rechte bei der Autorin)

● Ein Mensch lebt noch mit letzter List
in einer Welt, die nicht mehr ist.
Ein andrer, grad so unbeirrt,
lebt schon in einer, die erst wird.

Eugen Roth

(aus: *Ulrich Heidenreich*: Worte, die begleiten.
Agentur des Rauhen Hauses, Hamburg 1998.
Rechte: Dr. Eugen Roth Erben, München)

● *Über auferstehung*

Sie fragen mich nach der auferstehung
sicher sicher gehört hab ich davon
dass ein mensch dem tod
nicht mehr entgegenrast
dass der tod hinter einem sein kann
weil vor einem die liebe ist
dass die angst hinter einem sein kann
die angst verlassen zu bleiben
weil man selber   gehört hab ich davon
so ganz wird dass nichts da ist
das fortgehen könnte für immer

Ach fragt nicht nach der auferstehung.
ein märchen aus uralten zeiten
das kommt dir schnell aus dem Sinn.
ich höre denen zu
die mich austrocknen und klein machen,
ich richte mich ein
auf die langsame gewöhnung ans totsein
in der geheizten wohnung
den großen stein vor der tür.

Ach, frag du mich nach der auferstehung
Ach hör nicht auf mich zu fragen

Dorothee Sölle

(aus: Fliegen lernen. © Wolfgang Fietkau
Verlag, Kleinmachnow)

● Alles, was atmet und lebt, preise deinen Namen, Ewiger, unser Gott. Jedes Wesen aus Körper und Geist verherrliche und erhebe deinen Ruhm. Du bist Gott von Ewigkeit zu Ewigkeit. Außer dir haben wir niemanden, der über uns regiert, der uns erlöst und hilft, rettet und befreit, der uns antwortet und sich unser erbarmt. Zur Zeit der Not und der Angst haben wir niemanden, der sich für uns verantwortlich weiß, als dich, niemanden, der uns hilft und uns stützt, außer dir, du Gott der ersten und der letzten Dinge, Gott aller Geschöpfe, Gott aller Generationen, dir wird auf vielfältige Weise Lob gesungen, du lenkst den Lauf der Welt in Güte und deine Geschöpfe in Erbarmen. Ja, du, Gott, schläfst und schlummerst nicht. Vielmehr lässt du die Schlafenden erwachen und weckst die Eingeschlafenen auf. Du schenkst Leben angesichts des Todes und heilst die Kranken. Du öffnest den Blinden die Augen und richtest die Gebeugten auf. Dir allein gebührt unser Dank.

Aus der jüdischen Liturgie

(aus: Die Weisheit des Judentums: Gedanken für jeden Tag des Jahres. *Hrsg. von Walter Homolka und Annette Böckler*. © by Gütersloher Verlagshaus, Gütersloh, in der Verlagsgruppe Random House, München)

● *Gegenspieler*

Tod ist Ende
Liebe Beginn
Kampf um das Leben

Anfang und Ende
Ende und Anfang
Rhythmus des Lebens

wer stirbt
setzt ein Ende
begräbt das Leben

wer liebt
beginnt immer wieder neu
Auferstehung

die Liebe
ist stärker
als der Tod

Andrea Schwarz

(aus: Und jeden Tag mehr leben.
© Verlag Herder, Freiburg 2004², S. 172)

● Alles erraffen oder alles wegwerfen, das ist die Haltung dessen, der fanatisch an den Tod glaubt. Wo aber erkannt wird, dass die Macht des Todes gebrochen ist, wo das Wunder der Auferstehung und des neuen Lebens mitten in die Todeswelt hineinleuchtet, dort verlangt man vom Leben keine Ewigkeiten, dort nimmt man vom Leben, was es gibt, nicht alles oder nichts, sondern Gutes und Böses, Wichtiges und Unwichtiges, Freude und Schmerz.

Dietrich Bonhoeffer

(aus: So will ich diese Tage mit euch leben. © by Gütersloher Verlagshaus, Gütersloh, in der Verlagsgruppe Random House, München)

● *Trost*

Ohne Trost kannst du nicht leben. Trost sind aber nicht Alkohol, Schlafmittel, Spritze, die dich vorübergehend betäuben und dich dann hineinstürzen in eine noch schwärzere Nacht. Trost ist keine Flut von Worten.

Trost ist wie eine lindernde Salbe auf eine schmerzende Wunde. Trost ist wie eine Oase in einer unbarmherzigen Wüste. Trost ist wie ein gütiges Gesicht in deiner Nähe von jemandem, der deine Tränen versteht, der auf dein gequältes Herz hört, der bei dir bleibt in deiner Angst und Verzweiflung und der dich hinweist auf ein paar Sterne.

Phil Bosmans

(aus: Vergiss die Freude nicht. Aus dem Niederländischen übertragen und bearbeitet von *Ulrich Schütz*. © Verlag Herder, Freiburg, 58. Gesamtauflage 2007, S. 59)

● Marthas Glauben nachher ist nicht ohne das Wissen vorher.

● Die kleinen „Auferstehungen" im Leben helfen, die große Auferstehung zu verstehen und umgekehrt.

● Bei Gott gibt es keine Irreversibilität – das führt Joh 11 drastisch vor Augen.

● Welchen inneren Weg mag Martha vom angelernten Katechismuswissen bis zum Bekenntnis aus Glauben gegangen sein? Kenne ich das im eigenen Glaubensleben, dass durch bestimmte Situationen und Begegnungen angelernte Sätze, die irgendwie totes Wissen waren, mit einem Mal in einem neuen Licht erscheinen, in meinem Leben lebendig werden, ihre Kraft entfalten?

Bausteine zur Gestaltung

● Wer mit einem Film einsteigen möchte, sei auf **Die Entdeckung des Martin Luther** von *Christopher Paul*, Deutschland 2003, 29 Minuten, farbig, Dokumentarfilm, hingewiesen.

● *Gestaltete Mitte:*
Auf schwarzen und weißen ineinander verschlungenen Tüchern liegt in der Mitte ein Holzkreuz, auf dessen Vierung eine brennende Kerze steht. Drum herum liegen aus der Zeitung ausgeschnittene Todesanzeigen. Zwischen diesen Anzeigen stehen kleine mit Erde gefüllte Schalen oder Töpfe, in denen ein Weizenkorn aufgegangen ist.
* Welche Gedanken und Gefühle ruft dies Bild in Ihnen hervor?
* Was fällt Ihnen auf, wenn Sie sich die Texte der Traueranzeigen anschauen?

Oder:
Die Traueranzeigen werden weggelassen, und in der Mitte liegen Papierstreifen mit den Stichworten Tod, Leben, Auferstehung, Glauben.
* Wie wirkt dies Bild auf Sie? Was ruft es in Ihnen hervor?
* Über welchen Begriff möchten Sie sich austauschen?

Je nach Bedarf werden Austauschgruppen zu den Begriffen gebildet.

© Johann Mayr

● Wer anhand von Johannes 11,17-27 besonders das Thema Auferstehung aufgreifen möchte, kann mit folgender Einzelbesinnung beginnen (entnommen aus: Alles hat seine Zeit. Hausgebete zum Jahr 2000", Heft 2, S. 15). Die TeilnehmerInnen erhalten dazu ein Textblatt mit den sieben Aussagen und werden gebeten, das für sie Zutreffende anzukreuzen:

Diese Aussage	stimmt	stimmt vielleicht	ist falsch
1. Auferstehung geschieht heute und bedeutet, dass wir nur für dies Leben neues Vertrauen und neue Gewissheit gewinnen.			
2. Auferstehung bedeutet, dass wir im Herzen geliebter Menschen oder in dem, was wir geschaffen haben, weiterleben.			
3. Auferstehung heißt, dass wir Menschen nach dem Tod irgendwie ins Licht, in eine schöne Zukunft gehen.			
4. Auferstehung bedeutet, dass wir nach dem Tod bei Gott sind und einen neuen Leib bekommen, der der Gestalt des auferstandenen Christus entspricht.			
5. Auferstehung bedeutet, dass die unsterbliche Seele nach dem Tod aus dem Gefängnis des Leibs entweicht und ewige Freiheit gewinnt.			
6. Auferstehung bedeutet, dass sich die Seele des Menschen in einem anderen Lebewesen wiederverkörpert und in einer Abfolge solcher Wiedergeburten gereinigt wird.			
7. Die Persönlichkeit des Menschen wird durch den Tod ganz vernichtet. Auferstehung bedeutet, dass Gott einen ganz anderen, neuen Menschen schafft.			

8. Auferstehung bedeutet für mich.............

Nach der Einzelbesinnung erfolgt – je nach Anzahl der TeilnehmerInnen – ein Austausch in Kleingruppen oder im Plenum. Wenn das Gespräch zunächst in Kleingruppen geführt wird, bekommen die Gruppen die Aufgabe, die wichtigsten Einsichten und Fragen stichwortartig festzuhalten, um sie dann ins Plenum einbringen zu können.

> Aufstehen, Straßenbahn,
> vier Stunden Büro oder Fabrik,
> Essen, Straßenbahn,
> vier Stunden Arbeit,
> Essen, Schlafen,
> Montag, Dienstag,
> Mittwoch, Donnerstag,
> Freitag, Samstag,
> immer derselbe Rhythmus –
> das ist sehr lange
> ein bequemer Weg.
> Eines Tages aber steht
> das „Warum" da,
> und mit diesem Überdruss,
> in den sich das Erstaunen mischt,
> fängt alles an.
> „Fängt an" – das ist wichtig.
> Der Überdruss ist das Ende
> des mechanischen Lebens,
> gleichzeitig auch der Anfang
> einer Bewusstseinsbildung.
> Er weckt das Bewusstsein
> und bereitet den
> nächsten Schritt vor.
> Der nächste Schritt ist
> die unbewusste Umkehr
> in die Kette alltäglicher
> Gebärden
> oder das endgültige Erwachen.
>
> *Albert Camus*

● *Textlesung:*
Der vorliegende Text legt es nahe, ihn mit verteilten Rollen vorzulesen: ErzählerIn, Martha, Jesus.

● *Fragen zur Texterschließung:*
* Welche Personen und Gruppen kommen im Text vor? In welcher Beziehung stehen sie zueinander?
* Wie agiert, reagiert Martha? Gibt es Veränderungen in der Art und Weise ihres Agierens?
* Was entdecken Sie in Marthas Reden?
* Wie deuten Sie die Verse 25 und 26? Wie wird Auferstehung hier verstanden?

● *Impulse für ein Plenumsgespräch:*
* Was erhoffen wir für unser Leben im Hier und Jetzt, wenn wir an die Auferstehung glauben? Wie wirkt sich unser Glaube an die Auferstehung auf unser alltägliches Leben aus?
* Wie erklären Sie einem Nichtchristen Ihren Glauben an die Auferstehung?

● Wer den Abend mit einer Bildbetrachtung schließen möchte, sei auf das Bild aus der Kirche in Ornbau und die Betrachtung von *Jörg Meuth* hingewiesen (s. u. S. V).

● Kleingruppen erhalten einen vorbereiteten Papierbogen mit den Stichworten: leben, glauben, sterben, auferstehen. In der Stille bedenken die TeilnehmerInnen zunächst für sich die Frage: Wo sehe ich Verbindungslinien zwischen den Begriffen? Danach wird in den Gruppen schweigend ein Schreibgespräch durchgeführt. Nach dem Schreibgespräch kann sich die jeweilige Gruppe darauf einigen, über welche Aussage oder Frage sie sich austauschen möchte.

Lieder

Weil Gott in tiefster Nacht erschienen	EG 56,1-3
Wir danken dir, Herr Jesu Christ	EG 107
O Tod, wo ist dein Stachel nun	EG 113,5
Jesus lebt, mit ihm auch ich	EG 115
Herr, deine Güte reicht	EG 277
Wer nur den lieben Gott lässt walten	EG 369/GL 296
Ich steh vor dir mit leeren Händen	EG 382/GL 621
Morgenglanz der Ewigkeit	EG 450
Christus, der ist mein Leben	EG 516
Freunde, dass der Mandelzweig	
(bayer. Anhang)	EG 659
(württ. Anhang)	EG 655
Das ist der Tag, den Gott gemacht	GL 220
Nun freue dich, du Christenheit	GL 222
Herr, deine Güt ist unbegrenzt	GL 289
Mein schönste Zier und Kleinod	EG 473/GL 559

VI Johannes 14,1-14

Suchen und wohnen

Auslegung

Der Weg zählt zu den zentralen Symbolen des menschlichen Lebens. Alles Leben ist Bewegung, ein Auf-dem-Weg sein, ein Unterwegssein. Zum Weg gibt es eine Fülle von Sprachbildern, zum Beispiel „An mir führt kein Weg vorbei", „Viele/alle Wege führen nach Rom", „Hier trennen sich unsere Wege", „Sich auf den Weg machen", „Jemanden auf den rechten Weg führen", „Jemanden vom rechten Weg abbringen", „Jemandem etwas mit auf den Weg geben", „Auf dem besten/richtigen/falschen Weg sein", „Jemanden aus dem Weg räumen", „Auf halbem Weg stecken/stehen bleiben", „Jemanden auf dem letzten Weg begleiten".

Es gibt Leidenswege, Irrwege, Umwege, Nebenwege, Abwege, Rückwege, Heimwege, Auswege und Ausweglosigkeiten, Kreuzwege. Die Wegkreuzung galt in alter Zeit als Ort der Begegnung mit unheimlichen Mächten und mit dem Schicksal. Ödipus beispielsweise tötete seinen Vater an einem Scheideweg. Am Scheideweg muss man „sich entscheiden zwischen:

dem Weg der Wahrheit und
dem Weg der Lüge
dem Weg der Barmherzigkeit und
dem Weg der Härte (Hartherzigkeit)
dem Weg der Gerechtigkeit und
dem Weg der Ungerechtigkeit
dem ehrlichen/geraden Weg und
dem krummen Weg (krumme Touren)
dem schmalen/mühsamen Weg und
dem breiten/leichteren Weg
dem Weg des Lebens und
dem Weg des Todes.

Der eine ist leben-schaffend und -fördernd, der andere leben-verweigernd und tödlich für die physische und psychische Existenz von Menschen" (*Ursula Früchtel*).

Alle Religionen unternehmen den Versuch, ihren Anhängern den rechten Weg zum Leben zu weisen. Das gilt natürlich auch für Judentum und Christentum.

Weg in der Bibel

Weggeschichten sind immer auch Aufbruchgeschichten. Abrahams und Saras Weg führt von Ur in Chaldäa ins verheißene Land. Beim Aufbruch gibt es kein Zögern (Gen 12,1.4). Der Weg führt nicht geradlinig in das verheißene Land (Dt 26,5). Auch Isaaks Sohn Jakob muss sich auf den Weg machen. Auf der Flucht sieht er im Traum eine Treppe, die Himmel und Erde verbindet. Das zeigen die auf- und absteigenden Engel (Gen 28,12; vgl. Joh 1,51). Der Weg des Volkes Gottes aus Ägypten in das gelobte Land ist ein Weg voller Widerstände. Er führt durch die Wüste (Ex 13-18; Dtn 1). Wegführer ist Gott (Ex 13,21). Er kümmert sich auch um Wegzehrung in Form von Wachteln und Manna (Ex 16; vgl. Joh 6,31.49). Doch sein Volk reagiert mit undankbarem Murren (Ex 16,2.7-9.12; vgl. Joh 6,41.52).

Auch beim Aufbruch vom Berg Hor in Richtung Schilfmeer ruft die karge Gegend ohne Brot und Wasser Widerspruch hervor (Num 21,4-5). Als Strafe schickt Gott eine Schlangenplage (Num 21,6). Als es bereut, lässt er als Ausweg aus dieser tödlichen Gefahr durch Mose eine eherne Schlange aufrichten, deren Anblick rettet (Num 21,7-11; vgl. Joh 3,14). Mose stellt rückblickend fest (Dtn 1,32f; vgl. Joh 14,2): „Und trotzdem glaubtet ihr dem Herrn, eurem Gott, nicht, der auf dem Weg vor euch herging, euch die Stätte zu weisen, wo ihr euch lagern solltet." Wieder lenkt Gott ein und gibt seinem Volk den Dekalog als Wegweiser (Ex 20; Dt 5; vgl. Joh 14,6).

Nach der Landnahme stellt Josua das Volk vor die Entscheidung, zwischen dem richtigen und dem falschen Weg zu wählen. Vorbildlich ist Josuas eigene Wahl (Jos 24,15): „Ich aber und mein

Haus wollen dem Herrn dienen." Angesichts der ständigen Versuchung, den „Weg der anderen Götter" zu gehen, bekennt sich auch David am Ende zum Weg des Herrn (2. Sam 22,22; vgl. Ps 18).

Ein Weg, den Israel nicht gehen wollte, ist der in das Exil nach der Zerstörung Jerusalems. Von der Sehnsucht nach dem Weg zurück zeugt insbesondere Deuterojesaja (Jes 40-55). Zu Beginn erklingt die Hoffnung (Jes 40,3; vgl. Joh 1,23): „Horch, es ruft: In der Wüste bahnt den Weg des Herrn." Gott sagt zu (Jes 43,19): „Ich lege durch die Wüste einen Weg." Am Ende wird bei Deuterojesaja noch einmal auf Gottes wunderbaren Weg geblickt (Jes 55,6; vgl. Joh 1,38-45; 6,24f; 7,34-36; 13,33): „Sucht den Herrn, solange er zu finden ist." Der Gottlose wird aufgerufen, von seinem Weg zu lassen und sich Gott zuzuwenden (Jes 55,7).

Schließlich wird der himmelweite Unterschied zwischen Gottes Wegen und den Wegen der Menschen hervorgehoben (Jes 55,8f). Der Mensch ist auf seinem Lebensweg auf die Erleuchtung durch Gottes Wort angewiesen. Im Psalter findet sich eine Fülle weiterer Wegworte (vgl. Ps 16,11; 25,4.8f; 27,11; 36,5; 37,5; 67,2f; 107,7; 119,30.128; 125,5; 143,8). Im Blick auf das Ich-bin-Wort in Joh 14,6, verdient Ps 16,11 durch die Verbindung von Weg und Leben besondere Erwähnung: „Du tust mir kund den Weg zum Leben."

In Spr 4,10f übernimmt der Weisheitslehrer die Funktion, die in Ps 16,11 Gott selbst wahrnimmt (vgl. Ps 25,8.12; 32,8). Der Weise zeigt dem Schüler den Weg der Weisheit (vgl. Ps 25,8.12; 32,8). Ist hier der Lebensweg gemeint, wird in Spr 8,22 das Wegmotiv auf die Weisheit selbst bezogen (vgl. Joh 1,1-18): „JHWH schuf mich als Anfang seines Weges, als erstes seiner Werke." Die Wegmetaphorik hat ihren Grund und Ausgang im göttlichen Schöpfungshandeln. Mit der universalen Weisheit als erstem Schöpfungswerk begann der Weg Gottes mit seiner Schöpfung.

Im Neuen Testament wird der Täufer als Wegbereiter und Zeuge Jesu porträtiert (vgl. Joh 1,6-8.15; 1,19-34; 3,22-30; 5,31-36; 10,40-42). Aus dem Täuferkreis stammen die ersten Jünger als Wegbegleiter Jesu (vgl. Joh 1,35-39). Auch dem MtEv zufolge, lehrt der Täufer den rechten Weg (Mt 21,32). Das bekannte Doppelbild von den zwei Wegen findet sich in der Bergpredigt (Mt 7,13f; vgl. Ps 1,6; Spr 4,18f; 15,19). Jesus ruft auf den Weg zum Leben. Er ist ein mühseliger Weg, weshalb ihn nur wenige finden. Das Wegmotiv spielt auch im MkEv eine Rolle. Es bezieht sich zum einen auf den Weg der Jünger (Mk 6,8), zum anderen auf den Gang Jesu mit seinen Jüngern nach Jerusalem (Mk 8,27-10,52). Er wird ausdrücklich als „Weg" bezeichnet (Mk 8,27; 9,33f; 10,17.32.52).

Im Unterschied zu dieser Zweiteilung, ist der Weg zum Leiden im Lukasevangelium dreigeteilt (Lk 3,1-9,50; 9,51-19,27; 19,28-24,53). Das Wegmotiv durchzieht das gesamte lukanische Doppelwerk, in dem fast ein Drittel der 101 neutestamenlichen Belege zu verzeichnen ist. Zacharias besingt den Täufer als Wegbereiter des Herrn (Lk 1,76), der „unsere Füße auf den Weg des Friedens" (Lk 1,79) richten wird. Dieser Weg wird auch als „Weg des Lebens" (Apg 2,28; vgl. Ps 16,11) und als „Weg des Heils" (Apg 16,17) benannt. Lukas verdanken wir viele Weggeschichten, die sich in den anderen Evangelien nicht finden (vgl. Lk 10,25-37.38-42; 17,11-19; 24,13-35; Apg 8,26-40; 9,1-19; 10,1-48). In der Apostelgeschichte wird der Weg zum Symbol für den christlichen Glauben bzw. die christliche Lehre und damit zur „Grundstruktur der Kirche" (*Wolfgang Baur*).

Die Christen sind „die des Weges" (Apg 9,2). Paulus verkündet in Ephesus „den Weg" (Apg 19,9). Wegen „des Weges" gibt es Turbulenzen in derselben Stadt (Apg 19,23). Im Rückblick sagt Paulus den Juden in Jerusalem, er habe „den Weg" verfolgt (Apg 22,4). In Cäsarea bekennt er vor dem Statthalter, gemäß „dem Weg" Gott zu dienen (Apg 24,14). Felix wusste recht gut von „diesem Weg" (Apg 24,22). Apollos hatte Unterricht im „Weg des Herrn" (Apg 18,25). Bei Aquila und Priszilla bekam er eine noch intensivere Auslegung des „Weges Gottes" (Apg 18,26).

Auch in der Briefliteratur und in der Offb wird das Wegmotiv im theologischen und ethischen Sinn verwendet (vgl. Röm 3,16f; 11,33; 1. Kor 12,31; 1. Thess 3,11; Jak 1,8; 5,20; Hebr 3,10; 9,8; 10,20). Paulus bezeichnet seine eigenen Weisungen als „Wege in Christus Jesus" (1. Kor 4,17). Im himmlischen Vorspiel werden die gerechten und wahrhaftigen Wege Gottes gepriesen (Offb 15,3; vgl. 16,12). Anders als in der Johannesoffenbarung, wird das Bild des Wegs im JohEv direkt mit der Person Jesu in Verbindung gesetzt.

Jesus – der Weg, die Wahrheit und das Leben

Das sechste Ich-bin-Wort (14,6) ist das erste von zwei Ich-bin-Worten (15,1; in Variation 15,5), die planvoll in die beiden Abschiedsreden (13,31-14,31; 15,1-16,33) eingebettet sind. Nach der Eröffnung des zweiten Hauptteils mit der Fußwaschung, dem letzten Mahl und der Verratsankündigung (13,1-30) hat dies Ich-bin-Wort in der ersten Abschiedsrede eine Schlüsselstellung:

Die meisterhaft erzählte Fußwaschung (13,1-20) ist der Auftakt zur Leidensgeschichte. Die Liebe Jesu hat Hand und Fuß. Der Weg des himmlischen Offenbarers führt von ganz oben nach ganz unten. Dass er sogar sein Leben für die Freunde lässt (vgl. 15,13), wird zeichenhaft an seinem Dienst der Fußwaschung anschaulich. Johannes stellt uns mit ihr (13,1-5) und ihren beiden Deutungen (13,6-11.12-20) die Möglichkeit erfüllten Lebens – trotz massiver Widerstände – vor Augen.

Im Verrat des Judas wird sich die Schrift erfüllen (13,18; s. o.). Diese Erfüllung wird den Jüngern eine Glaubenshilfe sein. Rückblickend werden sie erkennen, dass der Gekreuzigte und Auferstandene identisch ist mit dem, der ihnen dienend die Füße wusch. Dies nachösterliche Wiedererkennen wird durch eine Ich-bin-For-mel zur Sprache gebracht (13,19; vgl. 8,24; 18,5). Die Vorankündigung wird gegeben, „damit ihr glaubt, dass ich es bin".

Der Verrat des Judas wird in der folgenden Mahlszene wirkungsvoll durch die Vertrauensstellung des Lieblingsjüngers kontrastiert. Dieser durchschaut zudem – im Unterschied zu Petrus – die Hintergründigkeit des Geschehens (13,21-30). Den Auftakt der ersten Abschiedsrede bildet Jesu Verherrlichung und sein neues Gebot der Bruderliebe in Verbindung mit der Ankündigung der Verleugnung des Petrus (13,31-38). Angesichts des anstehenden Abschieds Jesu, stellt sich die Frage, wie zukünftig das Verhältnis zu ihm aussehen wird. Diese insbesondere für die Leserinnen und Leser relevante Frage, die stellvertretend Thomas stellen wird (14,5), beantwortet der johanneische Offenbarer dreigeteilt:

- Sein Weggang zum Vater als Auftakt der nachösterlichen Heilszeit (14,1-14);
- Verheißung des Kommens des Geist-Parakleten, der Wiederkunft Jesu und des Einwohnens von Vater und Sohn (14,15-24);
- Redeabschluss mit zweiter Verheißung des Geist-Parakleten (14,25-31).

Dass mit 14,15 ein neuer Redeabschnitt beginnt, wird durch die Stichworte lieben und Gebote halten (14,15.21.23f; vgl. 13,34f) signalisiert.

Komposition

Zeit- und Ortsangaben

In der mit 13,1 eingeläuteten, hauptsächlich aus Gesprächen bestehenden, Handlung fällt die erzählte Zeit fast mit der Erzählzeit zusammen. Szenische Unterbrechungen finden sich nur in 13,30 (Weggang des Judas in die Nacht), 14,31 (Aufforderung zum Verlassen des Orts) und 17,1 (Redeabschluss und Gebetsbeginn). Erst in 18,1 wird ein bedeutsamer neuer Zeitabschnitt markiert. Durch ihn wird zugleich die in 14,31 ausgesprochene Aufforderung zum Ortswechsel eingelöst. Vergleichbar ist der in 1,43 angekündigte und erst in 2,1 erfolgende Szenenwechsel.

Jesu Signal „zum Aufbruch in 14,31 hebt – so könnte man sagen – die Mahlgemeinschaft und damit das Tischgespräch mit den anwesenden Jüngern auf, nicht jedoch die Kommunikationsgemeinschaft, die mit ihnen und durch sie mit den Lesern weiter besteht" (*Ludger Schenke*).

Personen
Durch Jesu Aufforderung zum Aufbruch in 14,31 werden die Dialoge und Rede zweigeteilt. Unmittelbare Dialoggruppe von 13,31-14,31 ist die Jüngergemeinschaft. In 15,1-16,33 wird die Leser- und Hörergemeinde verstärkt anvisiert. Nachdem in 13,31-38 Petrus im Blickpunkt stand, sind ab 14,1 wieder alle Jünger angesprochen. Dabei treten in 14,1-14 erneut Thomas (14,5; vgl. 11,16; 20,24-29; 21,2) und Philippus (14,8; vgl. 1,43-45; 6,7; 12,21f) namentlich aus der Jüngerschar hervor, um im Rahmen des gemeinsamen Mahls die Rede Jesu durch Fragen und Einwürfe zu unterbrechen. Sie intervenieren stellvertretend für die Jüngergemeinschaft. Das zeigt der jeweilige Wechsel vom Singular in den Plural (14,6/14,7; 14,9f/14,11-14).

Sprecherwechsel
14,1-14	ist dialogisch stilisiert mit 14,6f als Zentrum:
14,1-4	Jesusrede
14,5	Feststellung und Frage von Thomas
14,6f	Jesusrede
14,8	Aufforderung von Philippus
14,9-14	Jesusrede

Einzelexegese

Himmlischer Ausblick (14,1-4)
14,1-4 knüpft unmittelbar an die Ankündigung des Fortgangs Jesu in 13,31-38 an. Mit seinem Weggehen finden sich die Jünger allein gelassen vor. In diese Trostlosigkeit hinein erfolgt der Ruf zum Glauben (14,1; vgl. 6,19f; 12,15): „Nicht erschüttern lasse sich euer Herz! Glaubt an Gott und glaubt an mich!" Die Erschütterung ist so groß, dass in 14,27 Jesus erneut seine Jünger auffordert: „Euer Herz lasse sich nicht erschüttern noch sei es verzagt." Der Weg aus dieser tiefen Krise der Jünger, die ihr baldiges Verlassensein von Jesus, ihrem „Ein-und-Alles" (*Ulrich Wilckens*), ausgelöst hat, führt über den Glauben. Das unterstreicht die wirkungsvolle Wiederholung des Leitworts glauben. An Gott zu glauben, heißt nichts anderes, als an seinen Offenbarer zu glauben. Damit wird an die bisherigen Einheitsaussagen mit 10,30 als Höhepunkt erinnert. Zugleich werden die folgenden Einheitsaussagen wirkungsvoll intoniert. Die Glaubenden sind bei Gott herzlich willkommen.

In 14,2f ertönt ein Zukunft eröffnender Offenbarungsspruch: „Im Haus meines Vaters sind viele Wohnungen; wäre es nicht so, hätte ich euch sonst gesagt: Ich gehe hin, um euch eine Stätte zu bereiten? Wenn ich hingegangen bin und euch eine Stätte bereitet habe, dann komme ich wieder und werde euch zu mir holen, damit auch ihr seid, wo ich bin." Jesus ist die Verbindung von Zeit und Ewigkeit. Er kommt aus der Ewigkeit in die Zeit und kehrt zurück in seine ewige Heimat. Als der gute Hirte sorgt er nach seiner himmlischen Rückkehr für Wohnungen, so dass seine Schafe nicht unbehaust sein werden. Niemand kann sie aus seiner Hand reißen (10,28). Sein Aufstieg (3,13; 6,62; 20,17) ist die Voraussetzung für den Aufstieg der Glaubenden zu den himmlischen Wohnungen. Er wird bei seiner Wiederkunft (vgl. 1. Thess 4,16f; Hebr 9,27f) vom Himmel kommen, um sie zu sich zu holen.

Diese Wiederholung, die sich bei der Parusie vollenden wird, erfährt die Gemeinde schon jetzt in der Gegenwart des Geistes. Durch ihn wird Jesus wiedergeholt, ist er – trotz körperlicher Abwesenheit – in ihrer Mitte anwesend. Zugleich dürfte daran gedacht sein, dass auch im persönlichen Tod Jesus kommen wird, um die Glaubenden ins Haus des Vaters heimzuholen. In diesem Haus erwartet sie Großartiges. Die BewohnerInnen brauchen keine Enge zu befürchten. Sie haben Raum zum Leben (14,2): „Im Haus meines Vaters sind viele Wohnungen."

Die nächste Parallele findet sich im zweiten Henochbuch (61,1f): „In dem großen Äon ... sind für die

Menschen viele Aufbewahrungsorte bereitet ..., viele, ohne Zahl. Selig, wer in die guten Häuser eingeht." Außerdem ist an die „ewigen Hütten" in Lk 16,9 zu denken. Der vierte Evangelist verwendet für Haus die griechischen Begriffe oikos (2,16f; 7,53; 11,20) und oikia (4,53; 8,35; 11,31; 12,3; 14,2).

Exkurs: Hausgemeinde

In 4,53 wird mit diesem Begriff die Hausgenossenschaft/Familie des königlichen Beamten aus Kapernaum bezeichnet. Zudem dürfte an dieser Stelle das Entstehen einer Hausgemeinde im Blick sein (*Udo Schnelle*). Sie gibt gewissermaßen einen Vorgeschmack auf das himmlische Haus mit den vielen Wohnungen. Im Streitgespräch mit den Juden in 8,30-36 (s. o.) rund um das Thema Wahrheit (vgl. 14,6), kommt oikia im Bildwort 8,35 vor. Hier wird das Bild der antiken Hausgemeinschaft mit Knechten und Freien aufgenommen und durch den Bezug auf Jesus zugleich überschritten. Ein „Sklave der Sünde" (8,34) bleibt – im Gegensatz zu Jesus und dem von ihm Befreiten (8,36) – nicht auf ewig im Haus (8,35). Die Knechte verlassen einmal das Haus, der Sohn und seine Erben bleiben. Die dauerhafte Hausgemeinschaft ist hier sinnbildlich für ewiges Leben. In 11,31 und 12,1 wird, vergleichbar mit 4,53, die Hausgemeinschaft bzw. Hausgemeinde von Martha, Maria und Lazarus bezeichnet.

Durch 14,2f wird – in Fortschreibung von 8,35 – eine metaphorische Antwort auf die in 11,1-12,8 aufgeworfene Frage gegeben: Wie sieht für die Gottesfamilie ewiges Leben bei Gott nach dem Tod aus? In Zusammenschau mit 11,25f, ist er als der Auferstandene und Aufgestiegene der Aufstieg zum Leben. In der eschatologischen Zukunft wird sich vollenden, was die Glaubenden bereits jetzt im Zusammensein mit Jesus erfahren: Begegnung mit Gott. Jesus und die, die an ihn glauben, werden im Haus des Vaters für immer beieinander sein (14,3; vgl. 8,35f): „Wo ich bin, werdet ihr auch sein."

Dies verheißungsvolle Leben in Freiheit und Geborgenheit, in bunter Vielfalt als neue Gottesfamilie wird als große Hausgemeinschaft vor Augen gemalt. Dabei meint die bildliche Rede vom Haus des Vaters Gott selbst. Jesus verspricht den Glaubenden in diesem himmlischen Ausblick nicht weniger, als bei und in Gott zu wohnen, nicht unbehaust zu sein, sondern eine ewige Bleibe zu haben (vgl. 14,23). Sprachlich gesehen, stammt das Substantiv Wohnung aus der gleichen Wortfamilie wie bleiben, das auch mit wohnen wiedergegeben werden kann und mit 40 Vorkommen eines der wichtigsten Leitworte ist, um die Existenz der Glaubenden in Zeit und Ewigkeit zu beschreiben (s. o.).

Der Grund für das Bleiben wird in 1,32f.38f gelegt. Jesus ist der bleibende Geistträger (1,32f). Im Rahmen der anschließenden Jüngerberufung antworten zwei der Johannesjünger auf Jesu Frage „Was sucht ihr?" mit (1,38): „Wo wohnst du?" Vordergründig richtet sich diese Frage nach seiner Unterkunft, die sie auch zu sehen bekommen (1,39). Hintergründig schwingt für die, die das Johannesevangelium schon aufmerksam gelesen bzw. gehört haben, die himmlische Dimension von 14,2 mit.

So wie Johannes in seinem Evangelium das Bildfeld des Hauses vor Augen führt, spricht er die menschliche Ursehnsucht nach einer ständigen Behausung an. Inmitten einer fremden, oft unheimlichen, Welt ist der Mensch auf der Suche nach einer Heimat, nach einer Bleibe, die ihm Geborgenheit und Schutz vermittelt. Die johanneische Antwort lautet: Wo Jesus zuhause ist, sollen auch seine Jünger eine Wohnung finden. Die gegenwärtige Verbindung mit ihm durch den Glauben und die himmlische Aussicht auf ein Wiedersehen ist der Grund für die Verwandlung ihrer Erschütterung in Zuversicht. Durch das Zusammensein mit Jesus werden also grundlegende Fragen auf bildhafte Weise beantwortet: In welchem Lebensraum bewegst du dich? Welche Lebensmöglichkeiten erschließt du uns? Was erwartet uns in diesem Leben und nach dem Tod, wenn wir uns dir anschließen? Wie sieht die Lebensgemeinschaft mit dir aus?

Zu 14,2 liegt eine Fülle an religionsgeschichtlichem Vergleichsmaterial aus dem griechisch-römischen und frühjüdischen Bereich vor. *Plato* etwa unterscheidet, bezogen auf das Schicksal der Seelen, drei Personengruppen (Phaedo 113d-114c). Im Unterschied zu den schlechten und weniger guten Menschen, werden die, die sich in einem guten Leben bewährt haben, aus dem Leib befreit und erhalten die Zusage schöner Behausungen: „Die aber befunden werden, ausgezeichnete Fortschritte in heiligem Leben gemacht zu haben, dies endlich sind diejenigen, welche, von allen diesen Orten im Innern der Erde befreit und losgesprochen von allem Gefängnis, hinauf in die reine Behausung gelangen und auf der Erde wohnhaft werden. Welche nun unter diesen durch Weisheitsliebe sich schon gehörig gereinigt haben, diese leben für alle künftigen Zeiten gänzlich ohne Leiber und kommen in noch schönere Wohnungen als diese, welche weder leicht wären zu beschreiben, noch würde die Zeit für diesmal ausreichen."

Seneca rät im Blick auf den Tod, sich nicht zu beunruhigen (Naturales Quaestiones VI 32,6). Denn: „Dich erwartet die Natur, die dich geboren hat, und ein besserer und sicherer Wohnort." *Philo* ruft den Leser dazu auf, sich ebenso tugendhaft wie Erzvater Jakob zu verhalten (De Somniis I 256): „Denn so wirst du hinauf zurückkehren können in deines Vaters Haus, entflohen dem langen und unaufhörlichen Sturm in der Fremde."

Jesus wird den wunderbaren Wohnraum voller Weite durch seinen Weggang vorbereiten (14,4): „Wohin ich fortgehe – den Weg dorthin wisst ihr." Das von Jesus durch die Verben gehen und wiederkommen (14,2f) vorbereitete Stichwort Weg provoziert den fragenden Einwand des Thomas.

Der Weg zum Vater (14,5-7)
Der Todesmutige (vgl. 11,16) ist zugleich der Fragende (14,5). Erst wenn Jesus wiederkommen wird, wird die Zeit des Fragens ein Ende haben (16,23). Nun aber stellt sich die wegweisende Frage: Wie sieht der Weg zu diesem Leben aus? Nachdem zuvor schon Petrus gefragt hatte (13,36): „Wohin gehst du?", fragt nun Thomas stellvertretend für den Jüngerkreis (14,5): „Herr, wir wissen nicht, wohin du fortgehst. Wie können wir den Weg wissen?" Wiederum signalisiert Thomas seine Bereitschaft, Jesus auf seinem Weg nachzufolgen. Doch durch seinen Weggang scheint ihr Weg zu weiterer Nachfolge im Sinne eines buchstäblichen Mitgehens seines Wegs hinter ihm her zu Ende zu sein. Dass der Glaube an Jesus als Verbindung mit dem Aufgestiegenen die künftige Gestalt der Nachfolge sein wird (14,1), ist für Thomas zu diesem Zeitpunkt noch nicht einsichtig (vgl. 20,24-29).

Die überraschende Antwort Jesu in 14,6f lautet: Ich bin der Weg. Das Ich-bin-Wort in 14,6 ist, im Vergleich zu 11,25, durch eine weitere Steigerung in Form einer dreifachen Selbstidentifikation geprägt. Wie die Sieben, ist auch die Drei ein Symbol der Vollkommenheit. Man denke nur an die Trinitätslehre, die sich zu Recht auf das vierte Evangelium berufen kann. Insbesondere in den johanneischen Abschiedsreden wird die Relation von Vater, Sohn und Geist intensiv reflektiert. 14,6 kann daher in trinitarischer Verbindung mit 16,13 als Zusammenfassung aller Ich-bin-Worte angesehen werden:

> „Ich bin der Weg und die Wahrheit und das Leben. Niemand kommt zum Vater außer durch mich."

Durch die Dreiheit der Prädikate bekommt diese Aussage einen feierlich-ernsten Klang. Dabei liegt die Betonung auf „Ich bin der Weg." Der Weg ist das zentrale Thema. In Jesus kennt Thomas – und wir als Leserinnen und Leser mit ihm – den Weg. Alles, was er wissen will, ist in Jesus vereint. Als der Weg ist er die Verbindung von Zeit und Ewigkeit.

Vorbereitet durch 1,17, tritt Jesus an die Stelle der Tora, die traditionell als der Weg bezeichnet wird (z.B. Dt 5,32f; 11,28; Ps 1,6; 119,1; Mk 12,14). Außerdem ist an 1,51 zu denken, wo das Bildwort vom offenen Himmel aus Gen 28,12 aufgenommen und auf Jesus bezogen wird. Er ist der Ort der Gottesgegenwart auf Erden (vgl. Gen 28,16f): „Über ihm ist der Himmel offen, und er steht in ständiger Kommunikation mit Gott" (*Ulrich Wilckens*). Sind es in Gen 28,12 Engel, die auf- und absteigen, ist im JohEv Jesus der herabgestiegene und wieder aufgestiegene Menschensohn (1,51; 3,13; 6,33.38.41f.50f.58; 20,17). Sein Ab- und Aufstieg eröffnet den Glaubenden den Aufstieg in die himmlischen Wohnungen (14,1-6).

Das Bildwort Weg wird durch die abstrakten Begriffe Wahrheit und Leben kommentiert: Als der Weg ist Jesus der eine wahre und zum Leben führende Zugang zum Vater (vgl. 10,7-10). Der Aufstieg in die himmlische Welt ist ohne ihn unmöglich (vgl. 3,13). Der Rückbezug auf 14,2 zeigt sich sprachlich in der Wiederaufnahme von Vater. Das Überrraschende besteht nicht darin, dass Jesus die Glaubenden zum Vater in himmlische Höhen entrücken wird, sondern in ihm der Vater gegenwärtig ist (vgl. 14,9). Wie die Näherbestimmung durch Wahrheit und Leben verdeutlicht, ist das göttliche Ziel des Wegs schon beim Gehen auf diesem Weg, das heißt, im Glauben erfahrbar. Die Glaubenden sind auf dem Weg und noch nicht am endgültigen Ziel (14,2f).

In der Auslegung von Gen 6,12 führt *Philo* aus, dass der zu Gott führende vollkommene Weg des Ewigen und Unvergänglichen die Weisheit ist (Quod Deus sit Immutabilis 142f): „Denn auf ihr, die breit und gangbar ist, dahinwandelnd, gelangt der Geist bis zum Ziele; das Ziel des Weges aber ist das Erkennen und die Kenntnis Gottes."

Wie niemand ohne Jesus zum Vater kommt, so kommt freilich auch niemand ohne das liebende Ziehen des Vaters zu ihm (6,44). Diese Umkehrung ist hier mitzubedenken. Durch ihn zieht der Vater die Menschen zu sich. Geschichtlich konkretisiert sich dies Liebesgeschehen darin, dass der zum Vater Erhöhte zugleich der am Kreuz Erhöhte ist. Kraft seines Kreuzestods, zieht er alle Glaubenden zu sich (12,32) und damit zum Vater. Er selbst ist die geschichtliche Erfüllung aller menschlichen Sehnsucht nach dem Sinn und Ziel des Lebens: „Die strikte personale Bindung des Bildes vom Weg hält die Geschichtlichkeit der Offenbarung fest. Eben dies unterscheidet letztlich Joh 14,6 von allen bekannten religionsgeschichtlichen Parallelen" (*Martin Völkel*).

Erkennungszeichen der Wahrheit ist ihre befreiende Wirkung. Was nicht befreit, ist daher auch nicht wahr (vgl. 8,32). Die Wahrheit der Wahrheit erweist sich – wie die des Lichts (vgl. 8,12) – in ihrer Wirkung. Mit Wahrheit ist hier im biblischen Sinn keine abstrakte Größe gemeint, die man wie eine mathematische Formel anwenden kann.

Sie ist ein unverfügbares Ereignis, Gottes befreiende Wirklichkeit selbst, seine Verlässlichkeit und Treue: „Wahrheit ist in der Bibel das, worauf man sich verlassen kann" (*Gerhard Maier*).

Jesus ist diese Wahrheit. Sie erschließt sich in der Begegnung mit dem, der inmitten der relativen Wahrheiten und Scheinwahrheiten unseres Lebens die eine verlässliche, göttliche Wahrheit verkörpert. Auf einfache und zugleich tiefgründige Weise leuchtet somit durch den Begriff Wahrheit auf, wer Jesus ist. Er ist nicht nur ein Lehrer der Wahrheit, sondern selbst die alles umfassende Offenbarung Gottes, seine Gemeinschaftstreue.

Erhellend ist in diesem Zusammenhang auch ein Blick auf den etymologischen Wortsinn des griechischen Worts für Wahrheit = Unverborgenheit/Erschlossenheit. Jesus ist der „Exeget" Gottes (1,18), sein alleiniger Offenbarer: „Er ist der Weg, auf dem alles Verborgene gelichtet wird (Wahrheit als das Nicht-Verborgene), so dass sich das Leben im wahren Sinn erschließt" (*Volker Stolle*).

Systematisch gesprochen: Er legt als offenbarer Gott (deus revelatus) den verborgenen Gott (deus absconditus) aus. Der Wahrnehmungsschleier wird gelüftet. Wer Gott ist, können Juden und Griechen nur an seiner Person ablesen. Der alttestamentlich-jüdische Hintergrund und die unüberhörbaren Anklänge an das griechisch-römische Verständnis dürfen nicht darüber hinwegtäuschen, dass Wahrheit im vierten Evangelium zutiefst durch den Bezug auf Jesus Christus geprägt ist. Die christologische Wahrheit liegt in der Mitte (10,30): „Ich und der Vater sind eins."

Exkurs:
Wahrheit, wahrhaftig, wahr im JohEv

Er ist das wahre Licht (1,9). Durch ihn sind Gnade und Wahrheit volle Wirklichkeit geworden (1,14.17). In seinen Augen ist Nathanael ein wahrer Israelit (1,47). Glauben an Jesus kann daher auch durch die Wendung „die Wahrheit tun" ausgedrückt werden (3,21; vgl. 5,29; 8,34). Wer sein Zeugnis annimmt, bestätigt die Wahrhaftigkeit Gottes (3,33). Jesus bestätigt der Frau am Brunnen, Wahres gesagt zu haben (4,18). In der Begegnung mit ihm wird sie ihrer Schuld gewahr. Er sucht die Anbetung „im Geist und in der Wahrheit" (4,23f). Das Sprichwort vom Säen und Ernten bewahrheitet sich in der Wirkmächtigkeit Jesu in der johanneischen Gemeinde (4,37). Er ist in Wahrheit der Retter der Welt (4,42). Durch seine Christusverkündigung ist der Täufer Zeuge für die Wahrheit (5,33; vgl. 5,31f). Jesus ist nicht nur der wahrhaftige Prophet (6,14), sondern das wahre Lebensbrot (6,32), wahre Speise und wahrer Trank (6,55). Weil Jesus die Ehre Gottes sucht, ist er wahrhaftig (7,18).

Einige von den Jerusalemern fragen sich, ob die Ratsherrn wahrhaftig erkannt haben sollten, dass Jesus der Messias ist (7,26). Als göttlicher Gesandter bezeugt er, dass Gott wahrhaftig ist (7,28). Seine Zuhörer erkennen in ihm jedoch nur den, der wahrhaftig Prophet ist (7,40; vgl. 6,14). In 8,12-59 ist Wahrheit in verdichteter Weise eine zwischen Jesus und den Juden umstrittene Schlüsselkategorie (8,13f.16.17.31.32.40.45f.48). Sie befindet sich nicht in ihrem Besitz, sondern tritt ihnen in Jesus entgegen. In 10,41 wird noch einmal an die Wahrheit des Täuferzeugnisses erinnert (vgl. 5,33).

Die enge Verbindung zwischen Jesus als der Wahrheit (14,6) und dem Geist wird durch die Wendung „Geist der Wahrheit" (14,17; 15,26; 16,13) ausgedrückt: „Als ‚Geist der Wahrheit' vermittelt der Paraklet nicht Lehrsätze, sondern gewährt die Begegnung mit Jesus Christus, der die Wahrheit ist (vgl. Joh 14,6)" (*Udo Schnelle*). Durch die Bewahrheitung in der Erfahrung des Geistes unterscheidet sich christlicher Glaube von der philosophischen Wahrnehmung der Wahrheit (*Martin Honecker*).

Als die Wahrheit ist Jesus zugleich der wahre Weinstock (15,1; s. u.). Ewiges Leben besteht darin, in ihm den einzig wahren Gott zu erkennen (17,3). Seinen Jüngern bestätigt er, dies wahrhaftig erkannt zu haben (17,8), und er bittet seinen Vater darum, sie in der Wahrheit zu heiligen, die mit dem Wort Gottes identifiziert wird (17,17). Christus ist als die Wahrheit das Wort Gottes.

In der Passionsgeschichte folgt auf der internen erzählerischen Textebene eine weitere Enthüllung. In 18,28-19,16a wird Pilatus als Beispiel des sich der Wahrheit entziehenden Menschen präsentiert. In der Begegnung mit ihm deckt Jesus auf, dass er für die Wahrheit Zeugnis ablegt und jeder, der aus der Wahrheit ist, auf seine Stimme hört (18,37). Dieser Wahrheitsanspruch löst bei Pilatus die skeptische Frage aus (18,38): „Was ist Wahrheit?"

In sprachlicher Hinsicht wird darauf in 19,35 eine Antwort gegeben. Angesichts des Herausfließens von Blut und Wasser aus der Seite Jesu (19,34) heißt es von einem namentlich nicht genannten Zeugen, der wohl nur der Lieblingsjünger sein kann, sein Zeugnis sei wahr, und er „weiß, dass er die Wahrheit sagt, damit auch ihr glaubt". Weil das Bezeugte wahr ist, ist es glaubwürdig. Dementsprechend wird im zweiten Schluss des JohEv noch einmal herausgestellt: Das Zeugnis des Lieblingsjüngers ist wahrhaftig (21,24).

Dass Jesus der Weg ist, wird schließlich durch den johanneischen Zentralbegriff Leben präzisiert. Das wird von *Eberhard Jüngel* ausgezeichnet kommentiert: „Die Behauptung ‚Ich bin das Leben' setzt voraus, dass der Mensch, dem das einsichtig wird, sich selber als dem Leben entfremdet erfährt. Das wahre Leben kennt er in seinem Leben gerade nicht. Um es kennen zu lernen, muss er in seinem Leben allererst unterbrochen werden.

Analog gilt von der Behauptung ‚Ich bin der Weg', dass sie voraussetzt, der Mensch sei in seinen vielfältigen Lebensbewegungen letztlich ohne Weg, ausweglos ... Um einen Weg zu finden, muss ihm dieser Weg allererst gebahnt, muss er also abermals in seinem ausweglosen Unterwegssein unterbrochen werden. Diese Unterbrechung des menschlichen Lebenszusammenhanges ist die Wahrheit, die zu sein der johanneische Christus behauptet. Als der Offenbarer Gottes des Vaters ist er die Wahrheit, die den menschlichen Lebenszusammenhang elementar unterbricht.

Elementare Unterbrechung ist ein das Leben in die Krisis bringendes Ereignis. Der christliche Begriff der Wahrheit impliziert diese Krisis. In der Krisis zerbricht jedoch das unterbrochene Leben nicht, sondern in ihr eröffnet sich dem ausweglosen Menschen der vor Gott einzig gangbare Weg, der ein dem Tod standhaltendes Leben erschließt ... Die Unterbrechung durch die Wahrheit führt vielmehr zu einer Steigerung des unterbrochenen Lebenszusammenhanges, die diesem eine neue Qualität gibt." Christliche Wahrheitserfahrung hat „die Eigenart, dass sie die menschliche Existenz eindeutig zu deren Gunsten unterbricht."

Dass der Vater für den Menschen ohne Jesus außer Reichweite liegt (vgl. 6,46), zeigt sich sprachlich in folgender Abfolge: Ich – Vater – durch mich. Der Vater wird ausschließlich durch seinen Sohn erschlossen. Positiv ausgedrückt: Der Mensch braucht und soll den Vater nirgendwo anders suchen. Jesus selbst verkörpert die Fülle des Lebens (vgl. 10,9f). Zu dieser Überzeugung kommt es, wenn in der Begegnung mit ihm der Funke überspringt, wenn wir durch ihn erfahren, wie verlässlich Gott diesseits und jenseits des Todes ist. Das geschieht ohne Zwang. Denn Gott zwingt nicht, sondern zieht kraft des Geistes durch den Zuspruch seiner Liebe (vgl. 3,1-21; 6,22-59).

Sie bewahrheitet sich in der Kommunikation, in der Übertragung auf das eigene Leben, im Ergreifen der Wahrheit (vgl. 20,24-29). Der Geist der Wahrheit führt nicht deduktiv, sondern induktiv auf den Weg, den jede und jeder selber gehen muss, um die Wahrheit zu finden (vgl. 16,13). Das Ziel wird im Gehen des Wegs erreicht. Das kann nur dialogisch geschehen. Das Ich-bin-Wort in 14,6 erwächst selbst aus einem Dialog zwischen Thomas und Jesus. Die Wahrheit ereignet sich demnach nicht, indem ein abstrakter Wahrheitsanspruch konfrontativ postuliert wird. Für die gnadenlose Behauptung des Absolutheitsanspruchs des Christentums und seine oft rigorose Durchsetzung musste der Nachsatz in 14,6 häufig als Begründung herhalten „bis zu den Zwangstaufen der spanischen Juden und den öffentlichen Verbrennungen der Ketzer zur höheren Ehre Gottes" (*Hartwig Thyen*).

Das johanneische Wahrheitsverständnis, wonach sich in der Begegnung mit Christus Gott finden lässt, steht im radikalen Widerspruch zu diesem Absolutheitsanspruch, zumal wenn er mit psychischer oder physischer Gewalt einhergeht. Dahinter steht nicht der Gott des Lebens, sondern der Diabolos, der unter dem Anschein der Wahrheit die Dinge auf den Kopf stellt (8,44): „Jener war ein Menschenmörder von Anbeginn, und in der Wahrheit hatte er keinen Stand, weil in ihm die Wahrheit nicht ist."

Was in 14,6 negativ formuliert wird, wird in 14,7 positiv als Zuspruch entfaltet. Christuserkenntnis bedeutet zugleich Gotteserkenntnis: „Und von nun an kennt ihr ihn und habt ihn gesehen." Das Perfekt verdient besondere Beachtung. Die Jünger haben den Vater vor Augen, weil sie Jesus gesehen haben. Wenn sie das begriffen haben, muss er ihnen den Vater nicht mehr zeigen.

Gottesschau (14,8-14)

Die Jesusrede in 14,7 gibt Philippus trotzdem Rätsel auf (14,8): „Herr, zeige uns den Vater, das genügt uns." Wie die Psalmisten (vgl. Ps 17,15; 42,23; vgl. Mt 5,8), bittet er darum, Gott unmittelbar zu schauen, wie es etwa Jesaja in einer Vision (vgl. Jes 6,5) oder Henoch durch eine Entrückung in den Himmel zuteil geworden ist. Philippus hat es noch nicht begriffen: Der Vater ist keine Größe neben Jesus (vgl. 8,19), sondern er hat ihn in Jesus sinnlich wahrnehmbar vor Augen. Trotz der langen Zeit des Zusammenseins, weiß er noch nicht, mit wem er es eigentlich zu tun hat, obwohl er es durch die bisherige Jesusoffenbarung wissen müsste (vgl. 5,17-20; 8,19.38; 10,30.38; 12,44f.49). Das hat schon die Perfektformulierung in 14,7 angedeutet.

Für uns als Leserinnen und Leser erfüllt Philippus als Augenzeuge die Funktion, dass auch wir die Gotteschau nicht jenseits der geschichtlichen Jesusoffenbarung suchen (14,9): „Wer mich gesehen hat, hat den Vater gesehen!" Das Perfekt bezeichnet hier einen Vorgang, der bis in die Gegenwart hinein fortdauert: „Erst vom Christusbild her wird Gott als Urbild erkennbar" (*Ruben Zimmermann*). Die Augen des Glaubens sehen mehr als das Vordergründige. Sie erkennen im nachösterlichen Rückblick: Bereits der irdische Jesus ist der bleibende Ort der Gottesgegenwart (vgl. 1,32-34). Er macht das Unsichtbare sichtbar. In ihm zeigt der Vater sein wahres Gesicht. In ihm sehen wir das Geheimnis Gottes. „Sehen" bedeutet bei Johannes hier auch „lesen". In der lesenden Begegnung mit Jesus erkennen wir: Ihm sind die Züge des Vaters ins Gesicht geschrieben.

Die Sehnsucht nach Gottesschau zeigt sich wie diejenige nach einer ewigen Bleibe in einer Fülle von religionsgeschichtlichen Parallelen insbesondere bei *Philo*. Für ihn ziemt es sich beispielsweise, „dass die, welche einen Freundschaftsbund mit dem Wissen eingegangen sind, das Verlangen haben, das Seiende zu schauen, wenn sie aber dies nicht vermögen, dann wenigstens sein Abbild, den allerheiligsten Logos" (De Confusione Linguarum 97).

In 14,10f wird wie in 10,30 das nicht zu überbietende enge Verhältnis von Vater und Sohn durch einen literarischen Ringschluss verdeutlicht. Das besondere Augenmerk liegt dabei auf dem Glauben. Das zeigt die Wiederaufnahme dieses Leitworts aus 14,1 in 14,10f. In einer leserorientierten Frage an Philippus wird die wechselseitige Inexistenz von Vater und Sohn erneut herausgestellt (14,10): „Glaubst du nicht, dass ich im Vater bin und der Vater in mir ist?" Das Wirken Jesu in Wort und Werk ist gänzlich durch Gott bestimmt.

Wenn sich die Jünger schon nicht durch sein vom Vater bevollmächtigtes Reden von seiner göttlichen Identität überzeugen lassen, sollen sie wenigstens aufgrund seiner Werke, das heißt, seiner Wunder, glauben (14,11): „Glaubt mir: Ich bin im Vater, und der Vater ist in mir. Wenn nicht, glaubt wenigstens um der Werke willen." Die Werke haben als Zeichen Offenbarungsqualität. Sie erweisen Jesus als den wahren Lebensspender. Sie wurden aufgeschrieben, „damit ihr glaubt, dass Jesus der Christus ist, der Sohn Gottes, und damit ihr als Glaubende das Leben habt in seinem Namen" (20,31; vgl. 5,17-20; 8,28; 9,3-5.30-33; 10,37f).

Nach der Entfaltung von 14,6 in 14,7-11 wird in 14,12-14 in Aufnahme der Stichworte Werk und glauben aus 14,10f das nachösterliche Weiterwirken Jesu trotz leiblicher Trennung von ihm thematisiert. Seine Verlässlichkeit als die Wahrheit kommt durch die Einleitung mit doppeltem Amen zur Sprache (14,12). Für die Zeit nach seinem Fortgang verheißt er den Glaubenden, noch größere Werke als er zu tun (14,12; vgl. 5,20). Diese größeren Werke dürften mit der Gabe des Geistes zu tun haben. Sie wird durch das Weggehen Jesu ermöglicht (vgl. 16,7) und kommt in 14,15-31 ausdrücklich durch zwei Verheißungen des Parakleten zur Sprache. Eingebettet in diesen Kontext, weisen die größeren Werke vermutlich auf die Mission der johanneischen Gemeinde und ihre „Vollmacht zu wirkmächtiger Verkündigung" (*Ulrich Wilckens*) hin (vgl. 9,3-5).

Das Jüngerwirken hat keine höhere Qualität. Vielmehr ist es durch die auf den leiblichen Fortgang zum Vater folgende Gegenwart Jesu im Geist zeitlich und geografisch entschränkt. Diese Universalisierung, die Gottes Weltliebe entspricht (vgl. 3,16), verdankt sich der in 20,19-23 erzählten Geistgabe an die Jüngergemeinschaft. Für ihre Gebetsgewissheit steht nach 14,13f Jesus mit seinem Namen ein.

Dabei dürfte an die Gabe des Geistes zu denken sein (vgl. 14,26; Lk 11,13). Jesus selbst ist als Träger des Gottesnamens „Ich bin" der Adressat des Gebets. In Entsprechung zu 14,10f, wird durch jede Gebetserhörung der Vater im Sohn verherrlicht (14,13).

Wieder zeigt sich: Der Sohn und der Vater sind eins (10,30). Abschließend wird durch das betonte Ich unterstrichen (14,14): „Wenn ihr mich um etwas bitten werdet in meinem Namen: Ich werde es tun." Diese Gewissheit ist freilich nicht mit Zwangsläufigkeit zu verwechseln. Schließlich zwingt Gott niemanden zum Glauben, sondern er zieht durch den Sohn (6,44), der von Zwängen befreit (8,31-36). Durch das Ich-Wort Jesu in 14,14 wird nicht nur ein eindrücklicher Schluss markiert, sondern zugleich ein Bogen zum Ich-bin-Wort in 14,6 geschlagen. In Gegenwart und Zukunft ist Jesus für die Glaubenden die zentrale Bezugsperson.

Rückblick

Wie die Anfangsstellung in den johanneischen Abschiedsreden zeigt, will Jesus mit seinem Ich-bin-Wort in 14,6 vor seiner Passion seine Jüngergemeinschaft – und mit ihr uns als Leserinnen und Leser – zum standfesten Glauben ermutigen. In diesem Sinn bildet 14,6 auch zusammen mit 10,1.9 die Schriftgrundlage für die erste These der Barmer Theologischen Erklärung. Jesus möchte die Angst seiner Schüler angesichts der leiblichen Trennung von ihm überwinden (14,1; vgl. 14,27; 16,33).

Diese befreiende Wirkung (vgl. 8,32) entspricht seinem Anspruch, die Wahrheit und das Leben zu sein. Durch diese exklusiv auf seine Person bezogenen Bildbegriffe vergewissert er sie erneut, mit ihm auf dem richtigen Weg zu sein, der sie in die himmlischen Wohnungen führen wird (14,2-6). Er ist die Verbindung von Zeit und Ewigkeit.

Durch ihn wird für sie Gott erkennbar (14,7-9). Durch wiederholtes Lesen des vierten Evangeliums, kommt es auch in der Zeit der körperlichen Trennung von ihm zum Wiedersehen. In der Kraft des verheißenen Geistes (vgl. 14,15-31) als der nachösterlichen Gegenwart von Vater und Sohn (14,7-11), werden die Jünger insofern größere Werke als ihr Meister tun, als sie räumlich und zeitlich entschränkt mit der Verheißung der Gebetsgewissheit universal missionarisch wirken werden, um Menschen zu Jesus und durch ihn zu Gott zu führen (14,12-14).

Das Bildnetz Weg

Das Wegmotiv findet sich ausdrücklich nur in 14,4-6. Aus der gleichen Wortfamilie wie Weg sind in 4,6 das Substantiv Wanderung/Reise und in 16,13 das Verb (ein)führen/(an)leiten zu verzeichnen, das wiederum von demselben Grundverb wie auslegen in 1,18 abgeleitet ist. „Nur wer bereit zu Aufbruch ist und Reise, Mag lähmender Gewöhnung sich entraffen." Ganz im Sinn dieser Zeilen aus *Hermann Hesses* Gedicht „Stufen" versteht der vierte Evangelist Glauben. Er verwendet in seinem Evangelium auch das entsprechende Wort sich aufmachen, aufbrechen zu einer Reise (10,4; 14,2f.12; 16,7.28).

Im Zuge der Reise, die Jesus als göttlicher Exeget (1,18) unternimmt, lernen sowohl die Jünger, die ihn begleiten, wie auch die Menschen, die ihm unterwegs begegnen, was es heißt, an ihn zu glauben. Die Menschlichkeit Jesu wird in 4,6 zum Ausdruck gebracht. Müde von der Reise, setzt er sich an einen Brunnen, wo es um die Mittagszeit zur Glauben stiftenden Begegnung mit der Samaritanerin kommt. Als der gute Hirte bricht er mit seinen Schafen zu einer Reise auf und übernimmt die Führung (10,4). Er bricht zu einer Himmelsreise auf, um seinen Freunden himmlische Wohnungen zu eröffnen (14,2f.12). Er macht sich zu seinem himmlischen Vater auf und sendet ihnen den Geist als Weggeleit für ihre Reise (16,7.28).

Das Reisemotiv ist auch auf das Durchwandern des JohEv zu beziehen. Angeleitet durch den vierten Evangelisten, werden die Leserinnen und Leser bei ihrer Reise durch das JohEv zum Glauben geführt und darin gestärkt. Hinter Johannes steht bei der Evangelienschreibung der Geist-Paraklet. In Weiterführung des Ich-bin-Worts 14,6 ist er 16,13 zufolge der Wegführer: „Wenn aber jener kommt, der Geist der Wahrheit, der wird euch in alle Wahrheit führen." Ihm kommt die Aufgabe zu, den Sinn der Jesusgeschichte immer tiefer zu erschließen, ein immer tieferes Verstehen der Person Jesu zu eröffnen: „Mit den Ich-bin-Worten, in denen sich der wegweisende

Charakter des Wirkens Jesu verdichtet, richtet sich so der mittels geistgewirkter Rede gegenwärtige Christus an seine Gemeinde" (*Volker Stolle*).

Wer Jesus Christus ist und was er für uns heute bedeutet, erfahren wir ausschließlich durch den Geist, der wiederum durch Menschen wirkt. Das zeigt vor allem der vierte Evangelist, durch dessen Buch (vgl. 20,30f) der Geist bei den Menschen in der lesenden Begegnung mit Jesus Glauben hervorruft. Dies Buch ist nie zu Ende gelesen. Denn in ihm begegnet uns die Wahrheit von der Liebe Gottes zu uns, von seiner unverbrüchlichen Treue (17,18): „Dein Wort ist Wahrheit."

Der Auferstandene bleibt auch Thomas treu. Er öffnet sich ihm, ist bereit, sich von ihm berühren zu lassen. Das veranschaulicht sein drittes und letztes namentliches Erscheinen in 20,24-29, das zum tiefsten Christusbekenntnis des ganzen NT führt (20,28). Es ist die angemessene Antwort auf die eindringliche Anrede in den Ich-bin-Worten:

„Durch die direkte Anrede wirkt die Gestalt des ,Ich bin' stärker als das Ich der Hörenden. Damit verlagert sich der Schwerpunkt vom Ich zum Du, von der Selbstbezogenheit des menschlichen Ichs zu einer anbetenden Haltung, die alle Erwartung auf das Du setzt und im Bekenntnis des Thomas gipfelt: ,Mein Herr und mein Gott!'" (*Petr Pokorn/Ulrich Heckel*).

Am Glaubensweg des Thomas bewahrheitet sich die berühmte Charakterisierung christlichen Lebens durch *Martin Luther*: Es ist „nicht Frommsein, sondern ein Frommwerden ..., nicht Ruhe, sondern eine Übung ... Es ist noch nicht getan und geschehen, es ist aber der Weg." Nur im Gehen des Glaubenswegs erschließt sich schrittweise die Wahrheit (vgl. 7,17; 8,12). Während ein Überspringen einzelner Schritte dieses Lernprozesses nicht zu einem Fortschritt führt, ereignet sich in der Begegnung mit Jesus Schritt für Schritt Gottes- und Selbsterkenntnis. Er schenkt dem Glaubenden Klarheit über Gott und sich selbst. Nur wer sich „in dieses Evangelium hineinkniet" (*Victor Hasler*), wird von der hier offenbaren Wahrheit ergriffen. Sein Dasein wird durch das Licht der Wahrheit hell und frei (vgl. 8,32).

Diese Wahrheit ist bitter und zugleich überraschend heilvoll. Sie nimmt falsche Vorstellungen und Illusionen (vgl. 8,33-36). Denn indem Jesus „selbst der Mensch in seiner Wahrheit ist, eröffnet er den Menschen den Weg, auf dem sie ihrerseits die Existenz in der Lüge verlassen und in die Wahrheit ihrer Geschöpflichkeit, ihres Von-Gott-her-Seins zurückfinden können" (*Christian Dietzfelbinger*). Weil Jesus für ewig im Haus seines Vaters bleibt, gehören auch die, die an ihn glauben, für immer zu der von ihm neu ins Leben gerufenen Gottesfamilie (8,36; vgl. 14,1-14). Von diesem ewigen Bleiben ist auch in den letzten beiden Ich-bin-Worten die Rede (15,1.5).

Ganz aufgeregt kam einer zum weisen Sokrates gelaufen: „Höre, Sokrates, das muss ich dir erzählen, wie dein Freund ..." „Halt ein!" unterbrach ihn der Weise. „Hast du das, was du mir sagen willst, durch die drei Siebe gesiebt?" „Drei Siebe?" fragte der andere voll Verwunderung? „Ja, drei Siebe. Das erste Sieb ist die Wahrheit. Hast du alles, was du mir erzählen willst, geprüft, ob es wahr ist?" „Nein, ich hörte es erzählen und ..." „So, so. Aber sicher hast du es mit dem zweiten Sieb geprüft, es ist die Güte. Ist das, was du mir erzählen willst – wenn schon nicht als wahr erwiesen –, so doch wenigstens gut?" „Nein, das nicht, im Gegenteil ..." Der Weise unterbrach ihn: „Lass uns auch das dritte Sieb noch anwenden und fragen, ob es notwendig ist, mir das zu erzählen, was dich so erregt." „Notwendig nun gerade nicht ..." „Also", lächelte der Weise, „wenn das, was du mir erzählen willst, weder wahr noch gut noch notwendig ist, so lass es begraben sein und belaste dich und mich nicht damit!"

(Quelle unbekannt)

Gedanken und Texte zum Nachdenken und Besprechen

- Gott versah die Wahrheit mit vielen Türen, um jeden Gläubigen willkommen zu heißen, sobald er anklopft.

    Khalil Gibran

- *Bevor du geatmet*

    Glaub nicht
    nur du suchtest Ihn
    Längst
    ist er auf dem Weg
    zu dir

    Glaub nicht
    nur du ersehnst Ihn
    Noch bevor du geatmet
    sehnt Gott sich nach dir

    Theresia Hauser

    (aus: Offen für den Augenblick. Schwabenverlag, Ostfildern, S. 99. Rechte bei der Autorin)

- Die Wahrheit sagen bedeutet je nach dem Ort, an dem man sich befindet, etwas Verschiedenes. Wie das Wort zwischen Eltern und Kindern deren Wesen gemäß ein anderes ist als das zwischen Mann und Frau, zwischen Freund und Freund, zwischen Lehrer und Schüler, zwischen Obrigkeit und Untertan, zwischen Freund und Feind, ebenso ist die in diesen Worten enthaltene Wahrheit eine verschiedene. Die Wahrheit sagen ist also nicht nur eine Sache der Gesinnung, sondern auch der richtigen Erkenntnis und des ernsthaften Bedenkens der wirklichen Verhältnisse. Je mannigfaltiger die Lebensverhältnisse eines Menschen sind, desto verantwortlicher und schwerer wird es für ihn, die Wahrheit zu sagen.

    Die Wahrheit zu sagen, muss also gelernt werden. Das klingt für denjenigen gräulich, der meint, allein die Gesinnung müsse es machen, und wenn diese untadelig sei, sei alles andere ein Kinderspiel. Das jeweils rechte Wort zu finden, ist eine Sache langer, ernster und immer fortschreitender Bemühung auf Grund von Erfahrung und Erkenntnis des Wirklichen.

    Dietrich Bonhoeffer

    (aus: Bonhoeffer Brevier. Chr. Kaiser Verlag, München 1965. © by Gütersloher Verlagshaus, Gütersloh, in der Verlagsgruppe Random House, München)

- ... Wer ans Dasein sich verloren,
    neuem Anfang abgeschworen,
    wer nur, was er hat, erstrebt,
    sterben wird er ungelebt.
    Zeit des Lebens, um mit vielen
    Brot und Atemzug zu teilen –
    wer die Selbsterhaltung brach,
    findet Leben hundertfach.

    Huub Oosterhuis

    (Auszug aus Zeit zu leben, in: Auf halbem Weg. Aus dem Niederländischen von *Peter Pawlowsky*. © Herder Co., Wien 1976)

- Ich glaube nicht, dass Gott an Duplikaten von sich selbst interessiert ist. Sonst hätte er uns ja so schaffen können. Er ist interessiert an Originalen, die ihren eigenen Weg gehen und die durch ihre Selbstständigkeit, Eigenart und ihre getroffenen Entscheidungen zu einem Gegenüber für ihn werden.

    Ulrich Schaffer

    (aus: Entdecke das Wunder, das du bist. Kreuz Verlag, Stuttgart 1987, S. 38)

- JA
    Einen neuen Anfang wagen
    Eigene Grenzen sehen
    und dafür gerade stehen
    Eigene Träume wieder bejahen
    und dafür einstehen
    JA zu den Erinnerungen an das erlebte Glück
    und das Gestern
    JA zu meinem Aufbruch

und zu den vielen Abschieden
JA zu meinem Weg
JA zu dem Wagnis des neuen Weges
Mit der Gewissheit
dass es MEIN Weg ist
obwohl so viel neben mir
wegbricht, abbricht
Und JA dazu
dass ich mich heute und morgen
geborgen wissen darf
in der liebevollen Hand Gottes.

Andrea Auster

(aus: *Margot Käßmann*: In der Welt habt ihr Angst. Lutherisches Verlagshaus, Hannover 2004)

● Wenn die Wahrheit bei irgend jemandem auf Erden zu finden ist, dann ganz bestimmt nicht bei den Leuten, die behaupten, sie zu besitzen.

Albert Camus

● Ein Zuhause ist, wohin man geht,
   wenn einem die Orte ausgegangen sind.

Barbara Stanwyck

● Es war, als hätt' der Himmel
die Erde still geküsst,
dass sie im Blütenschimmer
von ihm nur träumen müsst.
Die Luft ging durch die Felder,
die Ähren wogten sacht,
es rauschten leis die Wälder,
so sternklar war die Nacht.
Und meine Seele spannte
weit ihre Flügel aus,
flog durch die stillen Lande,
als flöge sie nach Haus.

Joseph von Eichendorff

● Nur Kinder, Narren
und sehr alte Leute
können es sich leisten,
immer die Wahrheit zu sagen.

Winston Churchill

● „Ich bin der Weg, die Wahrheit und das Leben" – diesen Anspruch hat Christus, nicht das Christentum.

● Wie wirkt sich meine Christusbeziehung auf meine Identität aus?

● „Ich bin der Weg, die Wahrheit und das Leben" – ich bin der Gott auf dem Weg zu euch, ich komme euch auf euren Wegen entgegen, nicht umgekehrt.

● „Wohnst du noch oder lebst du schon?" – Wo bin ich zu Hause, wie lebe ich?

● Unsere Wohnungen sind ein wesentlicher Teil unseres Lebensraums, unserer Lebensvollzüge. Sie bilden wesentliche Aspekte unseres Lebens ab. Sind sie aufgehoben in: „In meines Vaters Hause sind viele Wohnungen"?

● Tröstlich an dem Unverständnis des Thomas ist: Ich muss noch nicht alles verstanden haben, auch wenn ich schon lange mit Jesus unterwegs bin.

● Was macht uns heute erschrecken? Ist es die Welt, die wir als Gott-los erleben? Ist das das drohende Nichts? Ist es die scheinbare oder anscheinende Kraftlosigkeit der Verkündigung des Evangeliums?

Bausteine zur Gestaltung

Wer mit einem Film einsteigen möchte, sei auf: **Der Weg** (Droga) von *Miroslaw Kijowicz*, Polen 1971, 5 Minuten, schwarz-weiß, Trickfilm, hingewiesen.

● *Gestaltete Mitte:*
Mit farbigen Tüchern wird ein Weg gelegt. Darauf liegt ein Papierstreifen mit „Christus spricht: „Ich bin der Weg, die Wahrheit und das Leben." In der Mitte des gelegten Wegs steht eine brennende Kerze. Auf dem Weg liegen Postkarten mit unterschiedlichen Wegmotiven. Die TeilnehmerInnen betrachten in Ruhe die Wegbilder und suchen sich dann das aus, was sie am meisten anspricht. In der Stille bedenken sie:
* Was erkenne ich in diesem Bild von meinem eigenen Lebensweg wieder, von dem, was ich erlebt habe oder erlebe?

● Im Plenum oder in Kleingruppen erzählen die TeilnehmerInnen ihre Gedanken zu ihrem gewählten Bild. Danach legen sie ihre Bilder wieder in die Mitte.
* Sehen Sie Verbindungslinien zwischen Ihrem Lebensweg und dem Anspruch Jesu, der Weg zu sein?
* Was ruft dies Ich-bin-Wort Jesu an Gedanken und Gefühlen in Ihnen hervor?

Oder:
Die TeilnehmerInnen schauen sich in Ruhe die Mitte an. Der/die LeiterIn liest das Ich-bin-Wort laut vor und bittet die TeilnehmerInnen zu überlegen, wie nah oder fern sie sich zu dieser Aussage Jesu empfinden, und sich dementsprechend zur Mitte zu stellen. Sie verweilen eine Zeit lang in ihrer Position und setzen sich dann wieder auf ihren Platz. In Dreiergruppen tauschen sie sich darüber aus, was ihnen bei diesem „Standbild" durch den Sinn gegangen ist.

Am Ende des Abends überlegen die TeilnehmerInnen, ob sich nach den Gesprächen über Joh 14,1-14 ihre Nähe oder Ferne zu diesem Ich-bin-Wort verändert hat und nehmen dann ihre (neue?) Position ein.

● Kleingruppen erhalten ein DIN A3 Blatt mit der Aufschrift: „Christus spricht: Ich bin der Weg, die Wahrheit und das Leben." Darunter stehen nebeneinander die Worte Weg, Wahrheit und Leben. Die TeilnehmerInnen besprechen, was ihnen zu dem jeweiligen Stichwort in Verbindung mit Jesu Leben und Wirken einfällt und schreiben ihre Gedanken dazu auf. Weiterhin tauschen sie sich darüber aus, inwiefern sich ihnen dadurch Jesu Ich-bin-Wort noch einmal neu erschließt. Das Ergebnis wird im Plenum vorgestellt.

● Für die Textlesung bietet sich ein Lesen mit verteilten Rollen an: Jesus, ErzählerIn, Thomas, Philippus.

● *Fragen zur Texterschließung:*
* Welche Themen werden in diesem Abschnitt angesprochen?
* Was sagt Jesus über sich selbst?

> **Du sehnst dich, verzehrst dich und grämst dich,
> du freust dich, besinnst dich und schämst dich,
> du fühlst in der Gier dein Herz nur noch schwerer.
> Du wolltest zu viel ergreifen, besehen;
> zum Schluss ist dein Herz nur noch leerer!
> Aber da, auf einmal, lernst du alles verstehen:
> Das Leid vergeht. Freude besteht:
> Licht durchflutet in schöner Klarheit
> deine Höhen und Tiefen –
> du weißt die Wahrheit.**
>
> *Vittoria Colonna*

* Wozu ermutigt Jesus seine Jünger?
* Welche Zusagen gibt Jesus?
* Welche Aussage im Text bereitet Ihnen Schwierigkeiten? Warum?

● *Impulse für ein Plenumsgespräch:*
Wenn Jesus sagt: „Ich bin der Weg, die Wahrheit und das Leben", kann die Aussage auf vielfältige Weise gehört bzw. verstanden werden, zum Beispiel:
* als Absolutheitsanspruch, den ich entweder anerkenne oder ablehne;
* als Selbstaussage über seine Identität: Das bin ich. Sie fordert mich heraus, darüber nachzudenken: Was macht meine Identität aus? Wer bin ich? Was hat meine Identität mit diesem Jesus zu tun? – und eröffnet so einen Dialog.

● Weg, Wahrheit, Leben – was hat das eine mit dem anderen zu tun – in unserem Glaubens- und Lebenskontext?

● In der Stille bedenken die TeilnehmerInnen für sich folgende Fragen:
* Was bedeutet mir Jesu Weg für meinen Lebensweg?
* Wofür ist mir Jesus Christus Wegweiser?

Oder:
* In welchem Lebensraum bewege ich mich?
* Welche Lebensmöglichkeiten erschließt mir Jesus Christus?
* Wie sieht meine Lebensgemeinschaft mit Jesus Christus aus?

Nach der Zeit der Besinnung bringen die TeilnehmerInnen ihre Gedanken als stilles oder gesprochenes Gebet vor Gott. Wer mag, zündet ein Teelicht an und stellt es zur gestalteten Mitte.

● Wer den Abend mit einer Bildbetrachtung schließen möchte, sei auf das Bild aus der Kirche in Ornbau und die Betrachtung von *Jörg Meuth* hingewiesen (s. u. S. VI).

Literaturhinweis

Einen Vorschlag für einen Hauskreisabend zu „Ich bin der Weg" finden Sie in „Alles hat seine Zeit. Hausgebete zum Jahr 2000", Heft 3, S. 6-9 (s.o. Literaturempfehlungen).

Der ökumenische Bibelsonntag zum Thema „Auf dem Weg zu Gottes Wohnungen" hat Joh 14,1-14 als Grundlage. In dem Vorbereitungsheft (s.o. Literaturempfehlungen) sind zahlreiche Anregungen für die Gestaltung von Gottesdiensten zu finden.

Lieder

Das Volk, das noch im Finstern wandelt	EG 20
Tut mir auf die schöne Pforte	EG 166
Ich möcht', dass einer mit mir geht	EG 209
Herr, deine Güte reicht	EG 277/GL 301
Befiehl du deine Wege	EG 361
Wer nur den lieben Gott lässt walten	EG 369
Ich steh vor dir mit leeren Händen	EG 382/GL 621
„Mir nach", spricht Christus	EG 385/GL 616
Jesu, geh voran	EG 391
Kommt, Kinder, lasst uns gehen	EG 393
Vertraut den neuen Wegen	EG 395
Ich sitze oder stehe (bayer. Anhang)	EG 603
Ich lobe meinen Gott (bayer. Anhang)	EG 615
(württ. Anhang)	EG 611
Du bist der Weg und die Wahrheit (württ. Anhang)	EG 619
Christ ist der Weg, das Licht, die Pfort (bayer. Anhang)	EG 620
Herr, deine Güte ist unbegrenzt	GL 289
Komm, Herr Jesu, komm	GL 568
Nahe wollt der Herr uns sein	GL 617
Worauf sollen wir hören	GL 623

VII Johannes 15,1-8 (9-17)

Bleiben und aufbrechen

Auslegung

Nicht nur im antiken Griechenland steht der Wein(stock) symbolisch für Lebensfülle. Der Weinstock und seine Frucht, die Traube, sind Symbole der Fruchtbarkeit und des Lebens. Wein und Weintrauben sind bei uns wohlbekannt, weniger dagegen Weinberg und Weinstock, es sei denn in Weingebieten. Dementsprechend gibt es auch eine Reihe von Redewendungen mit dem Stichwort Wein.

In etlichen Wendungen hat sich die Erfahrung beeinträchtigter Lebensfülle niedergeschlagen: „Jemandem Wasser in den Wein gießen", bedeutet, Begeisterung zu dämpfen. Auch das trübt die Lebensfreude, wenn Menschen „Wasser predigen und Wein trinken", andere zur Genügsamkeit aufrufen, sich selbst aber keinerlei Einschränkungen unterwerfen. Nur unter Alkoholeinfluss scheint es manchem möglich zu sein, sich offener zu äußern: „Im Wein ist/liegt Wahrheit" (in vino veritas). Betrunkene – und Kinder – sagen die Wahrheit. Allerdings sollte es auch in nüchternem Zustand möglich sein, „Jemandem reinen Wein einzuschenken", uneingeschränkt die Wahrheit zu sagen. Die Wendung „Voll des süßen Weins sein" stammt bekanntlich aus Apg 2,13.

Einige tun mit oberflächlichem Spott das Pfingstwunder mit der Behauptung ab, süßer Heurigenwein habe die Köpfe benebelt und die Zungen schwer gemacht. Die Wendung „Junger/neuer Wein in alten Schläuchen" geht ebenfalls auf die Bibel zurück (Mk 2,22par). Sie besagt, dass es eine Illusion ist, das Neue (Christentum) ließe sich bruchlos mit dem Alten (Judentum) verknüpfen.

Nach einem ägyptischen Mythos gebar Isis nach dem Genuss von Trauben Horus. Das sumerische Schriftzeichen für Leben war ursprünglich ein Rebenblatt. Es gab auch eine eigene Göttin mit dem Namen Geschtinana = Weinrebe des Himmels. Assyrische Könige hatten Universalgärten, die aus Ziergärten mit Weinlauben als Orten der Muße, der politischen Unterrredungen und des Kults sowie aus kioskartigen Palästen und weitläufigen Landschaftsparks bestanden. Sie brachten ihren Anspruch auf Weltherrschaft zum Ausdruck und waren Grundlage der altorientalischen Paradiesgarten-Symbolik. Diese Könige verstanden sich als oberste Gärtner und Hirten (*Gabriele Elsen-Novák/Mirko Novák*).

Im antiken Griechenland war der Weinstock Dionysos (lat. Bacchus) geweiht, dem Gott des Weins und der Fruchtbarkeit, des Rauschs und der Ekstase, der Verwandlung alles Lebens. Beim Fest zu seinen Ehren wurden drei Krüge mit Wasser zu Wein verwandelt (vgl. Joh 2,1-11). Der Wein galt als sein Blut, als Lebenselixier und Unsterblichkeitstrank (vgl. 6,52-58). Schon *Platon* bezeichnete den Zustand der Seligen bildhaft als ewigen Rausch, wohingegen übrigens im Islam der Wein im Paradies nicht berauscht. Kirchenvater *Ambrosius* (um 339-397) hat an die dionysische Sehnsucht nach Lebensfülle angeknüpft und von der „nüchternen Trunkenheit des Geistes" gesprochen. Sie ist ein göttliches Geschenk. Jesus berauscht uns gewissermaßen mit seiner überfließenden Liebe (vgl. 6,12f; 10,10). Als der gute Hirte schenkt er uns voll ein (10,11-15; vgl. Ps 23,5).

Wein(stock) in der Bibel

Der Weinstock kann sowohl ein alltägliches wie auch ein theologisches Symbol für Fruchtbarkeit und Erwählung sein. Die gute Ehefrau im Haus wird mit einem fruchtbaren Weinstock verglichen, ihre Kinder mit jungen Ölbäumen (Ps 128,3). In theologischer Hinsicht ist der Weinstock ein negativ besetztes Bild. Es steht für Israels Ursprung in Gott, dem es nicht gerecht wird (Ps 80,9-17; Jer 2,21; Hes 15; 17; 19; Hos 10,1-8). Zedekia, der letzte König des Südreichs Juda (597-587), wird als missratener Weinstock bezeichnet. Er sucht Hilfe bei den Großmächten

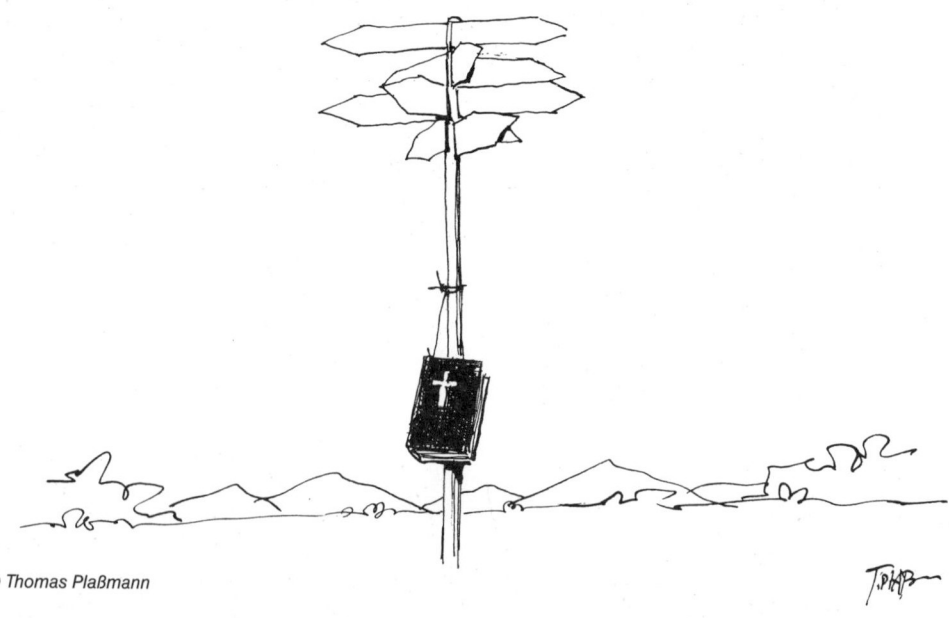

© Thomas Plaßmann

Babylonien und Ägypten anstatt bei Gott. Er wird diesen Baum dürr machen und einen neuen Baum grünen lassen (Hes 17,1-24). Wenigstens dem Rest des Volks wird ein fruchtbringender Weinstock erblühen (Sach 8,11-13). In Sir 24,17f wird der Weise mit einem Weinstock verglichen, der als Lehrer seiner Schüler reiche Früchte trägt. Zur Zeit Jesu wird in der syrischen Baruchapokalypse der Weinstock auf den Messias bezogen (syrApkBar 36).

In Jes 5,1-7 (vgl. 1. Kön 21,1-16; Mk 12,1-13par) wird das Symbol des Weinbergs auf warnende Weise gebraucht. Dies Lied besingt einen Freund (= Gott), der alles Erdenkliche für seinen Weinberg (= Israel) macht – in der bitter enttäuschten Hoffnung, Trauben zu ernten. Die Sehnsucht nach Leben in Fülle äußert sich in der Überlieferung der Aussendung der Kundschafter in das verheißene Land (Num 13,17-33). Ihnen gelingt es, einen Rebstock mit einer Weintraube abzuschneiden. Zu zweit müssen sie ihn tragen. Dies Exemplar bringt die Israeliten noch mehr auf den Geschmack. Das Land ist verlockend, zumal für ein Volk nach langer Wüstenzeit.

Wein ist auch ein Zeichen der Endzeit, des gekommenen Reiches Gottes (Am 9,13; vgl. Hos 2,24; Jes 25,6; Jer 31,5): Es kommt die Zeit, in der die Berge „von süßem Wein triefen". Der Wein ist dazu da, dass er „erfreue des Menschen Herz" (Ps 104,15). Zugleich gilt: „Herrlich funkelt er im Becher, glatt und angenehm geht er ein, hinterher aber beißt er wie eine Schlange und sticht wie eine Otter" (Spr 23,31f; vgl. auch 20,1; 23,20f; 31,4-7; Sir 31,30-40; vgl. ferner Gen 9,18-27). In der Auslegung des Traums des Obermundschenks (Gen 40,9-11) differenziert *Philo* zwischen zwei Wirkungen des Weinrauschs (De Somniis II 169-173): Entspannung und Gelassenheit sowie Hemmungslosigkeit und Ausschweifung.

Vor übermäßigem Weingenuss wird auch in Eph 5,18; 1. Tim 3,8; Tit 2,3 und 1. Petr 4,3 gewarnt. Gegen Genuss mit Augenmaß ist freilich nichts einzuwenden (1. Tim 5,23): „Trinke nicht mehr nur Wasser, sondern nimm ein wenig Wein dazu, um des Magens willen, und weil du oft krank bist." Ebenso gilt in Lk 10,34 Wein (neben Öl) als Medikament (vgl. Offb 6,6; 18,13). Außer diesem alltäglichen Gebrauch sind Weinberg (Mt 20,1-16; Mk 12,1-12par), Wein und Weinstock auch im NT theologisch gefüllte Symbole.

Die Mahlgemeinschaft mit „Zöllnern und Sündern" bringt Jesus den Ruf ein, ein „Fresser und Weinsäufer" zu sein (Mt 11,19; vgl. dagegen Lk 1,15; 7,33; Röm 14,21). Das Abendmahl (Mk 14,22-25par) ist Inbegriff der innigen Beziehung zu Jesus. Am Kreuz wird ihm Wein mit Myrrhe (Mk 15,23) oder Wein mit Galle (Mt 27,34; vgl. Ps 69,22) als Betäubungstrank gereicht.

Im letzten Buch der Bibel wird Wein im übertragenen Sinn auf die Strafen bezogen, die Gott den Gottlosen wie Wein zu trinken gibt (Offb 14,8.10; 16,19; 17,2; 18,3; 19,15; vgl. Ps 60,5; 75,8f; Jes 51,17.22; Jer 25,15). Wiederum in einzigartiger Weise wird Jesus im vierten Evangelium mit Wein und Weinstock in Verbindung gebracht.

Jesus – der Weinstock

Mit dem siebten und letzten Ich-bin-Wort (15,1; in Variation 15,5) beginnt die zweite Abschiedsrede (15,1-16,33). Die Rede vom wahren Weinstock (15,1-17) schließt unmittelbar an die Erfahrung der Mahlgemeinschaft an, die mit dem Signal zum Aufbruch in 14,31 endet. Sie ist als Entfaltung von 14,20f zu verstehen. Es geht um die nachösterliche Jüngergeneration. Im Anschluss an 15,1-17 folgen Ausführungen über den Hass der Welt (15,18-25), den Parakleten und die Jünger (15,26f), die Verfolgung durch die Synagoge (16,1-4a), das Wirken des Parakleten in der Welt (16,4b-15), über die Verheißung des Wiedersehens Jesu (16,16-22) und den Tag des Herrn (16,23-28). Abgeschlossen wird die zweite Abschiedsrede in 16,29-33. In 17,1-26 betet Jesus für die Glaubenden zum Vater (17,1-26). In 18,1-20,29 folgt die Passions- und Ostererzählung mit dem ersten Buchschluss in 20,30f.

© unbekannt

Komposition

Ab 15,1 kommt verstärkt die textexterne Leser- und HörerInnengemeinde als Adressat der Abschiedsrede in den Blick. Die Offenbarungsrede in 15,1-17 wird nicht durch Sprecherwechsel strukturiert.

Einzelexegese

Jesus – der wahre Weinstock (15,1-8)

„Ich bin der wahre Weinstock, und mein Vater ist der Weingärtner" (15,1). Als wahrhaftiger Weinstock ist Jesus das Zentrum des neuen Gottesvolks, das – im Unterschied zum nationalen Weinstock Israel – aus Juden und Heiden besteht (vgl. 10,16; 11,49-52). Nicht nationale Zugehörigkeit, sondern der glaubende Anschluss an Jesus entscheidet über die Zugehörigkeit zum Volk Gottes (vgl. 8,31-36).

Das betonte wahr(haftig) erinnert u.a. an die Worte vom wahrhaftigen Himmelsbrot (6,32.35), vom wahren Licht (1,9f; vgl. 8,12), vom wahrhaftigen Hirten (10,11.14) sowie von der Wahrheit (14,6). Durch diese klaren Metaphern betont Johannes, „dass die Erwartung der Menschen, ihre Sehnsucht nach Leben, in Jesus Christus zum Ziel kommt" (*Eckart Reinmuth*). Dies entspricht dem Willen Gottes. Er ist selbst der Weingärtner.

Zu den typischen Aufgaben des Winzers gehört es, etwas von den unfruchtbaren Reben abzuschneiden und die fruchtbaren Reben zu reinigen, um mehr Frucht zu ermöglichen. Das Abschneiden ist im Weinbau in Palästina „wohl auf den Vorgang des ersten Rebschnittes im März zu beziehen, wobei alle Seitenzweige abgeschnitten und der Haupzweig bis auf 6 oder 7 Augen gekürzt wird. Hierbei werden besonders alle im Vorjahr unfruchtbar gebliebenen Rebzweige ausgeschnitten. Das Reinigen beträfe dann den zweiten Rebschnitt nach dem Fruchtansatz, wobei die inzwischen gewachsenen unfruchtbaren Ruten und Kurztriebe entfernt werden" (*Rainer Borig*).

Diese für die Fruchtbarkeit der Reben notwendigen, aber nicht angenehmen Tätigkeiten werden in 15,2 metaphorisch auf den Vater übertragen. Worin das Fruchtbringen besteht, von dem in 15,1-17 acht Mal die Rede ist, wird an dieser Stelle noch nicht näher ausgeführt. Im Vorgriff auf 15,9-12.17, dürfte damit in erster Linie die Liebe gemeint sein. Die einschneidende Frage lautet also: Wie kommt es, dass die von Jesus ermöglichte und geforderte Liebe nicht erlischt? Wie bleiben die Jünger in der Verbindung mit ihm?

Reinigen
Der Reinigungsprozess besteht darin, dass die fehlende Liebe der Glaubenden durch das Wort Jesu im Akt der Lektüre des JohEv aufgedeckt und überwunden wird (vgl. 15,3). Was auf den ersten Blick als Verlust erscheint, ist bei näherem Hinsehen ein Gewinn. Es geht um einen Reifungsvorgang: „Es dient ja dem Wachstum der Reben, dass das Überflüssige verschwindet, dass das störend Wuchernde weggenommen wird" (*Eugen Drewermann*).

Wie die Verwendung von reinigen bzw. heiligen in 17,17 zeigt, liegt der Schwerpunkt des Handelns des Vaters auf der Heiligung der Glaubenden. Das Verb reinigen, mit dem das Beschneiden der fruchtbaren Reben ausgedrückt wird, bildet die sprachliche Brücke zu 15,3 (vgl. Dan 12,10). Jetzt wendet sich Jesus direkt an seine Jünger bzw. die LeserInnengemeinde: „Ihr seid schon rein durch das Wort, das ich zu euch gesprochen habe."

Das Reinigen des Vaters ereignet sich durch die reinigende Wirkung des Wortes seines Sohnes (vgl. 6,44; 12,32; 17,17-19). Die Jünger sind bereits rein (vgl. 13,10) durch das Wort, das er ihnen mitgeteilt hat (vgl. 6,63; 14,25; 15,11; 16,4.33). Durch den Singular Wort (8,31; vgl. 7,16f; 8,51f; 14,23f) werden alle einzelnen Worte Jesu zusammengefasst (vgl. 3,34; 6,63; 8,47; 12,47f; 14,10): „Nur wenn alles, was Jesus ihnen gesagt und worin er sich ihnen als Gottes Sohn offenbart hat, in ihrer Mitte bleibt, können sie auch nach Ostern im Glauben (14,1) mit ihm und in ihm mit Gott verbunden, also ‚rein' sein" (*Ulrich Wilckens*). Wie die Abschiedsreden und das Abschiedsgebet Jesu vor Augen führen, geht das Bleiben im Wort mit dem Bleiben in der Liebe Hand in Hand (14,15-24; 15,9-17; 17,20-26).

Bleiben
In 15,4 wird die Bildebene wieder aufgenommen. Eindringlich ruft Jesus seine Jünger zur weiteren wechselseitigen Inexistenz auf (15,4; vgl. nur 6,56f; 14,20). Jede einzelne Rebe ist mit dem Stock verbunden. Sie vermag aus sich heraus ohne innige Verbindung mit ihm keine Frucht zu bringen. Dass fruchtbares Glauben nur in der dauerhaften Verbundenheit mit Jesus möglich ist, wird wiederum durch das theologisch gefüllte Verb bleiben ausgedrückt. Es wird in 15,1-17 elf Mal gebraucht. Auf diese Weise haftet bleibend im Gedächtnis, worum es geht: Glauben ist das bleibende Hören des reinigenden Wortes Jesu (vgl. 8,31). Denn „wahre Jüngerschaft ist nicht eine Sache augenblicklicher und vorübergehender Begeisterung. Sie ist eine Lebensentscheidung, die endgültig und dauerhaft ist und sich in Treue bewähren muss" (*Felix Porsch*).

In 15,5 wird das Ich-bin-Wort aus 15,1 weitergeführt. Nach der bildhaften Beschreibung der Relation Jesus (Weinstock) – Vater (Weingärtner) liegt nun der Schwerpunkt auf der fruchtbaren Beziehung des Sohns zu seinen Jüngern:

> „Ich bin der Weinstock, ihr seid die Reben. Wer in mir bleibt und ich in ihm, der bringt viel Frucht, denn ohne mich könnt ihr nichts tun!"

Jesus ist der Frucht tragende Weinstock (vgl. Jer 2,21; 31,5). Die Glaubenden sind die Reben, die an ihm hängen und mit allem Lebensnotwendigen versorgt werden. Ohne diese innige Verbindung wären die Reben nicht lebensfähig. Ohne ihn sind sie fruchtlos. Auch diese Bildrede verweist auf Lebenszusammenhänge: „Wo ist der Ort im christlichen Leben der johanneischen Gemeinde, an die in der Rede vom Weinstock und seinen Reben zusammenwirkenden Motive

Elemente konkreter Erfahrung und Praxis werden? Es ist zu vermuten: Wie in Joh 13, ist es in Joh 15 die Eucharistie'" (*Ulrich Wilckens*). Diese Vermutung wird u.a. dadurch gestützt, dass die Formel vom „Bleiben in ihm" nur im eucharistischen Redegang der Lebensbrotrede begegnet (6,56). Bedenkt man die Rahmung der sieben Ich-bin-Worte durch das erste und das siebte Ich-bin-Wort, bilden Brot und Weinstock eine Einheit, die ebenfalls bewusst an die Eucharistie erinnern dürfte.

Nur wer in Jesus bleibt, kann Frucht bringen. Ohne ihn können seine Jünger nichts tun. Damit sind nicht geistige und technische Leistungen gemeint. Sie haben keinen Bestand und schwinden mit den Menschen dahin. Das Verb „können" ist vielmehr theologisch zu verstehen. Wie insbesondere aus 3,1-8 hervorgeht, „können" Menschen von sich aus nicht zu Gott gelangen (vgl. 5,44; 8,43; 14,17). Dazu bedarf es einer Neugeburt. Die Glauben stiftende Wortverkündigung, die zur Taufe führt, ist wie die wechselseitige Geschwisterliebe nur möglich, wenn wir mit Jesus verbunden sind. Er wiederum vermag nichts von sich aus zu tun, vielmehr gründet sein Tun ganz in Gott (vgl. 5,19.30). Aufgrund dieser wesensmäßigen Verbundenheit, kann nur Jesus sinnvolles Leben schenken.

Dazu heißt es in Artikel 20 (Vom Glauben und guten Werken) des Augsburger Bekenntnisses: „Denn außer dem Glauben und außerhalb von Christus ist menschliche Natur und Vermögen viel zu schwach, gute Werke zu tun, Gott anzurufen, im Leiden Geduld zu haben, den Nächsten zu lieben, befohlene Ämter fleißig auszurichten, gehorsam zu sein, böse Lust zu meiden usw. Solche hohen und rechten Werke können ohne die Hilfe Christi nicht geschehen, wie er selbst sagt: ‚Ohne mich könnt ihr nichts tun' (Joh 15,5)."

Die Unheilsalternative

Die Unheilsalternative wird in 15,6 in Gerichtsbildern zur Sprache gebracht. Die Trennung von Jesus in der Gegenwart hat in der Zukunft furchtbare Folgen. Diejenigen, die nicht in Jesus bleiben, werden wie Reben, die keine Frucht bringen, hinausgeworfen (vgl. 6,37; 9,34f; 10,4; 12,31; vgl. auch 9,22; 12,42; 16,2). Dies göttliche Passiv erweist den Vater als den, der als Weingärtner den Hinauswurf verantwortet. Im Kontrast zu den in zwölf Körben gesammelten Brotresten in 6,12f, die auf das endzeitliche Israel hinweisen (vgl. 4,36; 11,52), werden die vertrockneten Reben gesammelt, um verbrannt zu werden.

Auch diese Aussage gehört zur Bild spendenden Wirklichkeit des Weinbaus. Denn „die abgeschnittenen Rebzweige werden in Palästina entweder als Feuerungsmaterial für den Winter aufbewahrt oder aber sofort wie das Unkraut verbrannt" (*Rainer Borig*). Das Feuer, das hier nicht mit höllischen Qualen ausgemalt wird, ist ein gängiges Bild für das Gericht (vgl. Mt 13,40-42; Mk 9,48; 1. Kor 3,13.15; Offb 8,5-8; 9,17f; 20,13-15; 21,8).

Weil das Gericht Gottes Sache ist, ist es völlig vermessen und verfehlt, wenn Menschen meinen, schon jetzt inquisitorisch gegen Ungläubige vorgehen und die göttliche Strafe vorwegnehmen zu müssen (vgl. 9,1-41). Dass Gott hinter diesem Gerichtsgeschehen steht, bedeutet freilich keine Aufhebung der menschlichen Verantwortlichkeit. Der Mensch kann zwar nicht von sich aus zu Jesus kommen, er kann sich aber abwenden. Diese Asymmetrie durchzieht das ganze Evangelium. Wer die Gabe des Glaubens aufgibt, vollzieht das Gericht als Selbstgericht (vgl. 3,19f; 8,24; 9,39; 12,47f). Wer zum Glauben gekommen ist und sich dann dauerhaft abwendet, hat keinen ewigen Bestand (vgl. 8,30.35f). Gott nimmt die Abwendung ernst und stellt diesen Zustand im Gericht fest.

Historisch betrachtet, dürfte hier die Erfahrung der Gemeindespaltung durch den Eucharistiekonflikt verarbeitet worden sein. Dass die in 15,6 beschriebene unmögliche Möglichkeit bereits eingetreten ist, zeigen die Zeitformen „ist herausgerissen und verdorrt". Trotz aller Krisen, die die johanneischen Christen durchlaufen mussten, sollen sie am Glauben an Jesus festhalten, was zugleich bedeutet, in der Gemeinde seiner Jüngerinnen und Jünger zu bleiben.

Nach der eindringlichen Warnung vor dem Abfall mit seinen Konsequenzen wird in 15,7 15,3 aufgenommen und verheißungsvoll weiterentfaltet. Das Bleiben in Jesus zeigt sich im Bleiben seiner Worte in den Jüngern. Jüngerschaft ist ohne Bindung an seine Worte unmöglich. Wer mit seinen Worten verbunden ist, erhält die Verheißung der Gebetserhörung (vgl. 14,10-14; 15,16). Das Gebet ist aus dem Leben derer, die mit Jesus verbunden sind, nicht wegzudenken. Es „erscheint als ein zentraler Bestandteil der lebendigen Beziehung der Glaubenden mit Jesus, es ist eingebettet in den Akt des Fruchtbringens" (*Udo Schnelle*).

Wer in einer fruchtbaren Beziehung zu Jesus steht, ist ein Trieb an diesem Weinstock. Wer in ihm bleibt, kann bestehen, bleibt ewig mit dem Ursprung des Lebens verbunden. Diese innige Verbindung führt zu viel Frucht, wird Wirkung zeigen. Das wird in 15,8 noch einmal unüberhörbar unterstrichen: „Dadurch wird mein Vater verherrlicht, dass ihr viel Frucht bringt, und (dann) werdet ihr meine Jünger sein." Die Angesprochenen sind die, die in Jesus geblieben sind.

Der Vater wird nicht nur durch den Sohn verherrlicht (vgl. 13,31f), sondern auch durch ihr Fruchtbringen. Es lässt auf die Qualität des Weingärtners schließen. Schließlich ist er es, der die Früchte durch das reinigende Wort seines Weinstocks reinigt (15,2f). Wie die angesprochenen Jünger schon Frucht bringen und „viel/mehr Frucht" bringen sollen, sind sie bereits Jünger und werden zu solchen. Man könnte also sagen: „Werdet, was ihr schon seid!"

Worin die Jüngerexistenz besteht, wird in 15,9-17 weiter ausgeführt. Die lebendige personale Beziehung zwischen Jesus, dem Weinstock, und seinen Jüngern, den Reben, wird als Freundschaft charakterisiert. Dies Beziehungsmodell aus der menschlichen Erfahrungswelt ist für Johannes gleichnisfähig für das Verhältnis zwischen Gott und Mensch. Als geistgeleiteter Jesusinterpret zeigt er, wie sich dies freundschaftliche Verhältnis auf das Zusammenleben in der Gemeinde und ihre missionarische Ausstrahlung auswirkt.

„Meine Freunde" (15,9-17)

Die Jünger werden in die Liebeseinheit von Vater und Sohn einbezogen. Dass dies nicht magisch zu verstehen ist, zeigt der Aufruf (15,9): „Bleibt in meiner Liebe!" Dies geschieht durch das Halten der Gebote Jesu (vgl. 14,15.21.23). Dabei handelt es sich um nichts anderes als das neue Gebot der Liebe (15,12; vgl. 13,34f). In ihr haben die Gebote ihr Zentrum: „Keine Lebensanstrengung, keine Überlebensstrategie, sondern allein diese Liebe als Lebensform und -wirklichkeit entscheidet über Sein oder Nichtsein, über Gelingen oder Misslingen, Leben oder Tod des Menschen" (*Eckart Reinmuth*). Wie bei der Fußwaschung, ist er als wahrer Gott zugleich das Urbild des liebenden Menschen und darin Vorbild für seine Jünger. Er hat die Gebote seines Vaters gehalten. Er hat geliebt und bleibt in seiner Liebe (15,10).

Der Grund für seine Rede besteht darin, dass seine Freude in den Jüngern bleibt und ihre Freude vollkommen wird (15,11). Im nachösterlichen Rückblick ist die Osterfreude gemeint, die das Leben der Glaubenden von innen heraus bestimmt (vgl. 20,20). Die Freude bildet mit der Liebe eine untrennbare Einheit. Die Liebe Jesu ist der Raum für die wechselseitige Liebe der Jünger (15,12): „Dies ist mein Gebot, dass ihr einander lieben sollt, wie ich euch geliebt habe." Diese Liebe findet im Rückgriff auf Vorstellungen hellenistischer Freundschaftsethik seine Zuspitzung im Lebenseinsatz für die Freunde (15,13; vgl. 6,51; 10,11.15; Mk 10,45; Lk 22,19). Jesus lebt und stirbt für sie. Darin bewahrheitet sich seine Liebe.

Die Freundesliebe war als Ideal in den oberen Schichten der griechisch geprägten Umwelt hoch im Kurs. Sie konnten sich dabei auf zwei der größten griechischen Denker berufen: *Platon* (427-347) und *Aristoteles* (384-322). Bei *Platon* heißt es beispielsweise: „Ja, gar füreinander sterben mögen Liebende allein, und nicht Männer nur, sondern auch Frauen." Und bei *Aristoteles* ist zu lesen: „Von einem hervorragenden

Ich danke dir für die Liebe,
die mich beherbergte,
den Hass, der mich forttrieb,
und den Gleichmut des Scheidens.

Ich danke dir sehr für den Weg.
Ich danke dir für die Sterne und für die Blumen,
für das herrliche Gras, für den Sichelmond,
die Wolke, den Himmel, die Luft, die ich atme.
Ich danke dir sehr für den Baum.

Ich danke dir für den Feind,
der mich mittags anfiel,
und für den Freund,
der mich abends heimgeleitet.

Ich danke dir sehr für mein Dasein –
und dafür, dass es vergeht.

Du aber wirst sein, voll von der Freude des Seins,
wenn die Blume abgeblüht und der Stern erloschen ist,
wenn der Feind vermodert, der Freund abgeschieden.
Du wirst sein, wenn mein Dasein vorüber ist
und meine Liebe zum Dasein erloschen.

Darum danke ich dir mit meinem ganzen Wesen:
Ich danke dir für dein Sein.

Jeannie Ebner

Mann gilt auch die Wahrheit, dass er für Freund und Vaterland sich immer wieder einsetzt und, wenn es nottut, für sie sein Leben gibt." Ähnlich klingt es etwa zeitgleich mit dem vierten Evangelisten bei dem Philosophen *Epiktet* (etwa 50-138). Er würde sich für seinen Freund in Gefahr begeben, sogar das Leben für ihn lassen. Johannes bezieht diese Vorstellung zuallererst auf Jesu Hingabe für die Seinen (vgl. 10,11-18).

Es gehört zu den Grunderfahrungen der johanneischen Gemeinde, „dass der Freundeskreis der Christen aus Juden und Heiden erst im Zeichen des Kreuzes zusammengefunden hat, dass der Tod ihres Meisters Gottes versprengte Kinder zur endzeitlichen Gemeinschaft gesammelt hat" (*Knut Backhaus*). In 15,14f, dem Zentrum der johanneischen Abschiedsreden und Mittelpunkt von 15,12-17, klassifiziert Jesus alle Jünger – mit Ausnahme von Judas (vgl. 13,30) – als Freunde.

Zuvor werden nur einzelne Personen explizit als Freunde charakterisiert. Als Erstem wird Johannes dem Täufer die Ehre zuteil, als sich freuender Freund Jesu gekennzeichnet zu werden (3,29; vgl. 15,11). Vorbereitet durch das Verb freunden (11,3-5), das sich mit Jesus als Subjekt auf Lazarus und seine Schwestern Martha und Maria bezieht (11,3.5), wird Lazarus von Jesus als „unser Freund" (11,11) bezeichnet.

Darin äußert sich das hohe Selbstbewusstsein der johanneischen Christen, der „Freundeskreis Jesu" (*Thomas Söding*) zu sein. Es verdankt sich der intensiven Verbindung mit dem, der als Einziger den Gottesnamen „Ich bin" auf sich beziehen darf. Dieser Gott ist als Vater, Sohn und Heiliger Geist zutiefst ein Gott der Beziehung, der mit seinen Geschöpfen familiär (Kinder Gottes) bzw. freundschaftlich (Freunde Jesu) vereint sein möchte. Das belegt die Familien- und Freundschaftsmetaphorik, die das gesamte Evangelium durchzieht. Das göttliche „Ich bin" ist daher nicht ohne das Possessivpronomen „meine" denkbar (15,14): „Ihr seid meine Freunde." Dies Wort aus dem Mund Jesu „entreißt uns der sklavischen Angst und überschüttet uns mit dem Glück der Gottesfreundschaft" (*Eugen Biser*).

Es spricht für den theologischen Scharfsinn des vierten Evangelisten, dass er die weisheitlich geprägte Bezeichnung Freunde für die Jünger im Kontext der Abschiedsreden einführt. In der Stunde der Erhöhung Jesu (vgl. 3,14; 8,28; 12,32.34) werden sie endgültig aus Sklaven zu Freunden, die er mit seinem Geist beschenkt. Freundschaft überwindet die Knechtschaft und eröffnet einen Freiraum für Frieden und Freude (vgl. 15,11; 16,22.24.33).

Jesus deutet dabei zwei Wesensinhalte der Freundschaft an: die Offenheit, das sich Anvertrauen (15,15: „Ich habe euch alles gesagt, was ich von meinem Vater weiß") und die Wahl (15,16: „Ich habe euch erwählt"). Uneingeschränkte Selbstmitteilung ist ein Wesenszug echter Freundschaft. Jesus zieht als der göttliche Freund die menschlichen Freunde ins Vertrauen. Ihnen gibt er zu verstehen, woraus er lebt, wer sein und ihr Vater ist. Er behält sein himmlisches Offenbarungswissen nicht als Herrschaftswissen gegenüber Sklaven für sich, sondern gewährt es seinen verbliebenen Jüngern: „Eine geistiggeistliche Unmündigkeit (vgl. 14,18: ‚nicht als Waisen lasse ich euch [zurück]'; vgl. 15,15) lässt die geschenkte Christusfreundschaft (vgl. 15,12-17) nicht zu" (*Klaus Scholtissek*).

Die Initiative liegt ganz bei Jesus. Nicht die Jünger haben ihn erwählt, sondern er als der Weinstock hat sie als die Reben erwählt (15,16; vgl. 6,70; 13,18; 15,19) und zum bleibenden Fruchtbringen bestimmt. An dieser Stelle werden die beiden Leitworte „Frucht(bringen)" und „Bleiben" miteinander verknüpft. Dass die Jünger künftig nie mehr Knechte, sondern geliebte und liebende Freunde sind, gründet in dieser Erwählung. Jesus wählt seine Freunde, wie Gott seine Freunde im Alten Testament wählte (vgl. Jes 41,8; 2. Chr 20,7).

Während man in der heidnischen Umwelt Freunde nur aus dem Kreis der gleichberechtigten Freien und nicht der rechtlosen Sklaven wählte, kann davon bei Jesus keine Rede sein. Die Jünger sind keine gleichberechtigten Partner, die ihn erwählen könnten. Er ist der Schenkende, seine Freunde die Beschenkten und in heilsamer Weise Geforderten. Den erwählten und durch Jesu Offenheit mündigen Jüngern wird die Verantwortung eingeschärft, Frucht zu bringen. Sie werden eindringlich daran erinnert, seine Weisung in der Lebenspraxis als Richtung gebend gelten zu lassen.

Damit ist die wechselseitige Liebe gemeint. Sie gibt die Richtung vor. Sie ist nicht nur eine emotionale Regung, sondern willentliche Hingabe. Diese Hingabe schließt das Hingehen zu den anderen ein. In dieser Aufgeschlossenheit für Außenstehende äußert sich auch das johanneische Missionsverständnis: „Die Einheit aus Liebe hat missionarische Funktion: Die Außenstehenden (die ‚Welt') können an der Einheit der Liebe erkennen, dass hier Gott am Werk ist" (*Klaus Berger*).

Jesus fordert keinen blinden Knechtgehorsam, sondern Bewährung der Freundschaft in der bleibenden Liebe, wie im Ringschluss mit 15,12 in 15,17 noch einmal wirkungsvoll wiederholt wird. Auffällig ist, dass Jesus weder in 13,34f noch in 15,9-12.17 näher bestimmt, wie diese Liebe im Einzelnen auszusehen hat. Die Liebe bezieht sich also auf das ganze Leben. Wo es keine detaillierten Vorgaben gibt, gibt es auch keine Ausnahmen.

So bleibt für die Liebe umfassender Spielraum: „Man könnte diese Ethik mit den Worten des *Augustinus* kennzeichnen: ‚Liebe – und (dann) tue, was du willst', es wird richtig und gut sein, weil alles Tun von der Liebe geleitet und durchdrungen ist. Es ist eine Moral für Mündige und Liebende, die weit entfernt ist von jeder einengenden gesetzlichen Kasuistik, die immer nur negativ auf das Verbotene schaut und deren Beweggrund mehr die Angst als die Liebe ist" (*Felix Porsch*). Jesus, das Ansehen Gottes (vgl. 14,9), reinigt furchtbesetzte Gottesbilder und ermöglicht die Liebe seiner Freunde untereinander (vgl. 1. Joh 4,7-21). Didaktisch klug, endet damit 15,1-17 mit einer zur Liebe ermutigenden und stimulierenden Aussage.

Rückblick

Der Weinstock ist eine Metapher der innigen Verbundenheit. Sie wird in der Bildrede 15,1-8 sowohl auf das Verhältnis von Vater und Sohn wie auch auf die Beziehung zwischen dem Sohn und den Seinen bezogen. Jesus ist der Weinstock, sein Vater der Weingärtner und die Glaubenden die Reben. Darin zeigt sich die universale erwählende Liebe Gottes. Zugleich werden die Geliebten an ihre Verantwortung erinnert, in Verbindung mit Jesus ein fruchtbares Leben zu führen. Eine zentrale Station auf diesem Weg (vgl. 14,6) ist die Eucharistie, die im Leben der johanneischen Gemeinde eine entscheidende Rolle spielt. In ihr gewinnt die freundschaftliche Hingabe des Sohns sakramentale Gestalt. Drei Kennzeichen wahren Jüngerseins werden im Bild der fruchtbaren Beziehung zwischen dem Weinstock und den Reben vor Augen geführt: das Bleiben im Wort Jesu, das Leben aus dem Gebet und das Handeln in der Liebe.

Der Liebesgedanke bildet auch den Rahmen für die Erwählung zur Freundschaft in 15,9-17. Es geht um das Bleiben in der Liebe Jesu. Seine liebende Hingabe begründet die Kirche als geschichtliche Realität. Fruchtbringen geschieht, indem auch die geliebten Freunde einander in Liebe begegnen. Verankert im Text, darf sich der Leser „nun ausmalen, wie eine Jüngerschaft Jesu, eine Gemeinde oder Kirche aussehen könnte, in der alle in freundschaftlicher Liebe untereinander verbunden sind" (*Ludger Schenke*). Das gemeindliche Zusammenleben im Kraftfeld der göttlichen Liebe wirkt missionarisch. Die johanneische Gemeinde ist keine geschlossene Gesellschaft, sondern eine offene Gemeinschaft mit einer offenen Tür (vgl. 10,7-10). Auch andere sind in Christus zur Gottesfreundschaft eingeladen.

Das Bildnetz Wein(stock)

Der Wein ist bereits wesentlicher Bestandteil der ersten Zeichenhandlung, des Weinwunders auf einem Hochzeitsfest in Kana (2,1-11).

Die Hochzeitsthematik wird in 3,29 (vgl. auch 4,16-18) wieder aufgenommen. Der Täufer wird als Freund des Bräutigams bezeichnet. Diesem Bild zufolge ist Jesus der Messiasbräutigam und der Täufer sein vertrauter Freund. Vollkommene Freude ist wie Liebe das Erkennungszeichen dieser Freundschaft (vgl. 15,11-14). Der Täufer freut sich, die Stimme des Messias zu hören. Mit ihm bricht die Heilszeit an. Das Verwandlungswunder in Kana dürfte zudem die eucharistische Rede in 6,53-58 vorbereiten: Jesus selbst ist die wahre Speise und der wahre Trank.

In 19,28-30 wird auf Ps 69,22 angespielt. Im Kontrast zur synoptischen Darstellung, fordert Jesus selbst den Becher mit zu Essig gewordenem Wein. Freiwillig trinkt er, was ihm sein Vater gibt (vgl. 18,11). Als der Gekreuzigte, der selbst im Gehorsam gegenüber Gott Durst durchlebt und das Heilswerk vollbracht hat, kann Jesus auch den Durst der Menschen nach erfülltem Leben löschen, existenzielle Not und Angst überwinden. Nun ist die Stunde seiner Verherrlichung gekommen.

Damit schließt sich der Kreis zum Kanawunder, wo seine Stunde noch nicht gekommen war (2,4). Dieser Spannungsbogen zeigt sich auch darin, dass die Mutter Jesu nur in 2,4f und in 19,25-27 auftritt. Im nachösterlichen Rückblick kommt in dieser literarisch kunstvollen Darstellung theologisch anschaulich zur Sprache: Der Gekreuzigte ist die Quelle des Lebens. Er lässt und nimmt wieder sein Leben, damit wir als seine Freunde das Leben in Fülle haben (vgl. 10,10.11-18; 15,13-16). Mit *Philipp Spittas* Worten ausgedrückt (EG 406,1): „Du bist meines Lebens Leben, meiner Seele Trieb und Kraft, wie der Weinstock seinen Reben zuströmt Kraft und Lebenssaft."

Rückblick und Ausblick

Menschliches Verstehen ist bildgebunden. Durch seine einzigartige Bildersprache lehrt der vierte Evangelist, Gott, die Welt und die eigene Existenz in einem neuen Licht zu sehen. Dieser schrittweise erfolgende Verstehensprozess ereignet sich, wenn sein Evangelium von vorn bis hinten aufmerksam gelesen und meditiert wird: „Warum? Weil der Evangelist es verstanden hat, mit seiner Erzählung einen Symbolteppich zu weben, der erst dann seine Muster und Farben zu erkennen gibt, wenn man ihn insgesamt wahrnimmt. Dazu bedarf es der Kunst der Vernetzung" (*Michael Theobald*).

Die johanneische Bildersprache vermag Menschen verschiedener Herkunft und unterschiedlichen Bildungsgrads anzusprechen und zu integrieren. Das zeigen in kunstvoll-konzentrierter Form die Ich-bin-Worte, die Jesus als alleinigen Heilbringer herausstellen. Ihre Form und ihr Inhalt sind vollkommen. Diese „Miniaturevangelien" bringen in ihrem jeweiligen Kontext auf einzigartige Weise zur Sprache, dass Jesus die Antwort auf alle Sehnsüchte ist, die Juden und Heiden je mit Brot, Licht, Tür, Hirte, Auferstehung, Leben, Weg, Wahrheit und Weinstock verbunden haben.

In all diesen Sehnsüchten äußert sich die Sehnsucht nach erfülltem Leben, die dem Menschen als zur Gottebenbildlichkeit bestimmtem Geschöpf mitgegeben ist. Diese Sehnsucht „richtet sich auf etwas, das dem Menschen zuteil werden muss, also nicht gemacht, hergestellt, abgesichert werden kann" (*Wilfried Härle*). Im JohEv wird dieser Lebenshunger auf Jesus Christus bezogen. Gott eignet sich in Christus seinen Geschöpfen in den sieben Ich-bin-Worten vollkommen zu und macht sie zu Kindern Gottes und zu seinen Freunden.

Diese wegweisenden Worte werden durch weniger bekannte Worte gerahmt, in denen ausdrücklich von Mitte die Rede ist. Johannes der Täufer weist zu Beginn seines Wirkens auf Jesus als den bereits unbekannt Anwesenden hin (1,26): „Ich taufe mit Wasser. Aber er ist in eure Mitte getreten, den ihr nicht kennt." Dies Wort ist von hoher Aktualität. Auch angesichts der heute immer wieder zu hörenden Rede von der Renaissance der Religion und dem Hunger nach

Transzendenz, ist zu fragen (*Stefan Orth*): „Wo bleibt Jesus?" Der Gründer des Christentums spielt im gegenwärtigen Spiritualitätsdiskurs keine Hauptrolle.

Anders im vierten Evangelium: Nicht nur zum Auftakt der erzählerischen Entfaltung des Jesusgeschehens, sondern auch am Ende sind planvoll Mitte-Worte positioniert (19,18): „Dort kreuzigten sie ihn und mit ihm zwei andere zu beiden Seiten, in der Mitte aber Jesus." Johannes richtet mit den betont am Schluss stehenden Worten „in der Mitte aber Jesus" unseren Blick allein auf ihn, dem als König Israels und der ganzen Welt der Ehrenplatz gebührt. Er ist die vorgegebene Mitte des christlichen Glaubens.

Das musste der Evangelist Johannes schon zu seiner Zeit in seinem Evangelium hervorheben. Das wird auch uns heute ins Stammbuch geschrieben: Das JohEv ruft seine LeserInnen „in die Mitte, gerade auch uns heute. Diese Mitte aber trägt einen Namen: Jesus, der Exeget Gottes" (*Michael Theobald*). Gott sei Dank sind für ihn – die offene Tür (10,7-9) – verschlossene Türen kein unüberwindliches Hindernis (20,19; vgl. 20,26): „Er trat in ihre Mitte und spricht zu ihnen: Friede sei mit euch!"

> **Ich habe es schon öfter gesagt:**
> **Die ein gutes Leben beginnen wollen,**
> **die sollen es machen wie einer,**
> **der einen Kreis zieht.**
> **Hat er den Mittelpunkt des Kreises**
> **richtig angesetzt und steht der fest,**
> **so wird die Kreislinie gut.**
> **Das soll heißen:**
> **Der Mensch lerne zuerst,**
> **dass sein Herz fest bleibe in Gott,**
> **so wird er auch beständig werden**
> **in allen seinen Werken.**
>
> *Meister Eckehart*

Friede, Schalom, bedeutet Vollkommenheit. Christus ist die Vollkommenheit der Christen (*Nikolaus Ludwig Graf von Zinzendorf*). Diese Einsicht eröffnet die Lektüre des vierten Evangeliums. Gleich zu Beginn lädt der Vollkommene uns ein (1,39): „Kommt und seht!" Man könnte auch sagen: „Kommt und lest!"

Nach johanneischem Verständnis sind die Leseworte des Evangeliums zugleich Lebensworte. Das verdichtet sich bildhaft in den Ich-bin-Worten. In fünf der klassischen sieben Ich-bin-Worte ist das Schlüsselwort „Leben" zu finden (*Udo Schnelle*). In diesen Lebensworten ereignet sich konzentriert, wovon Jesus am Ende seines Abschieds spricht (17,26; vgl. 1,18): „Und ich habe ihnen deinen Namen kundgetan und werde ihn kundtun, damit die Liebe, mit der du mich geliebt hast, in ihnen sei und ich in ihnen." Das göttliche Leben, das sich in der Begegnung mit Jesus bereits jetzt erschließt, mündet ein in die Ewigkeit. Wer von diesem Lebensbrot isst, stirbt nimmermehr (6,50), lebt vielmehr ewig (6,58). Nicht von ungefähr, bilden das erste (6,35; vgl. 6,41.48.51) und das siebte (15,1; vgl. 15,5) Ich-bin-Wort, bilden Brot und Weinstock den Rahmen der Ich-bin-Worte. Wie gesagt, dürfte auch dieser Spannungsbogen an die Eucharistie erinnern. Bei diesem Mahl lässt der Menschgewordene, Gekreuzigte und Erhöhte den Glaubenden die Gabe des ewigen Lebens zuteil werden. Aus der Lebenseinheit mit ihm erwächst die Liebe, die für den Weg der Gemeinde zukunftsweisend ist.

Gedanken und Texte zum Nachdenken und Besprechen

● Gott, von dir sich abwenden, heißt fallen. Zu dir sich hinwenden, heißt aufstehen. In dir bleiben, heißt sicheren Bestand haben. Gott, dich verlassen, heißt sterben. Zu dir heimkehren, heißt, neu zum Leben erwachen. In dir weilen, heißt leben.

Augustinus

● *und ganz entschieden*
die Liebe schützen

mir die Liebe nicht
stehlen lassen
von denen
die nicht lieben können

mir die Hoffnung nicht
nehmen lassen
von denen
die fertig sind mit dem Leben

mir die Kraft nicht
absprechen lassen
von denen
die sich nicht hingeben

liebend sein
verletzbar bleiben
das Leben riskieren
mich schutzlos hineingeben

und das
Recht des Menschen schützen
zu lieben
und geliebt zu werden

Andrea Schwarz

(aus: Und jeden Tag mehr leben.
© Verlag Herder, Freiburg 2004[2], S. 280)

● Leben heißt: lieben.
Leben heißt: Strahlen ewigen Lebens
auffangen und weitergeben.

Friedrich von Bodelschwingh

● Herr, unser Gott,
du hast unzählige stille Wege,
auf denen du möglich machst,
was uns unmöglich scheint.
Gestern war noch nichts sichtbar,
heute nicht viel,
aber morgen steht es vollendet da.
Und nun erst gewahren wir,
rückblickend,
wie du unmerklich schufst,
was wir unter großem Lärm
nicht zustande gebracht hätten.

Jeremias Gotthelf

● Um die Früchte zu erkennen,
achte auf die Wurzel.
Studiere die Vergangenheit,
um die Zukunft zu erkennen.

Lie-tse

● Menschen und menschliche Dinge
muss man kennen,
um sie zu lieben.
Gott und göttliche Dinge
muss man lieben,
um sie zu kennen.

Blaise Pascal

● Was ist mein „Fruchtbringen"? In welcher Verbindung sehe ich es zu Jesus Christus?

● Ich bleibe in der Kirche. Warum? Aus Gewohnheit? Weil mich die christliche Ethik anspricht? Weil ich manchmal spüre, welcher Lebensstrom von Jesus Christus in mein Leben fließt? Oder warum?

● Wenn wir als Gemeinde, als Kirche klagen, dass wir schrumpfen statt zu wachsen – kann das daran liegen, dass unsere Beziehung zum Kraft spendenden „Weinstock" gestört ist?

● Wo wird unser Bleiben als Gemeinde in Christus für Menschen außerhalb der Gemeinde erfahrbar, erlebbar? Wo wird mein Bleiben in Christus für Menschen in meinem Lebensumfeld erfahrbar, erlebbar?

● „Nicht ihr habt mich erwählt, sondern ich habe euch erwählt und bestimmt, dass ihr hingeht und Frucht bringt und eure Frucht bleibt, damit, wenn ihr

© Thomas Plaßmann

den Vater bittet in meinem Namen, er's euch gebe" (Joh 15,16) – sind die vielen Konfessionslosen und aus der Kirche Ausgetretenen nicht erwählt?

● Liebe ist ein vielseitig besetztes Wort. Es wird in der Regel mit einer intensiven gefühlsmäßigen Bindung zu einem Menschen und Akzeptanz desselben assoziiert. Aber diese Bindung und Akzeptanz habe ich – wenn ich mir gegenüber ehrlich bin – weder zu allen Menschen in meiner Gemeinde/Kirche noch generell. Ist das Wort aus Joh 15,12 („... dass ihr euch untereinander liebt, wie ich euch liebe") hilfreich? Eröffnet es neue Horizonte im Sinne von untereinander und mit anderen solidarisch sein? – Solidarisch verstanden als verstehende wie kritische Akzeptanz.

Bausteine zur Gestaltung

● Wer mit einem Film einsteigen möchte, sei auf **Die Gnadenhochzeit** von *Heidi und Bernd Umbreit*, Deutschland 2006, 28 Minuten, farbig, Dokumentarfilm, hingewiesen.

● *Gestaltete Mitte:*
Auf roten, grünen und blauen Tüchern steht in der Mitte eine brennende Kerze. Daneben steht ein Kelch mit Wein oder Traubensaft und ein Teller mit Brot oder nur ein Teller mit Weintrauben. Darum herum sind Bilder, Kunstpostkarten gelegt, die das Motiv „Ich bin der Weinstock" darstellen. Die TeilnehmerInnen suchen sich je ein Bild aus und betrachten es in Ruhe. Danach finden sich Kleingruppen zusammen und tauschen sich über die Bilder aus:
* Welches Bild von Kirche, von Gemeinschaft der Gläubigen entdecke ich?
* Welche Aussage ist mir wichtig?
Die Gruppen fassen ihre Ergebnisse zusammen und bringen sie ins Plenum ein.

● Im Plenum oder in Kleingruppen besprechen die TeilnehmerInnen:
* Welche Vision von Kirche, Gemeinde habe ich? Was sind die wesentlichen Merkmale für mich?
Die Gedanken werden stichwortartig auf einem Flipchart festgehalten.

● Die TeilnehmerInnen bedenken zunächst für sich:
* Wie und wodurch bin ich zum Glauben an Jesus Christus gekommen?
* Wenn ich meinen Glauben als in Christus bleiben verstehen kann, wie vollziehe ich das in meinem Leben?

Nach der Einzelbesinnung werden die Gedanken zu „Glauben als in Christus bleiben" im Plenum ausgetauscht.

● In Kleingruppen tauschen sich die TeilnehmerInnen zu der Frage aus:
* Was hat mich bis jetzt zum Bleiben in Christus, in der Kirche bewogen?

● Die TeilnehmerInnen erhalten Blätter mit den Texten aus 1. Kor 12,12-14.27 und Joh 15,1-17 und bedenken in Kleingruppen:
* Wie wird die Gemeinschaft der Glaubenden in beiden Texten beschrieben?
* Was ist das jeweils Besondere?
* Wie wird in den beiden Texten die Beziehung Jesu Christi zu den an ihn glaubenden Menschen beschrieben?

● *Fragen zur Texterschließung:*
* Was kennzeichnet die Beziehung zwischen Weinstock und Reben, zwischen Jesus Christus und Gemeinde?
* Was erfahren Sie über Jesus in Joh 15,1-17?
* Was ist lebensnotwendig für die Reben, für ihr Wachsen und reif werden?
* Was bewirkt das Bleiben am Weinstock, das Bleiben in Christus, für die Reben/die Gemeinde?
* Wie verstehen Sie Joh 15,6?
* Welches Bild von Gemeinde vermittelt Ihnen Joh 15,1-17?
* Mit welchen Aussagen von Joh 14,1-17 haben Sie Schwierigkeiten?

● *Impulse für ein Plenumsgespräch:*
* Meine Vorstellung von Kirche/Gemeinde und die Aussagen von Joh 15,1-17 – welche Gemeinsamkeiten haben sie, worin unterscheiden sie sich?
* Das „Bleiben in Christus": Was hilft mir dazu, was macht es mir beschwerlich? Was hindert mich daran?
* Wie ist „Frucht bringen" zu verstehen – als ethische Leistungsanforderung, als natürliche Auswirkung der Verbindung zum Weinstock?

● Wer den Abend mit einer Bildbetrachtung schließen möchte, sei auf das Bild aus der Kirche in Ornbau und die Betrachtung von *Jörg Meuth* hingewiesen (s. u. S. VII).

Literaturhinweis

Einen Vorschlag für einen Hauskreisabend zu „Ich bin der Weinstock" finden Sie in „Alles hat seine Zeit. Hausgebete zum Jahr 2000", Heft 4, S. 8-11 (s.o. Literaturempfehlungen).

Lieder

Herr Jesu Christ, du höchstes Gut	EG 219
Das sollt ihr, Jesu Jünger, nie vergessen	EG 221
Im Frieden dein, o Herre mein	EG 222/GL 473
Komm, sag es allen weiter	EG 225
Er ist das Brot, er ist der Wein	EG 228
Liebe, die du mich zum Bilde	EG 401
Bei dir, Jesu, will ich bleiben	EG 406
Liebe ist nicht nur ein Wort	
(bayer. Anhang)	EG 650
(württ. Anhang)	EG 650
Wer unterm Schutz des Höchsten steht	GL 291
Herr, unser Herr, wie bist du zugegen	GL 298
O lieber Jesu, denk ich dein	GL 550
Wie schön leuchtet der Morgenstern	EG 70/GL 554
Hilf, Herr meines Lebens	EG 419/GL 622

Literatur in Auswahl

Bei der Auslegung wurden insbesondere folgende Kommentare verwendet:
- *Felix Porsch:* Johannes-Evangelium, Stuttgart 1995[3].
- *Ludger Schenke:* Johannes. Kommentar, Düsseldorf 1998.
- *Udo Schnelle:* Das Evangelium nach Johannes, ThHK 4, Leipzig 2004[3].
- *Hartwig Thyen:* Das Johannesevangelium, Tübingen 2005.
- *Ulrich Wilckens:* Das Evangelium des Johannes, NTD 4, Göttingen 2000[2].

Bücher und Aufsätze:
- *Arbeitsgemeinschaft Missionarische Dienste (Hrsg.):* Texte zur Bibel 4, Seht, euer Gott. Sieben Auslegungen zu Passions- und Ostertexten aus dem Johannesevangelium, Neukirchen-Vluyn 1988.
- *Arbeitsgemeinschaft Missionarische Dienste (Hrsg.):* Texte zur Bibel 8, Zum Sehen eingeladen. Szenen aus dem Johannesevangelium. Auslegungen und Gestaltungsvorschläge, Neukirchen-Vluyn 1992.
- *Uwe Appold/Jan Janssen:* So frei. Die Ich-bin-Worte Jesu in Auslegungen und Bildern, Hünfelden 2007.
- *Peter Dschulnigg:* Jesus begegnen. Personen und ihre Bedeutung im Johannesevangelium, Münster 2000.
- *Anselm Grün:* Jesus - Tür zum Leben. Das Evangelium des Johannes, Stuttgart 2002.
- *Katholisches Bibelwerk e.V. Stuttgart (Hrsg.)*: Das größere Leben. Johannes-Evangelium, Stuttgart 1993.
- *Katholisches Bibelwerk (Hrsg.):* Johannes entdecken. Lese- und Arbeitsbuch zum Johannesevangelium, Stuttgart 1998.
- *Thomas Popp:* Hier finde ich Freunde. Ein Gemeinde-Modell nach dem Johannes-Evangelium, Neukirchen-Vluyn 2004.
- *Felix Porsch:* Johannes-Evangelium, Stuttgart 1995[3].
- *Klaus Scholtissek:* „Ich bin das lebendige Brot, das vom Himmel herabgekommen ist" (Joh 6,51). Mit Johannes das Evangelium entdecken, Bibel und Liturgie 68 (1995), 45-49. 111-114. 223-231.
- *Michael Theobald:* Ansätze einer biblischen Spiritualität. Impulse aus dem Johannesevangelium, Geist und Leben 75 (2002), 166-182.
- *Sjef van Tilborg:* Das Johannesevangelium. Ein Kommentar für die Praxis, Stuttgart 2005.
- *Gottfried Voigt:* Licht - Liebe - Leben. Das Evangelium des Johannes, Göttingen 1991.
- *Johannes Winkel:* Die Ich-bin-Worte Jesu. Texte, Kommentare, Entwürfe, Göttingen 1995.

Weitere Literatur:
- *Wolfgang Baur.:* „Der mit dem Wort tanzt". Der Prolog – Eine Theologie der Beziehung, in: Johannes entdecken. Lese- und Arbeitsbuch zum Johannesevangelium, Stuttgart 1998, 20-31.
- *Klaus Berger:* Manna, Mehl und Sauerteig. Korn und Brot im Alltag der frühen Christen, Stuttgart 1993.
- *Ders.:* Was ist biblische Spiritualität?, Gütersloh 2000.
- *Ders.:* Formen und Gattungen im Neuen Testament, Tübingen 2005.
- *Klaus Berger/Christian Colpe (Hrsg.):* Religionsgeschichtliches Textbuch zum Neuen Testament, Göttingen 1987.
- *Eugen Biser:* Der Freund. Annährungen an Jesus, München 1989.
- *Hermann Brandt:* „Ich bin der Weg, die Wahrheit und das Leben." Die Exklusivität des Christentums und die Fähigkeit zum Dialog mit den Religionen, Materialdienst der EZW 8/2000, 257-272.
- *Christian Cebulj:* Ich bin es. Studien zur Identitätsbildung im Johannesevangelium, SBB 44, Stuttgart 2000.
- *Walter Dietrich/Samuel Vollenweider:* Tod im Alten und Neuen Testament, TRE 33, 582-600.
- *Christian Dietzfelbinger:* Das Evangelium nach Johannes, ZBK.NT 4.1, Zürich 2001.
- *Eugen Drewermann:* Das Johannes-Evangelium. Bilder einer neuen Welt. Erster Teil: Joh 1-10. Zweiter Teil: Joh 11-21, Düsseldorf 2003.
- *Duden. Bd. 11:* Redewendungen, Mannheim 2002[2].
- *Hans-Joachim Eckstein:* Du hast mir den Himmel geöffnet, Holzgerlingen 2001.
- *Gabriele Elsen-Novák/Mirko Novák:* „Ich bin der wahre Weinstock, und mein Vater ist der Weingärtner". Zur Semiotik des Weinstocks in Joh 15,1-8 aus Sicht der Altorientalistik, in: *Annette Weissenrieder u.a. (Hrsg.):* Picturing the New Testament. Studies in Ancient Visual Images, WUNT 2.193, Tübingen 2005, 183-206.
- *Jörg Frey:* Die johanneische Eschatologie. Bd. 1-3, WUNT 96.110.117, Tübingen 1997.1998.2000.
- *Ders.:* Das Bild als Wirkungspotenzial. Ein rezep-

tionsästhetischer Versuch zur Funktion der Brot-Metapher in Johannes 6, in: *Ruben Zimmermann (Hrsg.):* Bildersprache verstehen. Zur Hermeneutik der Metapher und anderer biblischer Sprachformen, Übergänge 38, München 2000, 321-361.
- *Ders.:* Bild und Botschaft. Anmerkungen zur Sprache der Bilder in Bibel und Kunst, nachrichten 9/2002, 294-297.
- *Georg Geiger:* Die Ich-bin-Worte bei Johannes und den Synoptikern. Eine Rückfrage nach dem historischen Jesus, in: *Adelbert Denaux (Hrsg.):* John and the Synoptics, BEThL 101, Leuven 1992, 466-472.
- *Petra v. Gemünden:* Weisheitliche Bilderkonstellationen im Johannesevangelium? Einige strukturelle Überlegungen, in: *Annette Weissenrieder u.a. (Hrsg.):* Picturing the New Testament. Studies in Ancient Visual Images, WUNT 2.193, Tübingen 2005, 159-182.
- *Wilfried Härle:* Dogmatik, Berlin 2000².
- *Judith Hartenstein:* Frauen im Johannesevangelium, BiKi 59 (2004), 131-136.
- *Victor Hasler:* Glauben und Erkennen im Johannesevangelium. Strukturale und hermeneutische Überlegungen, EvTh 50 (1990), 279-296.
- *Josef Heer u.a.:* Das größere Leben. Johannes-Evangelium, Bibelauslegung für die Praxis 19, Stuttgart 1993².
- *Ders.:* Lazarus, komm heraus!, Bibel heute 127 (1996), 166-168.
- *Stefan Herzberg:* Glauben und Leben. Eine Betrachtung zu Joh 11,1-44, GuL 79 (2006), 44-55.
- *Boy Hinrichs:* „Ich bin". Die Konsistenz des Johannes-Evangeliums in der Konzentration auf das Wort Jesu, SBS 133, Stuttgart 1998.
- *Beate Kowalski:* Die Hirtenrede (Joh 10,1-18) im Kontext des Johannesevangeliums, SBB 31, Stuttgart 1996.
- *Rainer Kratz:* Art. Tür, EWNT² 2, 397-399.
- *Jakob Kremer*: Lazarus. Die Geschichte einer Auferstehung. Text, Wirkungsgeschichte und Botschaft von Joh 11,1-46, Stuttgart 1985.
- *Joachim Kügler:* „Für wen haltet ihr mich?" Neutestamentliche Christologien und ihre Relevanz für heutiges Christsein, rhs 46 (2003), 311-318.
- *Ders.:* Im Glauben an Christus das Leben haben (Joh 20,31). Johanneische Christologie im Kontext der frühchristlichen Glaubensentwicklung, BiKi 39 (2004), 157-162.
- *Kurt Lückel:* Geschichten erzählen vom Leben, Göttingen 1994².
- *Petr Pokorný/Ulrich Heckel:* Einleitung in das Neue Testament. Seine Literatur und Theologie im Überblick, Tübingen 2007.

- *Thomas Popp:* Die Tür ist offen (Die Tür) – Joh 10,7-10, in: *Ruben Zimmermann (Hrsg.):* Kompendium der Gleichnisse Jesu, Gütersloh 2007, 781-787.
- *Felix Porsch:* Art. Weinstock, EWNT2 1, 172f.
- *Annegret Puttkammer:* „Ich bin für euch da!" Die „Ich-bin-Worte" Jesu, in: Johannes entdecken. Lese- und Arbeitsbuch zum Johannesevangelium, Stuttgart 1998, 76-88.
- *Eckart Reinmuth:* Lazarus und seine Schwestern – was wollte Johannes erzählen? Narratologische Beobachtungen zu Joh 11,1-44, ThLZ 124 (1999), 127-138.
- *Ders.:* Hermeneutik des Neuen Testaments. Eine Einführung in die Lektüre des Neuen Testaments, Göttingen 2002.
- *Ders.:* Anthropologie im Neuen Testament, Tübingen 2006.
- *Dietrich Rusam:* Das Johannesevangelium – eine „Relecture" der synoptischen Evangelien? Intertextuelle Beobachtungen zu den „Ich-bin-Worten" des Johannesevangeliums, in: *Christian Strecker (Hrsg.):* Kontexte der Schrift. Bd. 2: Kultur. Politik. Religion. Sprache – Text (FS W. Stegemann), Stuttgart 2005, 377-389.
- *Adolf Schlatter:* Das Evangelium nach Johannes. Ausgelegt für Bibelleser, Stuttgart 1962.
- *Rudolf Schnackenburg:* Art. Licht, in: *Johann B. Bauer (Hrsg.):* Bibeltheologisches Wörterbuch, Sonderausgabe 2001, 403-407.
- *Gunda Schneider-Flume:* Art. Wein, EWNT² 2, 1234f.
- *Dies.:* Leben ist kostbar. Wider die Tyrannei des gelingenden Lebens, Göttingen 2002.
- *Udo Schnelle:* Neuer Wettstein. Texte zum Neuen Testament aus Griechentum und Hellenismus. Bd.I/2, Berlin 2001.
- *Ders.:* Einleitung in das Neue Testament, Göttingen 2007⁶.
- *Ders.:* Theologie des Neuen Testaments, Göttingen 2007
- *Klaus Scholtissek.:* Kinder Gottes und Freunde Jesu. Beobachtungen zur johanneischen Ekklesiologie, in: *Rainer Kampling/Thomas Söding (Hrsg.):* Ekklesiologie des Neuen Testaments (FS K. Kertelge), Freiburg 1996, 184-211.
- *Ders.:* „Ich und der Vater sind eins" (Joh 10,30). Zum theologischen Potential und zur hermeneutischen Kompetenz der johanneischen Christologie, in: *G. v. Belle u.a. (Hrsg.):* Theology and Christology in the Fourth Gospel, BEThL 184, Leuven 2005, 315-345.
- *Otto Schwankl:* Licht und Finsternis. Ein metaphorisches Paradigma in den johanneischen Schriften, HBS 5, Freiburg 1995.

- *Ders.:* Aspekte der johanneischen Christologie, in: *G. v. Belle u.a. (Hrsg.):* Theology and Christology in the Fourth Gospel, BEThL 184, Leuven 2005, 347-375.
- *Thomas Söding:* Blick zurück nach vorn. Bilder lebendiger Gemeinden im Neuen Testament, Freiburg 1997.
- *Ders.:* Der Gottessohn aus Nazareth. Das Menschsein Jesu im Neuen Testament, Freiburg 2006.
- *Hermann Strathmann:* Das Evangelium nach Johannes, NTD 4, Göttingen 1955³.
- *Theo Sundermeier:* Mission und die Wahrheit der Religionen, Brennpunkt Gemeinde 2/2002, 52-56.
- *Ders.:* Missio Dei heute. Zur Identität christlicher Mission, ThLZ 127 (2002), 1243-1262.
- *Gerd Theissen:* Ist der christliche Glaube notwendig intolerant? Predigt über den 1. Artikel der Barmer Theologischen Erklärung (Johannes 14,6), in: *Ders.:* Lebenszeichen. Predigten und Meditationen, Gütersloh 1998, 144-150.
- *Ders.:* Der gute Hirte. Joh 10,1-16, in: *Jürgen Fliege/Christian Möller (Hrsg.):* Poesie der Predigt (FS L. Steiger), Göttingen 2005, 197-201.
- *Michael Theobald:* Wer ist Jesus für mich persönlich? Identifikationsangebote des Johannesevangeliums, BiKi 58 (2003), 150-155.
- *Ders.:* Was man bei der Begegnung mit dem Johannesevangelium wissen sollte ..., BiKi 59 (2004), 118-124.
- *Ders.:* Herrenworte im Johannesevangelium, HBS 34, Freiburg 2002.
- *Hartwig Thyen.:* Ich bin das Licht der Welt. Das Ich- und Ich-Bin-Sagen im Johannesevangelium, JAC 35 (1992), 19-46.
- *Ders.:* Ich-Bin-Worte, RAC 17, 147-213.
- *Gottfried Voigt:* Licht – Liebe – Leben. Das Evangelium des Johannes, Göttingen 1991.
- *Martin Völkel:* Art. Weg, EWNT² 2, 1200-1204.
- *Klaus Wengst:* Das Johannesevangelium. 1. Teilband: Kapitel 1-10, ThKNT 4.1, Stuttgart 2000.
- *Dieter Zeller:* Christus unter den Göttern. Zum antiken Umfeld des Christusglaubens, Stuttgart 1993.
- *Ruben Zimmermann:* Christologie der Bilder im Johannesevangelium. Die Christopoetik des vierten Evangeliums unter besonderer Berücksichtigung von Joh 10, WUNT 171, Tübingen 2004.
- *Ders.:* Jesus im Bild Gottes. Anspielungen auf das Alte Testament im Johannesevangelium am Beispiel der Hirtenfeldbilder in Joh 10, in: *Jörg Frey/Udo Schnelle (Hrsg.):* Kontexte des Johannesevangeliums, WUNT 175, Tübingen 2004, 81-116.
- *Mirjam und Ruben Zimmermann:* Bibel verstehen. Am Beispiel des Johannesevangeliums, Unterrichtsmaterialien Religion betrifft uns 2/2003.

Erwachsen glauben.
Missionarische Bildungsangebote als Kernaufgabe der Gemeinde

Die Arbeitsgemeinschaft Missionarische Dienste im Diakonischen Werk der EKD plant eine „Missionarische Bildungsinitiative". Kurse zu Grundlagen des Glaubens sollen zu einem selbstverständlichen Bestandteil evangelischer Gemeindearbeit werden. Schon heute zählen Glaubenskurse zu den wesentlichen Wachstumsimpulsen der Kirche. Sie sind zu einem Motor für Gemeindeentwicklung und individuelle Glaubensbiografien geworden. Eine kürzlich von einer Autorengruppe um Professor Wilfried Härle herausgegebene Studie (Wachsen gegen den Trend. Analysen von Gemeinden, mit denen es aufwärts geht, Leipzig 2008) belegt diese These.

Auch das Impulspapier der EKD, „Kirche der Freiheit" fordert in Leuchtfeuer 7 unter anderem, dass „die grundlegenden Themen und Wissensbestände der christlichen Tradition wieder ins Zentrum evangelischer Bildungsarbeit rücken müssen".

Nach der Vorarbeit einer „Spurgruppe", lud die AMD am 03.06.2008 zu einem Hearing ins Kirchenamt der EKD ein. Teilgenommen haben 80 Fachleute aus Mission und Bildungsarbeit. Die Vorträge von Professor Christian Grethlein, Professorin Beate Hofmann und Professor Wolf Krötke sind jetzt in einer epd-Dokumentation (31/2008) erschienen. Enthalten sind auch Ideen und Planungen für den Fortgang des Prozesses.

Bestellt werden kann die Dokumentation bei:
Gemeinschaftswerk der Evangelischen Publizistik (GEP),
Emil-von-Behring-Straße 3, 60439 Frankfurt am Main, E-Mail: vertrieb@gep.de

oder als Sonderdruck bei:
Arbeitsgemeinschaft Missionarische Dienste im Diakonischen Werk der EKD, Reichensteiner Weg 24, 14195 Berlin, E-Mail: amd@diakonie.de

Medienempfehlungen zur Bibelwoche

Die Verwendung von audiovisuellen Medien kann die Erarbeitung der Bibelwochentexte nicht ersetzen oder abkürzen. Im Allgemeinen wird es die HörerInnen überfordern, an einem Abend einen Film zu sehen und zugleich mit einem Bibeltext befasst zu sein. Aber die Filme konfrontieren mit gegenwartsbezogenen, dokumentierten, gespielten oder gezeichneten Situationen, die an einem anderen Abend vorgeführt werden können oder deren Inhalt nach den Begleittexten einbezogen werden kann. Dann können die Filme und Dias:
- uns in Bestätigung und Kontrast den Wirklichkeitsbezug des biblischen Worts verstehen helfen;
- aufdecken, inwiefern christlicher Glaube die im Film gezeigte Situation tiefer erschließt und gegebenenfalls der dort gezeigten Lösung widerspricht;
- veranschaulichen, was der Glaube sagen und tun kann;
- zu Gesprächen anregen, die zur Klärung, Selbstprüfung und Vertiefung der biblischen Aussagen führen.

Leitmedium

Wie im Himmel
Kay Pollak, Schweden 2004
127 Minuten, farbig, Spielfilm
Eignung: ab 12 Jahren

Daniel Dareus ist ein weltbekannter Dirigent. Mit jedem Konzert wird sein Ruhm ein bisschen größer. Nicht jedoch sein Glück. Schon als Kind träumte er davon, durch die Musik die Herzen der Menschen zu erreichen, doch scheint er sich nur immer weiter von ihnen zu entfernen. Nach einem Zusammenbruch auf offener Bühne tritt Daniel den Rückweg an. Er lässt die große Welt hinter sich und kehrt in sein schwedisches Heimatdorf zurück. Ein gemischter Kirchenchor aus Laien ist die einzige Form der Musik, die ihm dort begegnet. Doch als er mit diesem Chor zu proben beginnt, wird er mit seiner Begeisterungsfähigkeit und seiner Hingabe an die Musik bald zu einem Fixpunkt der kleinen Dorf-Gemeinschaft, die sich in glühende Verehrer und wütende Feinde teilt.

Daniels Anwesenheit wird zu einem Katalysator für alte Sehnsüchte und lange schwelende Konflikte. Als er zarte Liebesbande mit der hübschen blonden Lena anknüpft, treten sofort Neider und Eifersüchtige auf den Plan. Die Wellen schlagen hoch, doch bald ist die positive Wirkung seiner Arbeit nicht mehr zu übersehen, und Daniel begreift, dass er nicht nur die Herzen der anderen, sondern auch sein eigenes Herz für das Glück geöffnet hat. Auf dem Weg zu einem Auslandsauftritt des Chors erleidet Daniel jedoch einen weiteren Herzinfarkt, kann sich nur noch in die Toilette des Gebäudes, in dem der Wettbewerb stattfindet, schleppen und bricht dort zusammen. Der Chor tritt schließlich ohne ihn auf. Daniel hört den Gesang des Chors über einen Lautsprecher.

● Anregungen und Fragen zur Diskussion:
– Erste Möglichkeit: Die ZuschauerInnen erhalten den Auftrag, während des Films zwei Fragen zu notieren. Anschließend werden die Fragen gesammelt und miteinander beantwortet. Zentrale Themen und Motive des Films werden dabei sicht-

---

Von welcher Evangelischen oder Katholischen Medienzentrale das Material entliehen werden kann, muss jeweils erfragt werden. In der Regel werden die Filme innerhalb der Landeskirche/ Diözese kostenlos, außerhalb dieser gar nicht ausgeliehen. Die Anschriften können wir in diesem Heft nicht abdrucken. Sie finden sie im Internet oder können sie bei Ihrer Landeskirche oder Ihrer Diözese erfragen.

bar. Im Bezug zum JohEv verdienen die Themen Leben, Liebe (Menschen auf der Suche nach Liebe), Gemeinschaft, Suche nach dem Sinn des Lebens, Umgang mit Gewalterfahrungen, Annahme / Ablehnung, Transzendenz weitere Beachtung. Der Leiter / die Leiterin deutet diesen Themenhorizont im JohEv an.
- Zweite Möglichkeit: Die TeilnehmerInnen können verschiedene Charaktere aus dem Film wählen, die sie während des Films hauptsächlich beobachten und deren Entwicklung sie verfolgen sollen. Nach dem Film werden die einzelnen Personen besprochen. Alle, die sich diese Person ausgesucht haben, tragen ihre Beobachtungen zusammen.
- Dritte Möglichkeit: Das Johannesevangelium ist ein hochsymbolisches Evangelium. Um ein Gespür für Bilder und Symbole zu erhalten, sollen die TeilnehmerInnen zunächst auf die Symbolsprache des Films achten: Es kommen gewohnte Symbole vor wie das Weizenfeld, Wasser, Blut, aber auch ungewöhnliche wie Fahrradfahren, die Suche nach dem eigenen Ton, überhaupt die Symbolik der Musik ... Nach dem Film wird gemeinsam überlegt, wie diese Symbole interpretiert werden könnten, zum Beispiel das Fahrradfahren als Suche nach Balance, usw. Im Lauf der Bibelwoche wird auf die Symbolik im JohEv geachtet.

„Gott spricht zum Menschen durch die Dinge und Wesen, die er ihm ins Leben schickt" (Martin Buber). Das Wort **Symbol** leitet sich vom griechischen symballein, zusammenfügen, zusammentreffen, her. Im Symbol treffen (manchmal mehrere) sichtbare Realitäten und unsichtbare (tiefere, übertragene) Bedeutungen zusammen. Alles Reale, das wir mit unseren Sinnen wahrnehmen, kann somit zum Sinnbild, zum Symbol werden: Feuer und Wasser, Licht und Dunkel, Weg und Tor, Musik, Fahrrad, Brot ... Nicht umsonst verkündet auch Jesus die Frohe Botschaft in einer bild- und symbolreichen Sprache, die die reale Welt fasst und zugleich überschreitet: „Ich bin das Brot des Lebens", „Ich bin der Weg ..." Jesus selbst ist im JohEv das Symbol Gottes.

Zu Johannes 6,22-59

Arm und Reich in Deutschland
Gerhard Faul, Deutschland 2008
40 Minuten, farbig, Dokumentarfilm
Eignung: ab 14 Jahren

Die Schere zwischen Arm und Reich geht immer weiter auseinander: Rund 11 Millionen Deutsche leben am Rand der Armutsgrenze oder darunter. Da ist etwa Hella Stich – sie hat fünf Kinder großgezogen, arbeitete ein Leben lang in Fabriken: 780 Euro Rente. Zum Vergleich: Josef Ackermann, Vorstandsvorsitzender der Deutschen Bank, verdient pro Jahr geschätzte 13 Millionen Euro. Die Zukunft soll also dem Turbo- und Heuschreckenkapitalismus gehören, dem man sich widerstandslos unterwirft? Gerhard Faul lässt Betroffene wie auch Fachleute zu Wort kommen. Dazwischen stellt er Bilder des Aufmarschs von Macht, Geld und Eitelkeit: gedreht beim Nürnberger Opernball!

● Anregungen und Fragen zur Diskussion:
 - Was brauchen Menschen zum Leben?
 - Was brauchen sie zu einem „Leben in Fülle" (Joh 10,10)?
 - Woran mangelt es Menschen, die wir heute als arm oder die wir als reich bezeichnen würden?
 - Was könnte in unseren Gemeinden geschehen, wenn wir mit den Jesusworten Ernst machen würden?

Zu Johannes 8,12-20(9,1-7)

Dangle
Philipp Trail, Deutschland / Großbritannien 2003
6 Minuten, farbig, Kurzspielfilm
Eignung: ab 12 Jahren

Ein Mann wandert tagsüber auf dem Teufelsberg in Berlin und entdeckt ein Seil, das vom Himmel herunterhängt. Erstaunt betrachtet er das Seil, bis er der Versuchung erliegt, daran zu ziehen. Das Licht geht aus, es ist Nacht. Er zieht erneut, es ist wieder Tag. Mit steigender

Begeisterung verwandelt der Mann in Sekunden Tag und Nacht. Doch dann geschieht etwas Unvorhergesehenes: Das Seil fällt vom Himmel – unaufhörlich. Entsetzt stiehlt er sich davon, während die vom Tal kommenden Geräusche (Autohupen, Rufen und Schreien) ein beginnendes Chaos andeuten.

- Anregungen und Fragen zur Diskussion:
- Überlegen Sie für sich, was die Aussage des Films sein könnte und diskutieren Sie dies in der Gruppe.
- Durch Ziehen am Seil geht das Licht in der Welt aus. Was würde es für die Welt bedeuten, wenn das Licht Christus „ausgemacht" werden könnte?
- Das Licht an- und auszuschalten, verleiht dem Mann im Film Macht. Welche Macht hat Gott dem Menschen verliehen? Welche Macht verbirgt sich in der Aussage Jesu: „Ich bin das Licht der Welt"?

Zu Johannes 10,1-10

**Aufbruch in ein fremdes Land –
Migrantinnen erinnern sich**
Sigrid Sünkler / Dieter Oeckl, Deutschland 2005
22 Minuten, farbig, Dokumentarfilm
Eignung: ab 14 Jahren

Der Film behandelt das aktuelle Thema der Integration von ausländischen Mitbürgern am Schicksal von drei Arbeitsemigrantinnen, die in den 60er Jahren nach Deutschland kamen. Die drei Frauen, eine Italienerin, eine Spanierin und eine Türkin, sind Beispiele gelungener Integration. Deutlich erkennbar sind im Film die typischen Probleme des Lebens der Migrantinnen in bzw. zwischen zwei Kulturen, aber auch die heute oft vergessenen, überraschenden wirtschaftlichen und sozialen Entwicklungen in den Herkunftsländern und in Deutschland selbst.

- Anregungen und Fragen zur Diskussion:
- Der Text symbolisiert Heimat und Fremde. In der Fremde (auch in der Heimat?) lauern Gefährdungen. Welche Gefährdungen gab es für die Migrantinnen in ihrer Heimat und im fremden Deutschland?
- Wenn Jesus sagt „Ich bin die Tür", heißt das, dass er Schutz bietet und Freiheit schenkt. Wie sehen Schutz und Freiheit bei Jesus aus?
- Was hat die Migrantinnen veranlasst, in Deutschland zu bleiben? Haben sie Schutz und Freiheit erfahren, oder was waren ihre Motive?

Zu Johannes 10,11-18.27-30

**Daheim ist man lang genug –
Unterwegs mit einer Wanderschäferin**
Peter und Angelika Schubert, Deutschland 1994
45 Minuten, farbig, Dokumentarfilm
Eignung: ab 12 Jahren

Sie habe den schönsten Beruf, sagt Lissi Thoma von sich. Sie ist Wanderschäferin im Schwarzwald. Sie hat keinen festen Stall, sondern zieht mit ihrer Herde immer der Vegetation nach. Im November, wenn es in ihrer Heimat, dem Hochschwarzwald, anfängt zu schneien, macht sie sich mit ihrer Herde auf den Weg hinunter ins Rheintal. Dort findet sie bis ins Frühjahr noch gute Futterbedingungen für ihre Tiere. Täglich ist sie mit Geburt und Tod konfrontiert, wird sich immer wieder ihrer Einsamkeit bewusst und behauptet sich dennoch in der Männerwelt der Schäfer. Nachdem sie den Skisportler Gundolf geheiratet hat, verbindet sie ihren Drang nach Ungebundenheit und Freiheit mit dem Wunsch nach einer glücklichen Ehe. Trotz allem Reiz eines freien Schäferlebens, verschweigt Lissi nicht die Schwierigkeiten und Widrigkeiten, die ihr in den Weg gelegt wurden. Aber sie beweist auch, dass man mit Sachkenntnis, Liebe zur Natur und zu den Tieren sowie Selbstvertrauen und Zielstrebigkeit durchaus Erfolg haben kann.

- Anregungen und Fragen zur Diskussion:
- Was kennzeichnet den guten Hirten im Bibeltext?
- Welche Eigenschaften eines guten Hirten verkörpert die Wanderschäferin im Film?
- Welche Eigenschaften des guten Hirten Jesus und der Wanderschäferin können auf „Hirtenberufe" (Eltern, Lehrerinnen, Pfarrer ...) übertragen werden?

Zu Johannes 11,17-27

Die Entdeckung des Martin Luther
Christopher Paul, Deutschland 2003
29 Minuten, farbig, Dokumentarfilm
Eignung: ab 14 Jahren

Im Frühjahr 1513 dürfte Martin Luther das „Turmerlebnis" gehabt haben, das sein Leben und den Gang der Welt veränderte. Die Zeit ist aus den Fugen. Das Macht- und Gedankengebäude des Mittelalters zerfällt. Unerhörte Entdeckungen beunruhigen die Menschen. Der Kaiser ist mit der Türkengefahr beschäftigt. Die Fürsten nutzen seine Schwäche, um ihre Interessen zu stärken. Der Papst ist auf das Format eines Renaissancefürsten geschrumpft, der mit Gift und Dolch Familienpolitik betreibt. Überall erklingt der Ruf nach einer Reform „an Haupt und Gliedern".

In dieser Nacht fragt der einsame Mönch radikal nach der Beziehung zwischen Mensch und Gott. Die Antwort der offiziellen Kirche reicht ihm nicht mehr. Da stößt er auf einen Satz im Römerbrief des Heiligen Paulus. Kreuzestod und Auferstehung Christi sind der vollzogene und vollendete Akt der Erlösung. Kein menschliches Werk kann sie steigern oder müsste sie immer wieder neu bewirken. Sie ist das unverdiente Geschenk der Gnade Gottes und kann nur durch den Glauben des Menschen angenommen werden. Luther spürt die „Freiheit eines Christenmenschen". Diese Nacht verwandelt ihn, und noch ahnt niemand ihre Folgen für die Geschichte Europas und der Welt.

● Anregungen und Fragen zur Diskussion:
- Im Mittelalter wurde der Glaube unter anderem aus Machtgründen missbraucht. Welche Beispiele nennt der Film?
- Welche Vorstellungen über den christlichen Glauben, die der Film nennt, finden wir noch heute (in den verschiedenen Generationen und Konfessionen vielleicht unterschiedlich stark vertreten)? Welche sind uns fremd?
- Welchen Weg gibt das JohEv vor? Welchen Weg beschreitet Luther?

Zu Johannes 14,1-14

Der Weg (Droga)
Miroslaw Kijowicz, Polen 1971
5 Minuten, schwarz-weiß, Trickfilm
Eignung: ab 14 Jahren

Ein Mensch – mit dem Rücken zum Betrachter – geht einen Weg über Berge und Täler. Plötzlich gabelt sich der Weg. Der Mensch zögert. Der Wegweiser blinkt abwechselnd nach links und rechts. Der Mensch kann sich nicht entscheiden, wohin er gehen soll. Da teilt er sich: Die eine Hälfte geht nach links, die andere nach rechts. Nach einiger Zeit vereinen sich die zwei Wege wieder, aber der Mensch passt nicht mehr zusammen: Die linke Hälfte ist größer als die rechte.

● Anregungen und Fragen zur Diskussion:
- Welche Situationen und Wünsche im Leben eines Menschen beschreibt der Film?
- Wie verhält er sich zum Jesuswort: „Ich bin der Weg, die Wahrheit und das Leben"?
- Wie sieht ein Mensch am Ende des Wegs aus, der den Weg „Jesus" gewählt hat?

Zu Johannes 15,1-8(9-17)

Die Gnadenhochzeit
Heidi und Bernd Umbreit, Deutschland 2006
28 Minuten, farbig, Dokumentarfilm
Eignung: ab 14 Jahren

Vor 70 Jahren haben sich Leni und Josef Langbein in ihrer heimatlichen Pfarrkirche für ihr ganzes Leben Liebe und Treue versprochen. Leni war zarte 16, Josef war 21 Jahre alt. Im Lauf der gemeinsamen Jahre haben sie immer wieder Hochzeit gefeiert: die Goldene, die Diamantene, die Eiserne und jetzt „Die Gnadenhochzeit". Dieser Film gibt auf behutsame Weise Einblick in die Lebens- und Erfahrungswelt des betagten Paars, in ihren Alltag, in ihre Rituale, fragt nach dem Geheimnis dieser langen Ehe und spürt nach, was von der großen Liebe und dem gemeinsamen Lebenstraum geblieben ist.

- **Anregungen und Fragen zur Diskussion:**
  - Im Bibeltext ist von Frucht bringen die Rede. Mit Frucht bringen ist die Liebe gemeint. Was kann über die Liebe der beiden Alten gesagt werden? Warum sind sie die ganzen Jahrzehnte beieinander geblieben?
  - Reben müssen geschnitten werden. Auch davon redet der Text. Leiderfahrungen ersehnt sich niemand, aber im Rückblick bringt Leiden oft eine größere Tiefe ins Leben. Im Blick auf die Fruchtbarkeit hat der Schnitt im Nachhinein seinen Sinn. Von welchen Leiderfahrungen redet das betagte Paar? Wie beurteilen die Beiden im Rückblick ihre schwierigen Zeiten?

NEUE MEDIEN

In den letzten Jahren ist es zunehmend schwieriger geworden, Studios zu finden, die für die Bibelwoche Diaserien produzieren können. Wir haben aus der Not eine Tugend gemacht und bieten den Bibelwochen-Interessierten ein Medium an, das ganz neue Möglichkeiten bietet: Die Daten-CD-ROM. Sie bekommen eine CD, die mindestens den Inhalt des bisherigen „Bildheftes" umfasst, also die Reproduktionen der Kunstwerke, die für die Bibelwoche ausgewählt wurden, und die dazu gehörigen Texte.

Wer Computer und Videoprojektor besitzt, kann unmittelbar mit der CD arbeiten. Wer über dieses Arbeitsmittel noch nicht verfügt, kann bei jedem Kopierdienst von der CD aus farbige Transparentfolien drucken lassen, die erheblich lichtstärker und komfortabler sind als Dias und mit dem Tageslichtprojektor projiziert werden können.

Sie werden freilich schnell feststellen, dass die Bilder und Texte in digitaler Form unerhörte neue Möglichkeiten bergen. Sie können die Bilder auf Plakate und Handzettel oder ins Gemeindeblatt drucken (bitte mit Quellenhinweis ...), Sie können die Texte übernehmen und bearbeiten, Sie können sogar die Bilder selbst verändern (beispielsweise, um sie schwarzweiß zu drucken) ... Und all das ist – im Rahmen Ihrer Gemeindearbeit – rechtlich mit dem Kaufpreis abgegolten!

Jörg Meuth

Arbeitshilfen zur Bibelwoche 2008 / 2009

Thomas Popp / Rosemarie Micheel
Fenster zum Himmel
Texte zur Bibel 24
Die Ich-bin-Worte Jesu im Johannesevangelium. Auslegungen und Gestaltungsvorschläge
Arbeitsheft zur Bibelwoche 2008 / 2009
128 Seiten plus sieben farbige Bilder und Gesprächsanregungen
€ (D) 12,90 / € (A) 13,30 / sFr 23,70; ISBN: 978-3-7615-5651-1; Best.-Nr.: 155 651

Klaus Teschner
Jesus spricht: Ich bin ...
Auslegungen zu den Ich-bin-Worten Jesu im Johannesevangelium
Gemeindeheft zur Bibelwoche 2008 / 2009
48 Seiten, DIN A 5, geheftet; € (D) 2,90 / € (A) 3,00 / sFr 5,40 (Mengenpreise)
ISBN: 978-3-7615-5654-2; Best.-Nr.: 155 654

Jörg Meuth / Reinhard Zimmermann
Mitten unter uns
Bilder und Meditationen zu den Ich-bin-Worten Jesu im Johannesevangelium
zur Bibelwoche 2008 / 2009
Acht Seiten mit Umschlag, geheftet; € (D) 3,50 / € (A) 3,60 / sFr 6,50
ISBN: 978-3-7615-5652-8; Best.-Nr.: 155 652

Bilder zur Bibelwoche
Bilder zu den Ich-bin-Worten Jesu im Johannesevangelium
zur Bibelwoche 2008 / 2009 mit Meditationen von Jörg Meuth (wie im Arbeits- und Bildheft)
CD-ROM im Jewelcase
€ (D) 14,90 / € (A) 15,40 / sFr 27,20
ISBN: 978-3-7615-5653-5; Best.-Nr.: 155 653

Plakat zur Bibelwoche
Motiv von der Titelseite „Texte zur Bibel 24"
Format DIN A 3; € (D) 3,90 / € (A) 4,10 / sFr 7,30
ISBN: 978-3-7615-5655-9; Best.-Nr. 155 65

Zu beziehen bei:
Neukirchener Verlagsgesellschaft mbH, Postfach 10 12 65, 47497 Neukirchen-Vluyn
Fon: 02845 / 392-218, Fax: 02845 / 33689
E-Mail: info@nvg-medien.de, Internet: www.nvg-medien.de

Matthias Krügel
Durch Christus leben
Die sieben Ich-bin-Worte aus dem Johannesevangelium. Gemeindeheft zur 71.
Bibelwoche 2008 / 2009. Hrsg. von der Arbeitsstelle Gemeindekolleg der Evangelischen Kirche in Mitteldeutschland im Auftrag der Arbeitsgemeinschaft Missionarische Dienste, Berlin
32 Seiten; € 0,45 (Staffelpreise)
Auslieferung über: Arbeitsstelle Gemeindekolleg der EKM
Leibnizstraße 4, 39104 Magdeburg, Fon und Fax: 0391 / 5346-186
E-Mail: Berthold.Salow@ekmd.de, www.gemeindekolleg-ekm.de

Ich bin. Die sieben Ich-bin-Worte aus dem Johannesevangelium
Ökumenisches Arbeitsheft Nr. 44
Redaktion: Jürgen Simon, für die Herausgeber: Klaus Sturm, Wolfgang Baur
Teilnehmerheft: 32 Seiten; € 1,20 (Staffelpreise), ISBN 978-3-438-4544-7
Didaktisches Begleitheft: 48 Seiten; € 3,00, ISBN: 978-3-438-4594-2
Ökumenischer Bibelsonntag:
Auf dem Weg zu Gottes Wohnungen. Johannes 14,1-14
Materialheft für Gottesdienst und Predigt. Hrsg.: DBG und KBW in Zusammenarbeit mit der Ökumenischen Centrale der ACK in Deutschland e.V.
32 Seiten; € 1,50 (Staffelpreise), ISBN: 978-3-438-6482-0
Zu beziehen bei den Herausgebern:
Deutsche Bibelgesellschaft, PF 81 03 40, 70520 Stuttgart, E-Mail: vertrieb@dbg.de, Fax: 0711 / 7181-126
und beim Katholischen Bibelwerk, Silberburgstr. 121, 70176 Stuttgart, E-Mail: bibelinfo@bibelwerk.de, Fax: 0711 / 6192077

Bibel aktuell
Arbeitshilfe für Bibelkreise. Thema: Jesu Ich-bin-Worte – Elementare Zugänge zum Glauben – Heft 81. Folgende Texte werden bearbeitet: Joh 6,35.48.51 „Brot des Lebens"; Joh 8,12 „Licht der Welt"; Joh 10,1-2.7-10 „Die Tür"; Joh 10,12-18.24-30 „Der gute Hirte"; Joh 11,25-26 „Die Auferstehung und das Leben"; Joh 14,6 „Der Weg, die Wahrheit und das Leben"; Joh 15,5 „Weinstock".
Mitgearbeitet haben Jens Plinke, Thomas Popp, Wolfgang Raupp und Werner Schmückle. Hrsg. vom Amt für missionarische Dienste der Evang. Landeskirche in Württemberg
56 Seiten, Preis: 4.00 €
Zu beziehen bei:
Amt für missionarische Dienste, PF 10 13 52, 70012 Stuttgart,
Fon: 0711 / 2068-269, Fax: 0711 / 2068-345, E-Mail: Dagmar.Loncaric@elk-wue.de

Ulrich Heckel / Rosemarie Micheel / Matthias Uhlig
Ich bin Worte im Johannesevangelium
Eine Arbeitshilfe zur Bibelwoche 2008 / 2009
mit Auslegungen, Anregungen zur Umsetzung und einem Bibeltheater.
60 Seiten DIN A4, geheftet, 6,00 € (zuzüglich Versandkosten)
Zu beziehen bei:
Amt für Missionarische Dienste, Blumenstraße 1-7, 76133 Karlsruhe,
Fax: 0721 / 9175-25312, E-Mail: amd@ekiba.de, www.ekiba.de/amd

Zu den Bildern

Mitten unter uns

Im Mann aus Nazareth, der sich uns in den Ich-bin-Worten bezeugt, kommt uns Gott selber nahe, um – als der Immanuel – mitten unter uns Wohnung zu nehmen. Die hier vorliegende Bildreihe soll das sichtbar machen.

Im Jahr 2002 wurde der Künstler Reinhard Zimmermann eingeladen, für die Altarwand der Dorfkirche in Ornbau Glasfenster zu den Ich-bin-Worten Jesu zu schaffen. Dafür bediente er sich einer ungewöhnlichen Technik. Die Farben wurden direkt auf transparentes Glas aufgetragen und eingebrannt. Das führte zu einer unerhörten Leichtigkeit und Dynamik der Darstellung, die der dreieckigen Altarwand der Dorfkirche von Ornbau ihr besonderes Gepräge gibt.

Zusammen mit der modernen, zeltartigen Betonarchitektur, die auf höchst ansprechende Weise den Turm aus dem 11. Jahrhundert mit dem Chor aus dem 15. Jahrhundert verbindet, ist ein ansprechendes Gesamtkunstwerk entstanden. Niemand trauert dem früheren, dunklen und feuchten Mittelschiff nach. Im Geist der seit den sechziger Jahren in Gang gekommenen liturgischen Erneuerung, ist die Gemeinde um den Altar versammelt und empfängt aus Alt und Neu immer neue geistliche Impulse. Sowohl die im Gottesdienst versammelte Gemeinde, als auch jedes Menschenkind, das den Kirchenraum betritt und erlebt, kann sich von diesen Kunstwerken und ihrer vielfältigen Botschaft zu vertieftem Glauben und zu eigenem Zeugnis führen lassen.

Reinhard Zimmermann (geboren 1951 in Schwabach) lebt und arbeitet wenige Kilometer südlich von Ornbau in Mörsach. Kirchliche Aufträge nehmen in seinem vielseitigen Schaffen breiten Raum ein. Neben seinem in Technik und Ausdruck, Farben und Formen unerhört vielfältigen malerischen Oeuvre, findet er Kraft und Zeit, auch seiner musikalischen Begabung Raum zu geben.

Jörg Meuth (geboren 1944 in Freudenstadt) ist Autor der Meditationen. Er ist reformierter Pfarrer (1971-1975 in Schopfheim/Baden, bis 1985 in Hunzenschwil/Aargau, bis 1997 in Glarus, seither in Vallon Pont d'Arc/Frankreich). Seit 1979 arbeitet er bei der Herausgabe des Bibelwochenmaterials der Arbeitsgemeinschaft Missionarische Dienste (im Bereich „Kunst und Verkündigung") mit.

Jörg Meuth

Ich bin das Brot des Lebens

Johannes 6,22-59

Jesu Bildwort vom Brot des Lebens steht in unmittelbarer Verbindung zum biblischen Bericht vom Manna in der Wüste. So, wie das Gottesvolk in der Wüste aus Gottes Hand gespeist wird, nachdem es am Abend zuvor noch gegen Gott aufbegehrt hatte, kommt der Gottessohn in die Welt, um Gottes Wirklichkeit präsent zu machen – und „die Seinen nahmen ihn nicht auf" (Joh 1,11). Nachdem er die vielen auf wunderbare Weise gesättigt hat, muss Jesus sich dagegen verwahren, für Vordergründiges vereinnahmt zu werden. Darum bezeugt er sich denen, die immer wieder vergessen, dass wir nicht vom „Brot allein" leben, als das Brot des Lebens.

Das Glasbild von Reinhard Zimmermann scheint zunächst nur zu zeigen, woran wir als Christen zu denken haben, wenn vom Brot des Lebens die Rede ist: Wir sehen Brot und Kelch und werden auf das Mahl des Herrn verwiesen. Die um den Tisch des Herrn versammelte Gemeinde ist hier ausgeblendet. Der Blick geht ganz auf den, der mit weit ausgebreiteten Armen jede und jeden zu sich einlädt. Um die Zuspitzung auf das Abendmahl noch zu unterstreichen, füllt ein vom Haupt kommender Kraftstrom den Kelch. Auch wenn dies über das Wort vom Brot des Lebens hinausgeht, wird unübersehbar, dass wir auf eine geistliche Wirklichkeit verwiesen werden. Der Glaube ist ganz und gar Gottes Gabe, nicht menschliche Möglichkeit.

Gewiss wird in unserem Alltag die Gegenwart des Ewigen immer wieder konkrete Erfahrungen von Gemeinschaft und Geborgenheit möglich machen. Im Nachdenken über den Glauben wird freilich alles darauf ankommen, dass wir die eigentliche Urkraft und ihre Wirkungen auseinander halten. Das Brot des Lebens, das uns im heiligen Mahl zuteil wird, lässt deutlich werden, dass wir hier empfangen, was wir sind, um sein und bezeugen zu können, was wir empfangen haben.

Darum sind Brot und Kelch in unserem Bild in zwei einander überschneidende Kreise gefasst. Der obere bezeichnet die Christuswirklichkeit, die wie durch ein blaues Fenster nach oben aufgebrochen erscheint, weil sie in dieser Welt immer nur fragmentweise erkannt werden kann („Unser Wissen ist Stückwerk", sagt Paulus). Der untere stellt unsere Alltagswelt dar. Auch sie können wir nur ausschnittweise in den Blick nehmen. Mehr vermag ein einzelner Mensch gar nicht wahrzunehmen. Allerdings trägt auch sie auf unserem Bild die Farbe Gelb, die seit alters die Wirklichkeit Gottes bezeichnet. Die Realität, in der wir leben, ist in der Tat Gottes Welt, in der seine Liebe zu uns kommt.

Ich bin das Licht der Welt

Johannes 8,12-20(9,1-7)

Johannes beschreibt Jesu Begegnung mit Leuten, die zu den Mächtigen und Frommen, zu den Großen ihrer Zeit gehören. Wer sich selbst für ein großes Licht hält, hat kaum Augen, um das wahre Licht der Welt wahrzunehmen. Nicht von ungefähr, beschreibt Johannes in unserem Zusammenhang banales Gezänk, mit dem Jesu wahre Wirklichkeit in Zweifel gezogen wird (Das hat es also damals schon gegeben). Allerdings, wer sich dem Licht der Welt öffnet, wird nicht in solchem Dunkel bleiben müssen. Er erkennt sich als Mensch, der, blind geboren, durch den Menschensohn, den Offenbarer, sehend geworden ist.

Für die künstlerische Darstellung hat Reinhard Zimmermann ein Symbol gewählt, das schon im Maßwerk der gotischen Kathedralen auf das Ineinander von Immanenz und Transzendenz, auf die unauflösliche Verbindung von „Hier" und „Dort" hinweist und so vom Licht Gottes und seiner Gegenwart in der Welt Zeugnis gibt. Es hat die Form von zwei ineinander verschlungenen Fischen, die in unserer Komposition einen Wirbel bilden, eine kraftvolle Bewegung, die von fern her in das Bild dringt. Die beiden Kraftfelder erscheinen weiß und rotbraun. Das warme Rotbraun steht für unsere Welt, für das Diesseits, in das Gottes Licht dynamisch herein kommt. Wo sich die sichtbare Welt und das Licht Gottes berühren, leuchtet die Farbe Gelb auf, die das Aufscheinen der Wirklichkeit Gottes symbolisiert.

Wer sich auf dies Bild näher einlässt, wird eine interessante Entdeckung machen: Dort, wo die Erdfarbe am dunkelsten, am dichtesten ist, in der Mitte der Welt also, erkennen wir eine Mutter, die über ihr Kind gebeugt ist. Wir werden unmittelbar auf Weihnachten, auf die Menschwerdung verwiesen – und zwar so, wie das auch im Prolog des Johannesevangeliums geschieht –: Mitten unter uns, mitten im Diesseits der Schöpfung, wird der Ewige gegenwärtig. Er hat unser Dunkel gewählt und geteilt, um uns sein Licht zu offenbaren.

Ich bin die Tür

Johannes 10,1-10

Mit dem Bildwort von der Tür weist Jesus zunächst auf eine Hirtenpraxis seiner Zeit, die uns fremd geworden ist: Verschiedene Herden konnten für die Nacht in einer gemeinsamen Umfriedung untergebracht sein, um dann am Morgen wieder zur Weide geführt zu werden. Und Jesus ist nicht allein der Türhüter, der die ihm anvertraute Herde beschützt. Er ist die Tür – und damit weitet sich das Bild und öffnet den Blick auf die ganze Bedeutungsbreite, die dies Symbol schon in der Bibel, aber auch weit über sie hinaus, umgreift.

Dabei lohnt es sich, daran zu denken, dass Türen nicht allein der Ort sind, an dem man von Außen nach Innen gelangen kann. Türen ermöglichen oder verhindern nicht nur Zugänge. Das Tor ist in der altorientalischen Tradition auch der Ort des Gerichts. Hier wird den Menschen das ihnen zukommende Recht zuerkannt.

Die Darstellung von Reinhard Zimmermann zeigt nicht eine einzelne Tür, sondern einen Durchgang durch eine Vielzahl von Türöffnungen. Als wolle der Künstler uns auf die Türen hinweisen, durch die uns unser Lebensweg führt. Manchmal sind es Tore, die für immer verschlossen scheinen, manche Türen öffnen sich wie von selber. Oftmals gehen wir mit bangem Herzen durch dunkle Korridore, die nicht ahnen lassen, dass es hinter der nächsten Tür dem Licht entgegen geht ...

Es wird alles darauf ankommen, dass wir die Botschaft der Farben nicht übersehen. Keine der Türen ist hier einfach drohend und düster. Schon über der ersten im Vordergrund leuchtet, trotz dunkler Schatten, ein kräftiges Blau, das an den Himmel denken lässt. Gleich darauf erscheint die Farbe Gelb. Im Weitergehen werden wir einen warm roten Türrahmen zur Rechten haben. Farben, die Leben ausstrahlen und Mut machen. Die Vielzahl der Türen öffnet sich hier auf jene eine Tür hin, die nur noch Licht ist. Als der Türhüter wird uns der Gottessohn vor Eindringlingen bewahren, die Böses im Schild führen. Und als die Tür öffnet er uns den Zugang zum Leben, zum Licht.

Ich bin der gute Hirte

Johannes 10,11-18.27-30

In der Mitte dieser sieben Bildworte steht nicht von ungefähr das uns am meisten vertraute, das Wort vom guten Hirten. Der Textzusammenhang macht erkennbar, dass es hier nicht um harmlose Hirtenromantik geht. Jesus spricht in hartem Kontrast vom „Mietling", dem die ihm anvertrauten Tiere nicht wirklich am Herzen liegen. Er selbst wird sich darin als der gute Hirte erweisen, dass er sein Leben für sie hingibt.

Jesu „Ich bin" erinnert uns an die Gottesoffenbarung im Dornbusch. Ebenso werden alle, die mit der biblischen Überlieferung vertraut sind, beim Bild vom guten Hirten an zahlreiche Bezüge zur hebräischen Bibel denken. In Psalm 23 und bei Ezechiel ist Gott selbst der gute Hirte. Alle menschliche Leitungs- und Herrschaftsverantwortung erfolgt „in seinem Bild" und soll so gesehen werden.

Wenn sich hier der Offenbarer als der gute Hirte darstellt, wird unübersehbar, dass in Jesus Gott selbst die Sorge um seine Herde wirksam und erkennbar werden lässt.

Das ist auch im Glasbild von Reinhard Zimmermann erkennbar. Zunächst erinnert die Darstellung, schon durch die Farbwahl, an Mose, der das Volk durch die Wasser des Schilfmeers in Gottes Freiheit führt. Aber auch hier finden wir nicht den leisesten Anklang an Hirtenromantik. Die „Herde" besteht aus Menschen, nicht aus Schafen. Und der Hirte führt sie – mit einem Stab, der das Kreuz ist – aus dem Dunkel in Gottes Licht.

Auch die Farben, die den Hirten kennzeichnen, sprechen eine deutliche Sprache: Seine Silhouette erscheint im Bordeauxrot des Leidens und in Schwarz, der Farbe des Todes. Passion und Karfreitag werden angedeutet. Sie sind der geistliche Hintergrund dieses Ich-bin-Worts.

Ich bin die Auferstehung und das Leben

Johannes 11,17-27

Jesu Selbstbezeichnung als die Auferstehung und das Leben steht im Zusammenhang mit der Auferweckung des Lazarus. Mit dieser Jesusbegegnung bringt uns Johannes seine Auferstehungstheologie nahe. Der Offenbarer steht als Zeuge und Garant des Lebens dem Tod gegenüber. Was auch immer Menschen oder Traditionen über die Endlichkeit unsres Daseins und vor allem ihre Verneinung in Unsterblichkeitsfantasien oder Auferstehungstheorien zu wissen vorgeben, Jesus sieht und sagt es anders.

So, wie er den Jüngern in aller Klarheit sein Leiden und Sterben angesagt hat, bekennt er auch, dass der Tod nicht das letzte Wort behalten wird. Die Auferweckung des Lazarus lässt erfahrbar werden, dass und wie Tod und Leben ineinander verschlungen sind. Es gibt eine Weltverlorenheit, die nicht verdient, „Leben" genannt zu werden, und es gibt in der existenziellen Verbundenheit mit der Christuswirklichkeit eine Lebensdynamik, die nicht einmal durch Leid und Tod beeinträchtigt werden kann.

Das macht die Arbeit von Reinhard Zimmermann sichtbar. Ein gelber Lichtwirbel bestimmt die Komposition. Von anderen Werken seiner Hand wissen wir, dass er mit dieser Farbe nicht einfach die Wirklichkeit Gottes bezeichnet. Sehr oft finden wir bei Zimmermann die Farbe Gelb dort, wo Gottes Licht das Dunkel der Welt berührt. Es ist für ihn die Farbe der Inkarnation.

Hier haben wir es mit einem Bild zu tun, in dem sich der Künstler fast ganz auf die Farbe Gelb beschränkt. Gewiss, wo Gottes Gegenwart in der Welt aufscheint, wird die Wirklichkeit der Welt nicht ausgeblendet. Die Farben der Schöpfung sind präsent, aber sie werden durch die Dynamik des Geistes Gottes in neue Zusammenhänge gebracht, sozusagen neu gemischt. Sie ordnen sich zu einem Weg, der sich nach vorn öffnet, in eine Zukunft, die ganz und gar von Gottes Licht erfüllt ist.

Und dann ist da diese zarte, graue Gestalt, die auf uns zukommt. Es ist nicht auszumachen, ob hier Lazarus – bereits in Gottes Welt aufgenommen – zurückkehrt, um Zeuge des Lebens zu sein, oder ob es der Offenbarer selbst ist, der aus dem Licht des Vaters kommt, um uns zu ihm zu bringen. Beides ist denkbar, ebenso wie in der Auferweckung des Lazarus die Osterwirklichkeit vorweggenommen wird. Wir sollen begreifen, dass wir alle für das Leben, das kein Ende kennt, bestimmt sind.

Ich bin der Weg, die Wahrheit und das Leben

Johannes 14,1-14

Auch dies Ich-bin-Wort erschließt sich aus dem Zusammenhang des Evangeliums. Jesus ist in sein Leiden und Sterben unterwegs. Er bereitet seine Jünger darauf vor. Petrus verspricht, in feurigem Überschwang, unerschütterliche Nachfolge. Jesus sagt ihm sein Versagen voraus. Es ist zwar menschenmöglich, Jünger zu sein, wir werden es aber immer nur unvollkommen sein. Alles wird daran hängen, ob wir auf uns und unsere eigenen Möglichkeiten schauen, oder uns ganz auf den ausrichten, der – genau in diesem Zusammenhang – von sich sagt, dass er der Weg, die Wahrheit und das Leben ist.

Er legt uns kein übermenschliches Gesetz auf. Nicht pathetisch deklarierter Heldenmut ist gefragt, sondern schlicht, dass wir den Offenbarer als den Weg erkennen. Dass seine Liebe uns leitet, dass seine Menschlichkeit uns menschlich macht, dass sein Ziel unser Ziel wird, in aller Demut – so wie er sie gelebt hat.

Einen unerhört dramatischen Weg hat Reinhard Zimmermann ins Bild gesetzt. Es ist ein Weg, der beim bloßen Hinschauen den Atem stocken lässt. Solange es noch der steil aufragenden Felswand entlang geht, magst du ja noch einigermaßen gefasst sein, auch wenn unmittelbar neben dir der Abgrund klafft. Aber dann führt der Weg ins Ungewisse. Wir sehen eine winzige Gestalt genau dort, wo der Steg den festen Boden verlässt und denken an Augenblicke, in denen wir ähnlich dem Ende aller Sicherheiten ausgeliefert waren. Da bist du genau so klein wie auf dem Bild. Und wenn du auf dich selber blickst, kannst du nur straucheln und fallen, wenn die Tiefe dich einzusaugen scheint.

Er allein – und seine Liebe – ist der Weg. Schau auf ihn, und das Ziel kommt in den Blick. Auf unserem Bild wird es eindrücklich dargestellt: Es erscheint im Bild des himmlischen Jerusalems, in dem ER alles in allem sein wird. Damit wir uns aber nicht entmutigen lassen, ist der Weg vom Anfang bis zum Ende gelb markiert. Der Maler macht uns darauf aufmerksam, dass wir, wo immer wir sind, mit Zeichen der Gegenwart Gottes rechnen dürfen, die den Weg hell machen. Es genügt, Augen und Herz offen zu halten.

Ich bin der Weinstock

Johannes 15,1-8

Noch einmal haben wir es mit einem Bildwort zu tun, das den meisten von uns fern gerückt ist. Um Jesus recht zu verstehen, brauchen wir einen Menschen, dem der Umgang mit uralten Rebsorten vertraut ist. Die zu Jesu Zeiten kultivierten Reben setzten, mehr noch als heutige Sorten, den Eingriff des Menschen, den Schnitt voraus, um Frucht zu tragen. Der Weinstock selbst trägt keine Trauben. Diese wachsen allein an den Reben des laufenden Jahrs. Darum braucht es Eingriffe mit Rebschere oder Winzermesser. Zuerst, um die Reben des Vorjahrs zu entfernen. Dann, um nach der Blüte alle fruchtlosen Triebe auszugeizen. Oft werden auch schwache Zweige entfernt, um den Trauben zu besserer Reife zu verhelfen.

Darauf spielt Jesus an, wenn er von seinem Vater, dem Weingärtner, redet, der den Rebenschnitt vollzieht. Jeder Schnitt bedeutet Verletzung und Schmerz. Ohne ihn aber gibt es keine Frucht. Ein tief bewegendes Wort – insbesondere, wenn wir es auf das Leben im Glauben beziehen. Auch hier gibt es keine Fruchtbarkeit – ohne Leiden.

Reinhard Zimmermann hat das Glasbild zu diesem Wort auf überraschende – und zugleich einleuchtende – Weise gestaltet. Der Weinstock im Zentrum ist der Gekreuzigte. Am Bildrand um ihn her sehen wir prächtige Traubenklötze hängen. Es ist offensichtlich, dass sie sich dem Weinstock verdanken. Zugleich aber hat es der Künstler vermieden, Reben und Laub allzu naturalistisch mit dem Stock zu verbinden. Es wird sinnenfällig, dass bei diesem Weinstock mit einer nicht unmittelbar wahrnehmbaren Verbindung zu den Reben gerechnet werden muss. Wo die Zweige aus dem Weinstock wachsen, verbergen sich die Einzelheiten wie in einem Nebel, der aus dem transparenten Licht des Hintergrunds kommt, also aus Gottes Wirklichkeit.

Auch hier spricht die Farbe Gelb davon, wie Gott dort offenbar wird, wo er in der Welt am Werk ist. Ein anderes, überraschendes Farbelement begegnet uns in der Darstellung der Trauben. Sie tragen die Farbe des Himmels, weil die Früchte dieses Weinstocks den Himmel gegenwärtig machen, das Reich der Liebe und der Gerechtigkeit. Am Kreuz ist uns das Gottesreich zugeeignet worden. Es ist uns als Ziel alles Lebens verheißen, damit wir es in tätiger Erwartung in unserem Alltag vorweg verwirklichen können.

Seit vielen Jahren gibt die Arbeitsgemeinschaft Missionarische Dienste das Verteilheft

Für jeden neuen Tag

heraus. Es enthält Geschichten, Gedichte und Gebete, die zum Innehalten einladen, zum „Luftholen" und Nachdenken – in vielen Situationen des Lebens.

Die Hefte können in allen Lebens- und Arbeitsbezügen verwendet werden: zur Vorbereitung von Andachten, Gottesdiensten und thematischen Bibelarbeiten oder für Gespräche in Hauskreisen.

Besonders beliebt sind die Hefte als kleines Geschenk bei Besuchen im Krankenhaus, im Kurbetrieb und nicht zuletzt in der Freizeit- und Urlauberseelsorge.

Die Gedichte, Bibeltexte, Geschichten und Gebete sind verschiedenen Stichworten zugeordnet. Thema von Heft 37 ist: **Allein ist nicht genug.** Das Heft hat, wie jedes Heft, 32 Seiten und enthält Texte zu folgenden Stichworten:

Allein / Unbefangen / Grenzenlos / Vorausschauend / Beherzt / Gehalten / Beschenkt / Wunderbar / Unbequem / Einig / Überrascht / Beflügelt / Unabhängig / Befreit / Paradiesisch

Lieferbar sind die Hefte 7 bis 37.
Informationen zu Preisen
und Lieferbedingungen gibt es beim
Lektorat der Arbeitsgemeinschaft
Missionarische Dienste,
Postfach 10 11 42, 70010 Stuttgart
Fon: 0711 / 2159-222
Fax: 0711 / 2159-566
E-Mail: amd.wolf@diakonie.de
Internet: www.a-m-d.de